云亭法律
实务书系

民商事再审案件
实战指南

王静澄 张德荣 李 斌 编著

中国法制出版社
CHINA LEGAL PUBLISHING HOUSE

编委会成员

王静澄（北京云亭律师事务所）　　张德荣（北京云亭律师事务所）

李　斌（北京云亭律师事务所）　　牛国梁（北京云亭律师事务所）

王志华（昆仑数智科技有限责任公司）　　陈雪薇（北京云亭律师事务所）

赵宝荣（北京云亭律师事务所）

前　言

两审终审是我国民事诉讼的基本制度，一般而言二审判决就是生效判决。理想的再审制度固有功能，应当是在承认——至少是不否认一般程序正确性的基础上，在一般程序中无法"为"的前提下，基于出现的新情况或客观情况发生的变化而对原审进行纠正，是一种"补救"的功能。

由于现实的复杂性，实践中我国的再审制度在民事诉讼体系中，更多承担的是纠错、监督和统一法律适用的功能。从立法上看，《中华人民共和国民事诉讼法》第一百七十七条（二审程序）规定的二审改判事由和第二百零七条（审判监督程序）规定的再审事由存在极大混同，以至于难以区分；从实践上看，对二审判决申请再审比例高，甚至出现反复再审。

综上所述，再审诉讼程序在现实中并非罕见，这对于案件当事人的重要性不言而喻。再审在程序和实体上，与一、二审程序有诸多的差异。再审案件中，程序选择是否得当、诉讼思路是否正确、证据组织是否充分，乃至与再审法官的沟通是否得当，等等，都将成为影响再审结果的重要因素。有感于此，作者团队将多年来对最高人民法院（以下简称最高院）及各级法院办理再审案件的经验教训加以总结，针对实务中高发的热点、难点问题进行归纳分析并集结成册，希望本书能为身陷诉讼的当事人提供帮助。

由于学识所限，本书难免存在不足之处。还请各位读者不吝指教，欢迎有识之士随时与作者团队进行探讨交流。

目 录

第一章 再审概述

第一节 再审的审理范围

001 当事人未提起上诉的案件可以申请再审吗？ 1

002 当事人能否针对"本院认为"部分申请再审？ 7

003 再审裁定发回重审后新作出的判决裁定，属于再审判决裁定吗？ 13

004 当事人可以就管辖权异议裁定申请再审吗？ 19

005 二审撤诉后可以申请再审吗？ 23

006 当事人可以对驳回上诉裁定申请再审吗？ 28

007 当事人在案件发回一审法院重审审理过程中撤回起诉后又提起诉讼的，法院是否应予受理？ 32

008 当事人上诉时未对一审部分认定问题提出异议，能否就该部分问题申请再审？ 36

009 再审期限经过后以发现新证据为由申请再审，同时一并提出的其他再审事由法院会予以审查吗？ 39

第二节 提起再审的期限

010 再审申请期限从哪天开始计算？ 44

011 公司法定代表人被羁押会影响申请再审期限吗？ 48

第三节 再审程序与其他诉讼程序

012 案外人申请再审与第三人撤销之诉的冲突，如何处理？ 51

013 对执行异议之诉裁判结果不满，被执行人可以申请再审吗？ …………… 60

第二章　再审的启动主体

第一节　当事人申请再审

014 未申请再审的当事人，可以在再审审理中提出再审申请？ …………… 65
015 受让人在再审审查阶段申请替代转让人参加诉讼，法院会支持吗？ …… 69
016 当事人在判决生效后达成和解协议，之后申请再审的，法院会支持吗？ …………………………………………………………………… 74

第二节　法院决定再审

017 只有损害国家利益、社会公共利益的错误判决，才可以适用院长发现程序提起再审吗？ ……………………………………………… 77

第三节　检察院启动再审

018 当事人申诉理由与检察院抗诉理由不一致的，法院会审理吗？ ………… 80

第三章　再审事由

第一节　有新的证据，足以推翻原判决、裁定的

019 原审判决之后的另案判决能否作为申请再审的新证据？ ……………… 84
020 原审判决后新发生的事实属于再审新证据吗？ ………………………… 89
021 当事人以新证据申请再审的，能否申请法院调取证据？ ……………… 94
022 当事人未参加前序普通审判程序，能否以新的证据为由申请再审？ …… 97
023 鉴定意见被撤销，当事人可以申请再审吗？ …………………………… 101
024 逃避送达拒不参加庭审的当事人，即使有新证据，也不能申请再审吗？ …………………………………………………………………… 104
025 逾期提交的新证据，具备哪三个条件才有效？ ………………………… 108

| 026 | 二审判决后新找的证人证言可否作为新证据？ ……… 112 |

第二节　原判决、裁定认定的基本事实缺乏证据证明的

027	鉴定人未出庭，当事人可以以此为由申请再审吗？ ……… 116
028	二审认定法律关系错误，再审是否必须改判？ ……… 125
029	对司法机关另案认定的事实不予认定，是否构成"认定的基本事实缺乏证据证明"？ ……… 129
030	法院未围绕查明的新事实审理和裁判的，当事人是否可以申请再审？ … 136
031	对移送公安的驳回起诉裁定，可否以"认定的基本事实缺乏证据证明"为由申请再审？ ……… 139
032	原审判决采信的评估报告缺少评估人员签字，是否属于"认定的事实缺乏证据证明"？ ……… 143
033	"本院查明"部分未对争议事实予以认定，径行在"本院认为"部分认定的，是否可以再审？ ……… 147
034	原审判决认定合同效力错误的，可否通过再审纠正？ ……… 151
035	调解书可否再审，应符合哪些条件？ ……… 155

第三节　原判决、裁定认定事实的主要证据是伪造的

036	伪造的证据未作为认定案件事实主要证据的，人民法院不支持申请人的再审申请 ……… 158
037	被申请人虚假陈述的，是否属于伪造证据？ ……… 163
038	原审中未对证据的真实性提出异议，是否影响当事人申请再审？ …… 167

第四节　原判决、裁定认定事实的主要证据未经质证的

039	原审证据未经质证的，一定可以申请再审吗？ ……… 172
040	当事人以原审法院未对生效法律文书组织质证申请再审的，人民法院不予支持 ……… 175
041	谈话笔录未经质证的，当事人是否可以此为由申请再审？ ……… 179

第五节 对审理案件需要的主要证据，当事人因客观原因不能自行收集，书面申请人民法院调查收集，人民法院未调查收集的

042 当事人向法院申请调取证据而法院未调取，以此为由申请再审会得到支持吗？ …… 184

043 对方控制的证据是否属于当事人无法自行收集的证据？ …… 189

044 向法院申请调取证据，范围越全面越好吗？ …… 194

第六节 原判决、裁定适用法律确有错误的

045 原审未中止审理，当事人以适用法律确有错误申请再审可以吗？ …… 197

046 原审法院未适用人民法院内部通知属于适用法律确有错误吗？ …… 201

047 当事人以原审案由认定错误申请再审会得到法院支持吗？ …… 205

048 原审适用法律不当，能否认定为适用法律确有错误而启动再审？ …… 209

049 当事人以对方二审才申请鉴定并获准为由申请再审，法院会支持吗？ …… 214

050 原审法院错误适用修订前的司法解释，是否必然可以导致再审？ …… 218

051 原审法院未适用最高人民法院作出的复函是否属于适用法律确有错误？ …… 222

052 当事人可否以原判决、裁定未明确写明适用的法律为由申请再审？ …… 227

第七节 审判组织的组成不合法或者依法应当回避的审判人员没有回避的

053 某审判人员两次参与该案审理，当事人能否以"依法应当回避的审判人员没有回避"为由申请再审？ …… 231

054 再审审查程序与再审审理程序的审判人员能否相同？ …… 235

055 判决生效后，当事人单方委托的鉴定意见，可否作为申请再审的新证据 …… 238

056 实际开庭的法官与判决书署名的法官不一致，属于审判组织不合法，应当再审 …… 241

057	助理审判员虽非员额法官，临时代行审判员职务的，不属于审判组织不合法？ ………………………………………… 244
058	组织质证时三名合议庭成员只有一名参加，是否属于违反法定程序？ ………………………………………………… 248
059	庭长作为合议庭成员但是并未担任审判长，属于审判组织不合法吗？ … 251

第八节 无诉讼行为能力人未经法定代理人代为诉讼或者应当参加诉讼的当事人，因不能归责于本人或者其诉讼代理人的事由，未参加诉讼的

| 060 | 在当事人被羁押的情况下，法院作出缺席判决，当事人可以对此申请再审吗？ …………………………………………… 255 |

第九节 违反法律规定，剥夺当事人辩论权利的

061	原审法院在邮寄送达材料被退回后公告送达，属于再审申请事由吗？ ………………………………………………………… 258
062	二审仅由法官助理主持询问而未开庭审理，当事人以此为由申请再审能否得到法院支持？ ……………………………… 261
063	鉴定材料未经质证，当事人申请再审能否得到法院支持？ ……… 265
064	律师开庭时间冲突不出庭，法院作出缺席判决，构成剥夺当事人辩论权利吗？ …………………………………………… 268
065	法官打断发言，当事人能否以剥夺其辩论权利为由申请再审？ …… 275
066	二审未开庭审理，当事人以剥夺其辩论权利申请再审，法院会支持吗？ ……………………………………………………… 278

第十节 未经传票传唤，缺席判决的

067	向法人登记地址送达法律文书，具有法律效力吗？ ……… 284
068	邮寄回单显示"该地址查无此人"后法院公告送达，当事人缺席判决的，能否申请再审？ ………………………………… 287
069	二审书面审理的案件未传唤当事人到庭，当事人可以以此为由申请再审吗？ ……………………………………………… 290

第十一节　原判决、裁定遗漏或者超出诉讼请求的

070 二审法院对一审法院已告知上诉人可另行起诉的上诉请求未予审查,是否属于遗漏诉讼请求? ………………………………… 293

071 原判决、裁定遗漏或者超出诉讼请求的,一律可以申请再审吗? …… 296

第十二节　据以作出原判决、裁定的法律文书被撤销或者变更的

072 原审依据的一审未生效裁判被撤销,当事人申请再审,法院是否予以支持? ……………………………………………………… 300

第十三节　审判人员审理该案件时有贪污受贿,徇私舞弊,枉法裁判行为的

073 生效判决作出时间晚于审判人员被捕时间,当事人能否申请再审? … 304

第十四节　其他情形

074 原审超审限审理,当事人可以申请再审吗? …………………… 308

075 当事人对原审鉴定费用的负担比例不服,可以申请再审吗? ………… 311

076 当事人以鉴定机构计费方式不当申请再审可以得到法院支持吗? …… 313

077 原审法院依据一方当事人诉前单方委托的鉴定意见作出裁判,当事人申请再审可以得到支持吗? ……………………………… 316

078 当事人提交同类指导性案例,原审裁判文书并未回应,当事人可以申请再审吗? …………………………………………… 319

079 人民法院受理破产申请后,已经开始而尚未终结的有关债务人的民事诉讼并未中止,当事人能否以此为由申请再审? ……………… 322

第一章 再审概述

第一节 再审的审理范围

001 当事人未提起上诉的案件可以申请再审吗?

裁判要旨

一审胜诉或部分胜诉的当事人未提起上诉,且在二审中明确表示一审判决正确应予维持,在二审判决维持原判后,该当事人又申请再审的,因其缺乏再审利益,对其再审请求不应予以支持。

案情简介[①]

一、2015年9月,王某与卢某芳、建某集团签订《借款协议》,约定王某出借708万元给卢某芳,卢某芳用该笔借款支付土地出让金,建某集团为该借款的监管方。

二、一个月后,王某向银川中院提起诉讼,主张卢某芳与建某集团欺骗真实土地使用权人,使其在违背真实意思表示的情况下签订《借款协议》,请求法院撤销《借款协议》并判令卢某芳偿还借款本金,支付借款利息,建某集团承担共同清偿责任。银川中院认为该协议为双方真实意思表示,判决由卢某芳偿还款本息,但建某集团仅负监管职能,故驳回王某其他诉讼请求。

三、卢某芳不服一审判决,向宁夏高院提起上诉,请求撤销一审判决,主张应由建某集团承担共同清偿责任。王某未提起上诉,且在二审中表示,一审判决

[①] 案件来源:最高人民法院,王某与卢某芳、宁夏建某集团房地产开发有限公司、第三人宁夏恒某地产开发有限公司民间借贷纠纷案【(2017)最高法民申2483号】。

认定事实清楚、证据充分、适用法律正确，应予维持。宁夏高院经审理驳回卢某芳的上诉。

四、之后，王某向最高人民法院申请再审，主张卢某芳、建某集团在合同签订过程中隐瞒真实土地使用权人，请求撤销原一审、二审判决，改判卢某芳支付自己借款利息，并由建某集团与卢某芳共同承担借款本息清偿责任。最高人民法院经过审查，认为王某申请再审明显与其在本案一审判决后未上诉、二审诉讼期间要求维持一审判决的行为相悖，裁定驳回王某的再审申请。

律师评析

本案中，最高人民法院裁定驳回王某的再审申请的原因是：

再审制度是一种补充性的救济制度，是针对生效裁判可能出现的严重错误而赋予当事人的特别救济程序。只有在当事人确系因不可归责于自己的原因而未能获得二审程序救济，且满足法定再审事由时，才被允许对该裁判进行再审审查认定。一审裁判后当事人未上诉视为对一审裁判的认可、尊重和服从，理应承担相应的法律责任和由此产生的法律后果。

本案中，王某在一审中得到支持未提起上诉，在二审审理中表示支持一审判决结果，随后二审维持原判。一方面，王某的利益从始至终都得到了保护，王某在再审中提出的请求已经由原审判决支持，没有必要也没有可能再通过再审使其诉请得到实质性解决，否则将会造成诉讼资源的浪费以及诉讼秩序的混乱。另一方面，王某一审胜诉后未上诉，且在二审中表明一审裁判正确，即王某认可、尊重、服从一审判决，这与其在二审维持原判后申请再审的行为相矛盾，基于民事诉讼法的诚实信用原则，王某的再审申请应当被驳回。

实务经验总结

一、根据两审终审制原则，再审程序属于特别救济程序。实务中，一审裁判后，当事人未提起上诉，放弃上诉权利；或者未上诉并在二审中明确表示支持一审判决结果，二审维持原判的情形，视为当事人对原审判决的认可、尊重和服从，此时当事人不再享有再审的权益，对其提起的再审申请，原则上人民法院不予支持。

二、但实务中也存在例外情况，当事人若能证明存在未提起上诉的正当理由，其再审权益有可能得到保护。结合相关著作及案例，正当理由主要有以下几点：

1. 原审判决违反法定程序，一审后当事人未收到判决书致其不知道上诉期限的，或当事人未收到二审开庭通知书致其辩论权利被剥夺的；

2. 原审判决认定基本事实出现重大错误，如案件基本债权债务关系是否真实存在认定错误、债权人债务人认定错误等，严重侵犯当事人权益的；

3. 有证据证明一审后的上诉期内当事人的确不知道存在再审事由的；

4. 一审后当事人遇不可抗力无法上诉，或遭遇暴力、恐吓、威胁等不能上诉、不敢上诉的。

相关法律规定

《中华人民共和国民事诉讼法》（2021年修正）

第十条 人民法院审理民事案件，依照法律规定实行合议、回避、公开审判和两审终审制度。

第十三条 民事诉讼应当遵循诚信原则。

当事人有权在法律规定的范围内处分自己的民事权利和诉讼权利。

第一百七十五条 第二审人民法院应当对上诉请求的有关事实和适用法律进行审查。

《最高人民法院关于适用〈中华人民共和国民事诉讼法〉的解释》（2022年修正）

第三百九十三条 当事人主张的再审事由成立，且符合民事诉讼法和本解释规定的申请再审条件的，人民法院应当裁定再审。

当事人主张的再审事由不成立，或者当事人申请再审超过法定申请再审期限、超出法定再审事由范围等不符合民事诉讼法和本解释规定的申请再审条件的，人民法院应当裁定驳回再审申请。

法院判决

以下为该案在法院审理阶段，判决书中"本院认为"就该问题的论述。

《中华人民共和国民事诉讼法》第一百六十四条[①]第一款规定："当事人不服

[①] 本书所涉判决引用的是当时有效的法律条款，如被修改后条文序号不同的，在脚注中进行说明。该条为现行有效《中华人民共和国民事诉讼法》第一百七十一条。

地方人民法院第一审判决的，有权在判决书送达之日起十五日内向上一级人民法院提起上诉。"第一百六十八条①规定："第二审人民法院应当对上诉请求的有关事实和适用法律进行审查。"依据上述法律规定，两审终审制是我国民事诉讼的基本制度。当事人如认为一审判决错误的，应当提起上诉，通过二审程序行使诉讼权利。即当事人首先应当选择民事诉讼审级制度设计内的常规救济程序，通过民事一审、二审程序寻求权利的救济。再审程序是针对生效判决可能出现的重要错误而赋予当事人的特别救济程序，如在穷尽了常规救济途径之后，当事人仍然认为生效裁判有错误的，其可以向人民法院申请再审。对于一审胜诉或部分胜诉的当事人未提起上诉，二审判决维持原判且该当事人在二审中明确表示一审判决正确应予维持的当事人，因为其缺乏再审利益，对其再审请求不应予以支持，否则将变相鼓励或放纵不守诚信的当事人滥用再审程序，从特殊程序异化为普通程序。这不仅是对诉讼权利的滥用和对司法资源的浪费，也有违两审终审制的基本原则。

本案中，宁夏回族自治区银川市中级人民法院作出（2015）银民初字第281号民事判决，判令卢某芳偿还王某借款本金708万元及利息（以年利率24%计算，自2015年9月6日起计付至判决确定的给付之日），驳回王某的其他诉讼请求，王某对此未提出上诉，应视为王某接受一审判决结果。卢某芳对一审判决不服提起上诉称，建某集团欺骗王某向卢某芳提供借款，王某系因建某集团出具的承诺才提供借款，建某集团应当对借款承担担保责任。王某针对卢某芳的上诉请求及理由辩称，一审判决认定事实清楚，证据充分，适用法律正确，应予维持。宁夏回族自治区高级人民法院二审仅审查卢某芳的上诉请求，并作出相应判决，符合《最高人民法院关于适用〈中华人民共和国民事诉讼法〉的解释》第三百二十三条②"第二审人民法院应当围绕当事人的上诉请求进行审理。当事人没有提出请求的，不予审理，但一审判决违反法律禁止性规定，或者损害国家利益、社会公共利益、他人合法权益的除外"之规定。现王某提出再审请求，主张一、二审判决遗漏事实、损害其合法权益，明显与其在本案一审判决后未上诉、二审诉讼期间要求维持一审判决的行为相悖，且宁夏回族自治区高级人民法院作出的（2016）宁民终278号民事判决，驳回卢某芳的上诉请求，维持原审判决，未改

---

① 该条为现行有效《中华人民共和国民事诉讼法》第一百七十五条。

② 该条为2022年修正的《最高人民法院关于适用〈中华人民共和国民事诉讼法〉的解释》第三百二十一条。

变一审判决对王某权利的判定，故王某的再审申请缺乏再审利益，本院对王某的再审申请不予支持。

延伸阅读

裁判规则一

再审程序是针对生效判决可能存在的重要错误赋予当事人的特别救济程序，对于无正当理由未提起上诉的当事人一般不应再为其提供特殊救济机制。在当事人无正当理由未提起上诉，甚至在二审中也表示一审裁判正确应予维持，且二审维持原判时，当事人丧失再审利益，对其再审申请人民法院应予驳回。（与主文案例裁判观点一致）

案例1：最高人民法院，郭某与陈某、胡某顺、商南县顺某印务有限责任公司民间借贷、担保合同纠纷再审申请民事裁定书【（2019）最高法民申2256号】

郭某向本院提交的陕西省高级人民法院（2015）陕民一终字第00255号民事判决书载明，郭某未提起上诉，而且陕某公司对一审判决不服提起上诉后，郭某针对陕某公司的上诉请求及理由还作出答辩称"一审适用法律是正确的，陕某公司的上诉理由不能成立"。二审判决结果是驳回上诉，维持原判。《中华人民共和国民事诉讼法》第一百六十四条①第一款规定："当事人不服地方人民法院第一审判决的，有权在判决书送达之日起十五日内向上一级人民法院提起上诉。"第一百六十八条②规定："第二审人民法院应当对上诉请求的有关事实和适用法律进行审查。"依据上述法律的规定，两审终审制是我国民事诉讼的基本制度。当事人如认为一审判决错误的，应当提起上诉，通过二审程序行使诉讼权利。即当事人首先应当选择民事诉讼审级制度设计内的常规救济程序，通过民事一审、二审程序寻求权利的救济。在穷尽常规救济途径之后，当事人仍然认为生效裁判有错误的，其可以向人民法院申请再审。对于一审胜诉或部分胜诉的当事人未提起上诉，二审判决维持原判且该当事人在二审中明确表示一审判决正确应予维持的，因为其缺乏再审利益，对其再审请求不应予以支持。对郭某的再审申请，本院理应不予审查。

案例2：湖南省郴州市中级人民法院，黔东南恒某建筑工程有限责任公司诉郴州市广某建材有限责任公司买卖合同纠纷再审申请民事裁定书【（2017）湘10

---

① 该条为现行有效《中华人民共和国民事诉讼法》第一百七十一条。
② 该条为现行有效《中华人民共和国民事诉讼法》第一百七十五条。

民申46号】

再审程序是针对生效判决可能出现的重要错误而赋予当事人的特别救济程序。如在穷尽了常规救济途径之后，当事人仍然认为生效裁判有错误的，可以向人民法院申请再审。对于无正当理由未提起上诉的，一般不应再为其提供特殊的救济机制，否则将变相鼓励或放纵不守诚信的当事人滥用再审程序，从而使特殊程序异化为普通程序。这不仅是对诉讼权利的滥用和司法资源的浪费，也有违两审终审制的基本原则。

本案中，黔东南恒某建筑工程有限责任公司在收到湖南省郴州市苏仙区人民法院的传票及诉讼法律文书后未积极应诉，收到湖南省郴州市苏仙区人民法院的判决书后，亦未提起上诉主张权利，视为对自身权利的放弃。现黔东南恒某建筑工程有限责任公司提起再审，主张一审判决损害其权益，明显与其在本案诉讼期间行使处分权的行为相悖，故本院对黔东南恒某建筑工程有限责任公司的申请再审事由不予审查。

案例3：吉林省长春市中级人民法院，宋某卫、王某欣与吉林省梓某汽车销售服务有限公司、绥化市三某汽车销售有限公司民间借贷纠纷再审审查民事裁定书【（2019）吉01民申56号】

两审终审制是我国民事诉讼的基本制度。当事人如果认为一审判决错误，应当提起上诉，通过二审程序行使诉讼权利，而再审程序是针对生效判决可能存在的重要错误赋予当事人的特别救济程序，对于无正当理由未提起上诉的当事人一般不应再为其提供特殊救济机制，否则将变相鼓励或放纵不守诚信的当事人滥用再审程序，无异于对诉讼权利的滥用和对司法资源的浪费，也有违两审终审制的基本原则。本案中，宋某卫和王某欣在收到一审判决后无正当理由不提起上诉，应视为其对一审判决结果的认可和接受，法律不应再赋予宋某卫和王某欣申请再审的权利。宋某卫和王某欣虽然主张其未提起上诉系受到李某健和张某雨的误导所致，但该理由并非法定事由，本院不予采纳。

裁判规则二

若当事人有正当理由，如原审判决认定案件基本事实存在错误或构成违背法定程序的行为，即使当事人未提起上诉，人民法院也应当保护当事人申请再审的权利。

案例4：最高人民法院，沈阳中某旅游度假服务有限公司与沈阳车某汽车美容有限公司等房屋租赁合同纠纷再审申请民事裁定书【（2019）最高法民申1024号】

案涉《房屋租赁合同》虽系2013年7月2日黄某代表野某公司与车某公司签订，黄某在野某公司法定代表人处签名并作为收款人出具了租金收条，合同和收条均加盖了野某公司公章，但野某公司于2005年2月1日即变更为中某公司，合同签订时黄某亦非中某公司法定代表人。原审判决对于案涉租赁合同的实际出租人未予查明，判决中某公司承担责任认定基本事实不清。且二审法院在邮寄送达未妥投情况下，未向中某公司公告送达开庭传票、通知书等，亦违反法定程序。裁定指令辽宁省高级人民法院再审本案。

002 当事人能否针对"本院认为"部分申请再审？

裁判要旨

"本院认为"部分是法官认定事实基础上的理由阐述，虽然不是最终判项，不会造成当事人实体权益损害，但若存在认定事实、适用法律错误的情形，当事人可以此为由申请再审，法院应当在维持原判的基础上对该错误予以纠正。

案情简介[①]

一、置业公司与东某公司签订《拆迁承包合同》约定：实际发生的拆迁补偿安置面积和拆迁费低于合同所订承包数，节余面积及数额均属置业公司所有，但必须在东某公司确认上述原址房屋住户的全部补偿和安置后，置业公司才能处理。

二、2009年，越秀法院就上述地块项目刊登"广州市国有建设用地使用权转让拍卖公告"，其中内容为：……（二）转让附加条件：拍卖成交后，拍卖标的范围内因拆迁、回迁安置协议所产生的一切纠纷，均由买受人与相关的被拆迁人共同解决。旭某公司拍得涉案地块。

三、2012年，置业公司起诉至越秀法院，请求确认节余面积数额。由于涉案项目的实际控制权由旭某公司拥有，故主张由旭某公司按评估价格支付补偿款项，东某公司对上述款项承担连带责任。一审认为，置业公司在本案中确定节余

---

① 案件来源：广东省高级人民法院，广州旭某实业发展有限公司、广州市建某置业有限公司房屋拆迁承包合同纠纷再审民事判决书【（2019）粤民再24号】。

面积及相应款项的条件尚未成就，而对于东某公司的连带责任未进行论述。判决驳回置业公司起诉。

四、置业公司不服，上诉至广州中院，广州中院在判决书"本院认为"中认为：（一）置业公司诉请的条件尚未成就；（二）旭某公司作为涉案地块项目的受让人，应受该转让附加条件的约束，应当对东某公司的债务承担连带责任。综上，维持原判。

五、旭某公司不服二审判决"本院认为"中对其连带责任的认定，主张支付节余面积的义务不属于拍卖公告的约定范围，原审认定事实错误且置业公司并未请求旭某公司承担连带责任，法院判决超出诉讼请求范围。申请再审被驳回后其向广州检察院申诉，最终广东高院提审本案。广东高院认为，二审判决书认为旭某公司应当对东某公司债务承担连带责任显属不妥，再审予以纠正，其余部分处理结果并无不当，维持原判。

律师评析

本案中，旭某公司的实体利益并未在原审判决中受到损害，但其依旧针对"本院认为"部分申请再审。

笔者认为：一方面，"本院认为"部分是判决书的精华部分，可以帮助当事人厘清案件的整体逻辑，从中看出法官如何理解案件事实及如何适用法律，是不可或缺的。另一方面，"本院认为"部分包含对事实的认定，即会对当事人的权利义务关系作出判断，常常会被另案援引，产生一定的既判力的效果。

本案中，原审判决认为旭某公司对该笔款项负有连带责任，同时因为置业公司的请求条件还未成立，对其诉请不予支持。依其判决理由所述，在置业公司请求条件成立之时，置业公司便可以依据该判决请求旭某公司承担连带责任，对旭某公司的权益造成损害。因此，再审应当对该部分事实认定予以纠正。

实务经验总结

实务中，有时会出现法官在判决书"本院认为"部分认定对当事人不利的事实，甚至直接为当事人设定义务的情况。虽然"本院认为"部分是法官对本案事实认定基础上的分析，不是最终判项，不具有既判力，但如上述内容在其他诉讼中被作为证据使用，当事人的诉讼利益很可能被损害。因此当遇到上述情况时，不应以事不关己的态度应对，可以考虑采取以下应对措施：

一、就"本院认为"部分申请再审，请求法院对错误的事实认定予以纠正，这是一种很好的预防性诉讼策略，能从根源上解决潜在的法律风险。

二、注意保存收集充足的与错误认定事实相关的相反证据。如因判决书"本院认为"部分的错误认定遭到起诉，可向法院提交上述证据，请求法院对该事实作出独立认定，以推翻之前判决中的事实认定，维护自身权益。

相关法律规定

《中华人民共和国民事诉讼法》（2021年修正）

第一百七十七条 第二审人民法院对上诉案件，经过审理，按照下列情形，分别处理：

（一）原判决、裁定认定事实清楚，适用法律正确的，以判决、裁定方式驳回上诉，维持原判决、裁定；

……

法院判决

以下为该案在法院审理阶段，判决书中"本院认为"就该问题的论述。

本院再审认为，本案为房屋拆迁承包合同纠纷。根据检察机关的抗诉意见并结合各方当事人的诉辩意见，本案再审的争议焦点为旭某公司应否对东某公司的责任承担连带责任。

关于置业公司是否享有节余面积及相关权益的问题，按照约定内容，置业公司获取节余面积的前提是其在办理拆迁补偿安置工作过程中实际发生的费用和面积低于其总包干数，且该节余面积必须在东某公司确认上述原址房屋住户的全部补偿和安置后，置业公司才能获取。根据本案查明的事实，由于涉案项目至今尚未完成对原址房屋全部住户的安置，实际发生的回迁安置补偿面积仍未最终确定，且按照行业惯例，在办理拆迁结案手续后东某公司实际完成上述原址房屋住户的全部补偿和安置时，用于拆迁回迁安置、补偿的面积仍有可能存在变化，因此，置业公司是否享有节余面积尚不能最终确定，故置业公司在本案中据以主张其诉请的条件尚未成就。一、二审判决认为置业公司在本案中请求确认节余面积数额及按评估价格支付补偿款项的诉请理据不充分，依法未予支持，并无不当，本院再审予以维持。

关于旭某公司应否对东某公司的责任承担连带责任的问题，根据民法的基本法理，连带责任是指依照法律规定或者当事人约定，两个或者两个以上当事人对共同产生的不履行民事义务的民事责任承担全部责任，并因此引起内部债务关系的一种民事责任。连带责任对责任人苛以较为严格的共同责任，使得责任人处于较为不利地位，因此必须以明确的法律规定或合同约定作为适用连带责任的前提基础，不能通过自由裁量权行使的方式任意将多人责任关系认定为连带责任。本案中，如前所述，置业公司对于节余面积及其相应权益所可能享有的权利的条件尚未成就，故东某公司是否承担民事责任尚处于不确定状态，在此情形下，二审判决径行审查认定旭某公司应对东某公司的责任承担连带责任，显属不妥。综上，二审判决实体处理虽驳回了置业公司的诉讼请求，但在论述中认定旭某公司在涉案地块项目的回迁安置补偿最终完成后有节余面积，且确定节余面积数额时应对东某公司支付给置业公司拆迁节余面积的责任承担连带责任，属适用法律错误，该认定存在不当，本院再审予以纠正。置业公司的相关诉求可在合同约定的条件成就后另循法律途径解决。

延伸阅读

裁判规则一

"本院认为"部分是对案件事实的认定，并在此基础上进行的理由阐述，其不具有既判力，既不会对判决结果产生影响，也不会导致判决结果之间相互矛盾，当事人不得以此为由申请再审。（与主文案例裁判观点相反）

案例1：最高人民法院，陈某一、陈某二分家析产纠纷再审审查与审判监督民事裁定书【（2020）最高法民申4231号】

关于原判决"本院认为"部分的相关认定应否予以纠正的问题。本案中，陈某一等人未被判决承担实体权利义务，陈某一等人在本案及另案中的利益并未现实地受到损害。判决主文是人民法院就当事人的诉讼请求作出的结论，而判决的"本院认为"部分，则是人民法院在认定案件事实的基础上就判决理由所作的阐述，其本身并不构成判项内容。原则上，当事人不得针对裁判文书判决理由部分申请再审。原判决在判决理由部分作出"陈某群与黄某贞在旧社会亦已形成夫妻关系，陈某三为两人之子"的表述，并非最终判项，仅系对事实的认定，并不必然导致原判决的裁判理由影响另案判决结果，或出现判决结果相互矛盾、抵触的情况。根据民事诉讼的证据规则，陈某一等当事人有足够相反证据的，仍可在另案中推翻上述事实，以避免该节事实对己方带来的不利。原判决"本院认为"部分有关"对目前陈某三要求分得系争财产中的三十九分之十五财产权益的诉讼请求，本院暂不予支持，维持一审判决"的表述，并非支持陈某三关于其有权分配系争财产的主张，此段叙述与"驳回上诉，维持原判"的最终判项不存在相互矛盾的情况。

如上所述，陈某一等人关于原判决裁判理由错误认定陈某三系陈某群之子且与判决结果相矛盾的申请再审理由不能成立。

案例2：湖南省郴州市中级人民法院，欧某鹏追偿权纠纷民事申请再审审查民事通知书【（2021）湘10民申281号】

本院经审查认为，本案的焦点在于欧某鹏对本院二审判决的"本院认为"部分不服提起申诉是否符合再审条件。本案一审是李某智诉欧某鹏等人合同纠纷被一审判决驳回诉讼请求，二审维持原判，二审并未判决欧某鹏承担实体权利义务，其在本案中的利益并未受到损害。判决主文是人民法院就当事人的诉讼请求作出的结论，而判决的"本院认为"部分，则是人民法院在认定案件事实的基础上就判决理由所作的阐述，其本身并不构成判项内容，并且既判力仅限于判决主文。原则上，当事人不得针对裁判文书判决理由部分申请再审。二审判决在判决理由部分作出"待李某智实际代偿了案涉贷款，履行了担保责任后可向邝某源、欧某鹏、三农院进行追偿"的表述，并非最终判项，仅系对事实的认定，并不必然出现判决结果相矛盾、抵触的情况。根据民事诉讼的证据规则，欧某鹏等当事人有足够相反证据的，仍可在另案中推翻上述事实，因此并不会对欧某鹏的合法权益产生不可改变的影响，更不会对欧某鹏的合法权益产生确定、必然的损害。因此二审判决在判决理由部分的表述，并无错误。欧某鹏对判决主文没有异议，仅对二审判决的"本院认为"部分不予认可所提起的申诉，并不具有诉的利益，其请求应予驳回。

案例3：福建省高级人民法院，王某胜、蔡某华等合同纠纷民事申请再审审查民事裁定书【（2021）闽民申5305号】

关于《协议书》对于黄某约、黄某福、黄某祝、黄某芳是否具有法律效力的问题。王某胜提起本案诉讼时，案涉回批地已被政府收储，已转为回批地补偿权益。因此，本案双方争议的实质是土地补偿权益争议。对此，二审法院在判决判项中载明"确认王某胜与蔡某华签订的《协议书》中关于转让蔡某华、黄某约、黄某福、黄某芳、黄某祝享有的回批地份额被征收而产生的相应补偿权益的约定有效"，实质上已认可蔡某华具有代理权。虽然，二审判决在判决理由部分作出了"蔡某华无权处分黄某约、黄某福、黄某芳、黄某祝享有的回批地份额被征收而产生的相应补偿权益"的论述，有所不当，但在判决结果对《协议书》的效力已予以认可的情况下，王某胜此节再审申请理由已无审查之必要。

裁判规则二

"本院认为"部分的事实认定损害当事人权益，当事人可以针对"本院认为"部分申请再审，若判决结果正确，人民法院可以在维持原判的基础上，对原审判决中判决理由的错误事实认定予以撤销。（与主文案例裁判观点一致）

案例4：湖北省荆州市中级人民法院，陈某霞、项某红等商品房预售合同纠纷民事再审民事判决书【（2021）鄂10民再30号】

事实证明陈某霞、张某兰2001年11月已经知晓了上述房屋被另案查封。但陈某霞、张某兰于2002年5月8日提起本案民事诉讼，请求判令何某国履行房屋买卖合同约定的办证义务，并与何某国达成调解协议，石首市人民法院因此作出（2002）石民初字第02062号民事调解书。由此可见，该民事调解书是在诉讼标的物已经被另案查封的前提下达成的。石首市人民法院再审判决认定该调解书内容违法，依法予以撤销，符合法律规定。诉讼标的物已经被另案查封，陈某霞及张某兰主张何某国履行房屋买卖合同约定的办证义务尚不具备条件，再审对陈某霞及张某兰的继承人的诉讼请求不予支持的判决结论是正确的。但判决不支持诉讼请求的第二项理由"原审案件中，涉案的两套房屋查封在前，装修入住在后，故原审原告陈某霞、张某兰不能继续主张要求原审被告何某国继续履行购房合同办证义务"，超出了本案审理范围，本院予以撤销。因为，另案裁定对本案标的物予以查封，查封措施效力的认定，不属本案审理、裁判的范围，更不能作为本案当事人之间纠纷裁判的理由。对另案查封措施对本案标的物的效力争议，应由当事人另行主张权利。在依法确认另案查封措施对本案标的物无影响的前提下，陈某霞及张某兰的权利继承人可以重新提起诉讼，主张何某国履行房屋买卖合同。综上，原判认定事实清楚，判决结论正确，但判决理由部分不当，本院纠正后予以维持。

裁判规则三

"本院认为"部分不具有既判力，当事人有证据证明"本院认为"部分认定事实错误的，在后裁判不受在先裁判影响，可根据证据情况独立对事实进行认定。

案例 5：最高人民法院，黄某军、富某商贸广场房产开发（惠州）有限公司合资、合作开发房地产合同纠纷再审民事判决书【（2019）最高法民再 384 号】

关于 2005 年 2 月 1 日的《协议书》和 2005 年 4 月 1 日的《补充协议书》是否有效的问题，《最高人民法院关于适用〈中华人民共和国民事诉讼法〉的解释》第九十三条第一款第五项规定，已为人民法院发生法律效力的裁判所确认的事实，当事人无须举证证明。

人民法院的生效裁判具有既判力，但该效力仅限于生效裁判的判项，对于"本院认为"部分的认定，如有证据可以推翻的，在后裁判不受在先裁判的影响，人民法院可以根据当事人举证情况做出独立认定。

广东高院（2012）粤高法民二终字第 1 号民事判决已经认定案涉《协议书》《补充协议书》有效，故黄某军无须再对此予以举证证明。富某公司主张案涉《协议书》《补充协议书》无效，应承担举证证明责任。

003 再审裁定发回重审后新作出的判决裁定，属于再审判决裁定吗？

裁判要旨

再审裁定撤销原判、发回重审后，再审审理程序终结。再审发回重审后的审理程序不是再审的延续，新作出的裁判也不是再审裁判，当事人可以对该新作出的裁判申请再审。

案情简介[①]

一、1999 年，吴某彬向新余中院起诉，表示其与东某公司签订《土地房屋转让合同》，东某公司未完全履行，请求确认合同效力、所建房屋归其所有并由东某公司承担违约责任。新余中院经审理后判决：东某公司已建成的 1 号综合楼归吴某彬所有，驳回吴某彬其他诉讼请求。一审判决生效后，东某公司不服，向江西高院申请再审。江西高院裁定：撤销一审判决，发回重审。

[①] 案件来源：最高人民法院，吴某彬、新余市东某物资有限公司所有权确认纠纷再审民事裁定书【（2018）最高法民再 440 号】。

二、新余中院在重审过程中，吴某彬提出撤回起诉，新余中院于2010年作出（2009）余民一重字第00002号民事裁定，准许撤回起诉。

三、2015年，吴某彬又向新余中院提起诉讼，请求确认1号综合楼的所有权。一审法院认为：依照《最高人民法院关于适用〈中华人民共和国民事诉讼法〉的解释》第四百一十条[①]第二款关于"一审原告在再审审理程序中撤回起诉后重复起诉的，人民法院不予受理"的规定，吴某彬构成重复诉讼，故裁定驳回。吴某彬不服，向江西高院上诉，江西高院认为原审事实认定、法律适用正确，裁定维持原判。

四、2018年，吴某彬向最高人民法院申请再审。最高人民法院认为本案新余中院重审一审不是再审程序的延续，应当按照一审程序确定相关权利义务。吴某彬在重审一审中撤诉后又起诉，应当按照《最高人民法院关于适用〈中华人民共和国民事诉讼法〉的解释》第二百一十四条第一款的规定予以受理。

律师评析

《最高人民法院关于适用〈中华人民共和国民事诉讼法〉的解释》第三百八十一条第一款第二项规定，对再审判决、裁定申请再审的，人民法院不予受理。因此，本案争议的焦点为：再审发回重审后新作出的新余中院（2009）余民一重字第00002号民事裁定，是再审裁定还是一审裁定。

《全国法院民事再审审查工作座谈会纪要》（法办〔2013〕36号）第五条规定，第一审人民法院对于生效第一审判决、裁定，由本院再审后作出的、当事人未在法定期间内上诉的判决、裁定；第二审人民法院对于生效第二审判决、裁定，由本院再审后作出的判决、裁定；上级人民法院对于生效判决、裁定提审后作出的判决、裁定，属于《中华人民共和国民事诉讼法》第二百零九条第三项规定的再审判决、裁定。但是，对于再审裁定发回重审后新形成的判决、裁定是否属于再审判决裁定，实务中争议极大。

否定说认为，再审发回重审后新作出的裁判不属于再审裁判。再审的主要功能是依法纠错、维护生效裁判权威，而重审裁判显然不具有该功能，其主要功能是解决事实认定和法律适用问题。再审审理程序应当在发回重审裁定作出后即告终结，重新审理时当事人之间的权利义务关系恢复至原审诉讼前。

[①] 该条现为2022年修正后的《最高人民法院关于适用〈中华人民共和国民事诉讼法〉的解释》第四百零八条。

肯定说认为，再审发回重审的案件，应当围绕当事人原诉讼请求进行审理，当事人的诉讼权利受到限制，可以看出重审后的案件本质仍属于再审案件。另外，如果允许继续再审，将造成诉讼程序的无限循环，降低诉讼效率。

本案法官显然是持否定说，认为发回重审裁定是撤销之前全部生效裁判，本案审理重新开始，因此新余中院（2009）余民一重字第00002号是一审裁定，吴某彬再次起诉，法院应当受理。

实务经验总结

最高院民一庭出版的《民事审判指导与参考》2016年第4辑（总第68辑）认为一审生效的裁判经再审、上诉后作出的裁判不能申请再审，2017年第4辑（总第72辑）"民事审判信箱"栏目认为对经检察院抗诉，法院指令再审后重新形成的生效判决不能申请再审。而《最高人民法院关于再审撤销一、二审裁判发回重审的案件当事人对重审的生效裁判是否有申请再审权利的答复》〔（2016）最高法民他118号〕，明确："再审后将案件发回重审作出的生效裁判，当事人不服的，可以根据民事诉讼法第一百九十九条的规定申请再审。"

对此我们总结如下：

一、最高院在认知层面对这一问题也存在极大争议；

二、支持案例较新且有司法解释层面支持，而否定案例较旧，依据也仅仅是最高院民一庭的裁判观点。

因此，虽然存在争议，但在此种情况下我们还是建议及时申请再审。

相关法律规定

《最高人民法院关于适用〈中华人民共和国民事诉讼法〉的解释》（2022年修正）

第二百一十四条第一款 原告撤诉或者人民法院按撤诉处理后，原告以同一诉讼请求再次起诉的，人民法院应予受理。

法院判决

以下为该案在法院审理阶段，判决书中"本院认为"就该问题的论述。

本院认为，本案再审审理的焦点问题是一、二审裁定驳回吴某彬的起诉适用法律是否有误。

2015年2月4日起施行的《最高人民法院关于适用〈中华人民共和国民事诉讼法〉的解释》针对原告在一审、二审和再审三个诉讼程序中撤回起诉的处理，分别作出了相应规定。其中，第二百一十四条第一款规定，"原告撤诉或者人民法院按撤诉处理后，原告以同一诉讼请求再次起诉的，人民法院应予受理"；第三百三十八条[①]第二款规定，"原审原告在第二审程序中撤回起诉后重复起诉的，人民法院不予受理"；第四百一十条[②]第二款规定，"一审原告在再审审理程序中撤回起诉后重复起诉的，人民法院不予受理"。据此，《最高人民法院关于适用〈中华人民共和国民事诉讼法〉的解释》对于原告在一审程序中撤诉的处理与其在二审、再审程序中撤回起诉的处理作了不同的规定。就本案而言，吴某彬在原一审判决被再审撤销、案件发回一审法院重审审理过程中撤回起诉，之后又提起本案诉讼。对本案诉讼是否应予受理，审查的关键在于是适用一审程序还是再审审理程序的法律规定。对此，需要准确理解《最高人民法院关于适用〈中华人民共和国民事诉讼法〉的解释》第四百一十条第二款中关于"再审审理程序"的含义。

为准确理解法律规范的意旨，维护法律体系的规范统一性，应当从体系解释的角度出发，以法律条文在法律体系上的关联，探求法律规范的意义和法律用语的内涵所在。《中华人民共和国民事诉讼法》规定的审判程序包括第一审程序、第二审程序、审判监督程序以及特别程序、督促程序和公示催告程序。就审判监督程序而言，又可分为再审审查和再审审理两个不同阶段。再审审查的主要任务是依据再审审查程序对再审申请是否符合法定再审事由进行审查，决定是否启动再审；再审审理的主要任务是依据再审审理程序对裁定再审的案件进行审理，确定生效裁判是否确有错误，依法作出再审裁判。再审裁判作出并依法送达生效后，再审审理程序即告终结。法院对再审后发回重审案件的审理，是在该案所有生效裁判已被全部撤销的情形下进行的，当事人的诉讼纠纷重新回到原一审裁判前的状况，是一审法院对当事人之间争议的重新审理。吴某彬1999年提起的前案诉讼，经由最高人民法院再审审查、江西省高级人民法院提审后，由江西省高级人民法院作出（2008）赣民再终字第4号民事裁定，撤销原一审判决，发回一

---

① 该条为现行有效《最高人民法院关于适用〈中华人民共和国民事诉讼法〉的解释》第三百三十六条。

② 该条为现行有效《最高人民法院关于适用〈中华人民共和国民事诉讼法〉的解释》第四百零八条。

审法院重审。至此，应视为该案的再审审理程序终结，重新开始一审程序的审理。2017年8月2日，本院曾作出《最高人民法院关于再审撤销一、二审裁判发回重审的案件当事人对重审的生效裁判是否有申请再审权利的答复》〔（2016）最高法民他118号〕，明确："再审后将案件发回重审作出的生效裁判，当事人不服的，可以根据民事诉讼法第一百九十九条的规定申请再审。"尽管该答复所涉及的具体问题与本案有所不同，但蕴含的基本前提是再审后发回重审已非再审审理程序的延续，发回重审案件已非再审案件，作出的裁判亦非再审裁判。由此，本案再审发回重审后重新立案的（2009）余民一重字第00002号案应视为新的一审案件，当事人的诉讼权利义务应适用一审程序的相关规定予以确定；吴某彬在重审期间撤诉后又起诉的，依据《最高人民法院关于适用〈中华人民共和国民事诉讼法〉的解释》第二百一十四条第一款的规定应予受理。同时，鉴于再审发回重审案件与新立一审案件有所区别，为避免当事人滥用诉权、增加诉累，防止司法资源浪费，《最高人民法院关于适用〈中华人民共和国民事诉讼法〉的解释》第二百五十二条、《最高人民法院关于审判监督程序严格依法适用指令再审和发回重审若干问题的规定》第八条等规定对发回重审后当事人的诉讼权利进行了一定的限制，但不影响本案依据《最高人民法院关于适用〈中华人民共和国民事诉讼法〉的解释》第二百一十四条第一款的规定应予受理的基本判断。一、二审裁定适用《最高人民法院关于适用〈中华人民共和国民事诉讼法〉的解释》第四百一十条第二款关于再审审理程序的规定，裁定驳回吴某彬起诉，适用法律有误。

延伸阅读

裁判规则

再审发回重审后形成的裁判属于再审裁判，当事人对再审裁判申请再审，人民法院不予受理。(与主文案例裁判观点相反)

案例1：最高人民法院，党某胜等诉中某兴业投资有限公司股权转让合同纠纷再审民事裁定书【（2016）最高法民申1667号】

当事人党某胜、刘某莉申请再审的陕西省高级人民法院（2015）陕民二终字第00052号民事判决，系再审发回重审后当事人上诉所形成的生效判决。该判决属于本院《关于适用〈中华人民共和国民事诉讼法〉的解释》第三百八十三条第一款第二项规定的再审判决。依照《中华人民共和国民事诉讼法》第二百零九条第一款第三项的规定，当事人认为再审判决有明显错误的，可以向人民检察院申请检察建议或者抗诉。

案例2：最高院民一庭出版的《民事审判指导与参考》2016年第4辑（总第68辑）

（1）已生效裁判在启动再审，进入再审审理程序后作出的裁判，不论是一审后直接生效，还是经上诉审后才生效，均属于再审救济程序作出的生效裁判。（2）再审裁判的审理对象是已生效的裁判，二审裁判的对象是未生效的裁判。一审生效后的裁判经再审、上诉，从形式上看似乎是针对未生效的一审裁判，但再审一审裁判已经对原生效的裁判正确与否作出了评判，那么二审裁判对其审理的再审一审裁判无论改判与否，均实质包含了对原生效裁判正确与否的认定。（3）有限再审原则是民事诉讼法的价值取向。（4）民诉法及司法解释规定，其他当事人在法定辩论终结前提出再审请求的，人民法院应当一并审理和裁判，故将此类裁判理解为再审裁判，对未申请再审一方当事人的诉讼权利的行使并不失公允。因此，一审生效的裁判经再审、上诉后作出的裁判属《民事诉讼法》第二百零九条[①]规定的再审裁判，当事人对此类裁判不服的，不能向人民法院申请再审，而应当依法向人民检察院申请检察监督。

案例3：最高院民一庭出版的《民事审判指导与参考》2018年3月（总第72辑）

对"经检察院抗诉，法院指令再审后，原二审法院将案件发回一审法院重审，重新形成一、二审判决，当事人针对该判决申请再审，法院已立案受理，应当如何处理"这一问题认为：再审发回重审后形成的重审生效判决，因其系在再审程序中形成的判决，故在性质上属于"再审判决"，如果对当事人向人民法院的再审申请予以受理，则在实质上将违反2012年修订后的民事诉讼法所确立的"一审、二审、再审及检察院抗诉"的"3+1"模式。因此，对该判决申请再审的人民法院不应予以受理；如果已经受理的，则应当依据《最高人民法院关于适用〈中华人民共和国民事诉讼法〉的解释》第四百零二条第六项规定，裁定终结审查当事人的再审申请。

[①] 现行有效《中华人民共和国民事诉讼法》第二百一十六条第一款第三项。

004 当事人可以就管辖权异议裁定申请再审吗？

裁判要旨

法律规定可以申请再审的裁定类型将管辖权异议裁定排除在外，当事人就管辖权异议裁定申请再审，人民法院不予审查。

案情简介[①]

一、西某公司因与易某建就建设工程施工合同纠纷起诉至延安中院。易某建在提交答辩状期间提出管辖权异议，认为根据《最高人民法院关于调整高级人民法院和中级人民法院管辖第一审民商事案件标准的通知》，该案诉讼标的额超过5000万元且双方当事人均不在延安市辖区，该案应该由陕西省高级人民法院管辖。

二、延安中院认为，《最高人民法院关于调整高级人民法院和中级人民法院管辖第一审民商事案件标准的通知》规定，诉讼标的额在5000万元以上且当事人一方住所地不在本辖区的第一审民商事案件，应由陕西省高级人民法院管辖。并不包括双方当事人都不在本辖区的情形，故依照《中华人民共和国民事诉讼法》第十八条之规定，裁定驳回被告易某建对本案管辖权提出的异议。

三、易某建不服该裁定，向陕西高院上诉。陕西高院认为：本案不适用《最高人民法院关于调整高级人民法院和中级人民法院管辖第一审民商事案件标准的通知》的规定。因本案双方约定发生纠纷向工程所在地人民法院提起诉讼，本案的工程所在地属延安市辖区，且诉讼标的额亦属延安市中级人民法院管辖一审民事案件标准范围内，故延安市中级人民法院对本案有管辖权。

四、易某建不服，向最高院申请再审。最高院认为，管辖权异议裁定不属于申请再审的范围，驳回易某建的再审申请。

[①] 案件来源：最高人民法院，易某建诉中国建筑某工程局有限公司西某公司建设工程施工合同纠纷管辖权异议再审民事裁定书【（2015）民申字第170号】。

律师评析

2015 年之前，最高人民法院的相关案例体现最高院是支持对管辖异议裁定进行再审的（见延伸阅读案例 2）。

但 2015 年 2 月 4 日实施的《最高人民法院关于适用〈中华人民共和国民事诉讼法〉的解释》第三百八十一条①规定，当事人认为发生法律效力的不予受理、驳回起诉的裁定错误的，可以申请再审。实务中一般认为该解释规定了可申请再审的裁定范围，明确将管辖权异议裁定排除在外。因此，自 2015 年之后，法院一般不再支持对管辖权异议裁定进行再审。

实务经验总结

一、为避免将来双方当事人就管辖法院产生纠纷，继而为此花费不必要的精力和财力，甚至导致对己方不利的情况，我们建议：双方当事人应当在签订合同时对管辖法院进行明确约定。

二、结合延伸阅读案例 2 可知，在 2015 年《最高人民法院关于适用〈中华人民共和国民事诉讼法〉的解释》发布之前，法院支持对管辖权异议裁定进行再审。但在该司法解释发布之后，基于其中第三百八十一条规定"当事人认为发生法律效力的不予受理、驳回起诉的裁定错误的，可以申请再审"，法院对此种情形的态度发生转变，对就管辖权异议裁定提起的再审申请不予支持，当事人应当注意这一变化，避免错误依据旧案例支持个人主张。

三、对于管辖权异议裁定，法院一般不再进行再审审查。但若当事人认为该管辖法院作出的判决确有错误，损害其合法权益的，其可以就案件实体部分申请再审。

相关法律规定

《最高人民法院关于适用〈中华人民共和国民事诉讼法〉的解释》（2022 年修正）

第三百七十九条 当事人认为发生法律效力的不予受理、驳回起诉的裁定错误的，可以申请再审。

---

① 现行有效《最高人民法院关于适用〈中华人民共和国民事诉讼法〉的解释》第三百七十九条。

法院判决

以下为本案在审理阶段，裁定书中"本院认为"部分的表述：

人民法院作出的管辖权异议裁定是针对诉讼程序问题作出的处理结果，对当事人的实体权利未造成影响。如果当事人认为生效判决确有错误，可以通过申请再审予以救济。对于不服法院裁定的申请再审问题，2015年2月4日实施的《最高人民法院关于适用〈中华人民共和国民事诉讼法〉的解释》第三百八十一条规定，当事人认为发生法律效力的不予受理、驳回起诉的裁定错误的，可以申请再审。由此可见，当事人对发生效力的管辖权异议裁定不服并不属于申请再审范围。因此，易某建的再审申请缺乏法律依据。

延伸阅读

裁判规则一

当前法律中规定的可以申请再审的裁定类型并未将管辖权异议裁定包括在内，当事人不能就管辖权异议裁定申请再审。（与主文案例裁判观点一致）

案例1：最高人民法院，岳阳弘某路桥建设有限公司与李某尧等建设工程合同纠纷再审民事裁定书【（2015）民申字第120号】

《中华人民共和国民事诉讼法》（2007年修正）第一百七十九条第一款规定，当事人的申请符合下列情形之一的，人民法院应当再审：……（七）违反法律规定，管辖错误的。但根据2012年8月31日《关于修改〈中华人民共和国民事诉讼法〉的决定》，"违反法律规定，管辖错误的"不再成为人民法院应当再审的情形。《最高人民法院关于适用〈中华人民共和国民事诉讼法〉的解释》第三百八十一条规定，当事人认为发生法律效力的不予受理、驳回起诉的裁定错误的，可以申请再审。可见，管辖权异议的裁定不再可以申请再审。因此，弘某路桥公司就二审法院（2014）湘高法立民终字第130号民事裁定申请再审，也应当予以驳回。

裁判规则二

虽然《关于修改〈中华人民共和国民事诉讼法〉的决定》删除了"违反法律规定，管辖错误"的条款，但当事人对管辖权异议裁定不服的，可以"原判决、裁定适用法律确有错误的"这一再审事由申请再审。（与主文案例裁判观点相反）

案例2：最高人民法院，沈阳卡某特金属材料发展有限公司与自贡长某机床销售有限公司债权转让纠纷再审民事裁定书【（2013）民提字第67号】

2007年10月28日，十届全国人大常委会第三十次会议通过了《关于修改〈中华人民共和国民事诉讼法〉的决定》（以下简称《2007年修改决定》），在2008年4月1日施行的《中华人民共和国民事诉讼法》第一百七十九条关于当事人申请再审的法定情形中增加了"违反法律规定，管辖错误的"条款；2012年8月31日第十一届全国人民代表大会常务委员会第二十八次会议通过的《全国人民代表大会常务委员会关于修改〈中华人民共和国民事诉讼法〉的决定》（以下简称《2012年修改决定》），在当事人申请再审的法定情形中删去了"违反法律规定，管辖错误的"条款。从文义解释角度理解，当事人如果认为管辖权异议的裁定错误而申请再审，为避免循环论证，应当认为该管辖权异议的裁定符合"原判决、裁定适用法律确有错误的"情形，而不是符合"违反法律规定，管辖错误的"情形，因此，该"违反法律规定，管辖错误的"条款并非针对有关管辖权异议的民事裁定，而是针对其他有关实体以及程序问题的裁判案件。另外，《2012年修改决定》在《中华人民共和国民事诉讼法》第一百二十七条第二款规定，人民法院受理案件后，当事人未提出管辖异议，并应诉答辩的，视为受诉人民法院有管辖权，但违反级别管辖和专属管辖规定的除外。该条款规定属于应诉管辖条款，即人民法院受理案件后，如果当事人未在提交答辩状期间对管辖权提出异议的，该受理法院取得对该案的管辖权，当事人不得在以后的诉讼中再行提出管辖权异议，也不得就案件的管辖权问题申请再审。《2012年修改决定》之所以在审判监督程序规定中删去"违反法律规定，管辖错误的"条款，也是出于立法体系协调的考量。因此，《2012年修改决定》删去"违反法律规定，管辖错误的"条款，并不意味着案件当事人不得就管辖权异议裁定申请再审。

005 二审撤诉后可以申请再审吗？

裁判要旨

当事人在二审中请求撤回上诉，之后又申请再审的，人民法院不予支持。

案情简介[1]

一、2008年，天某公司与武某签订《北京市商品房预售合同》，约定天某公司于2009年5月1日前向武某交付房屋，后开发商未能按期交房。

二、2016年，武某向顺义法院起诉，请求判令天某公司承担逾期交房的违约责任。顺义法院一审支持了武某的诉讼请求。

三、天某公司不服，向北京市第三中级人民法院（以下简称三中院）提起上诉。在二审审理过程中，天某公司提出撤回上诉的请求，三中院予以准许。

四、之后，天某公司向三中院申请再审，主张有新证据证明天某公司已经及时向武某履行了入住通知义务。三中院认为，天某公司撤回上诉又申请再审，违反诚实信用原则，缺乏再审审查的必要性，裁定驳回申请。

律师评析

本案中，天某公司二审撤回上诉，之后又申请再审，法院驳回其申请，理由如下：

一、司法资源是有限的，再审的启动应当具有必要性及实效性。

二、当事人有权处分个人诉讼权利，但应遵循诚实信用原则，禁止反言，弃权无悔。

三、为防止特别程序普通化，防止当事人滥用诉讼权利，应当在穷尽常规救济途径后再寻求特殊程序的救济。

本案中，天某公司提起上诉后又撤回，应当视为其放弃上诉的权利，接受并服从一审的判决结果并愿意按原判决执行。而之后申请再审，与其之前的意思表

---

[1] 案件来源：北京市第三中级人民法院，北京天某房地产开发有限公司等诉武某等房屋买卖合同纠纷再审裁定书【（2017）京03民申774号】。

示相反，违反诚实信用原则。且其申请撤回上诉后又申请再审，不仅造成司法资源的浪费，而且是对司法救济规则的破坏，是对个人诉讼权利的滥用。综上，应当认为天某公司已经丧失了再审之诉的利益。

实务经验总结

当事人二审撤回上诉视为尊重、服从一审判决，此后申请再审，人民法院将不予支持。而当事人对自动撤回上诉裁定申请再审，法院亦不予支持。因此除非与对方达成和解并签署书面协议等特殊情况，我们建议一定不能在二审阶段撤诉，否则将导致穷尽法院阶段全部救济途径的不利后果。

例如，本文案例如果天某公司即使明知二审大概率将维持也继续诉讼，那么即使败诉也可以凭借新证据来依法申请再审。相应地，由于其选择了二审撤诉，即使发现的新证据确实足以改变原判决，也无法得到法院支持。

另外，因未交纳上诉费导致二审法院裁定按自动撤回上诉处理的，当事人申请再审，法院不予支持。但是在最高人民法院院长信箱关于《规范民事案件上诉费计收建议》的回复意见中，提到：

至于您来信提及的民事案件上诉人未在指定的期限内交纳上诉费的，人民法院按自动撤回上诉处理后出具的裁定能否申请再审的问题，根据《最高人民法院关于适用〈中华人民共和国民事诉讼法〉的解释》第三百八十一条规定："当事人认为发生法律效力的不予受理、驳回起诉的裁定错误的，可以申请再审。"对裁定申请再审的类型仅限于不予受理和驳回起诉的裁定，按自动撤回上诉处理的裁定不能申请再审。鉴于按自动撤回上诉处理的裁定作出后一审判决即发生法律效力，如对一审判决不服，当事人可以通过直接针对一审判决申请再审获得救济。

在这种情况下，当事人可以针对一审判决申请再审（延伸阅读案例3），这为二审中未交上诉费的当事人提供了新的救济方式。但是当事人应避免侥幸心理，切记在限期内交纳上诉费用。

相关法律规定

《最高人民法院关于适用〈中华人民共和国民事诉讼法〉的解释》（2022年修正）

第三百九十三条第二款 当事人主张的再审事由不成立，或者当事人申请再审超过法定申请再审期限、超出法定再审事由范围等不符合民事诉讼法和本解释规定的申请再审条件的,人民法院应当裁定驳回再审申请。

法院判决

以下为本案在审查阶段,裁定书中"本院认为"部分的表述。

司法资源作为国家提供的一种公共物品,它不是无限的,应本着节约的理念来配置,以维护全体纳税人的整体利益。诉的利益作为一种"筛选"与"过滤"机制,旨在节约司法资源,将没有诉的利益的案件筛选和过滤,以防范发起诉讼的一方滥用诉权,避免让被诉一方无端应诉、疲于奔命、浪费钱财。再审之诉的利益是具有申请再审资格的再审申请人所拥有的,在不服生效判决书、裁定书、调解书时,有运用再审审查程序以实现变更或撤销原判决、裁定书和调解书的必要性及实效性,并通过诉权行使体现出来的正当利益。再审之诉的利益机制就是将没有再审申请资格的人发起的再审之诉、没有再审必要之诉,或者没有再审实效之诉予以剔除的机制。对于不具有诉的利益的再审之诉,其再审申请不应得到支持。对于再审之诉利益的判断,应通过法律规则和原则进行权衡,以平衡国家、再审申请人和被申请人三者之间的利益。

《中华人民共和国民事诉讼法》第十三条规定:"民事诉讼应当遵循诚实信用原则。当事人有权在法律规定的范围内处分自己的民事权利和诉讼权利。"该规定确立的民事诉讼程序的诚实信用原则和处分原则,系民事诉讼程序规则的基础,也系民事裁判的价值取向和基本理念。处分原则是当事人在行使诉权时,可以在不违反法律以及行政法规,不损害国家利益、社会公共利益以及第三人利益的情况下,任意处分自己的权利。该原则体现了职权主义向当事人主义的礼让,是国家在民事诉讼法领域对公民意思自治的尊重。诚实信用原则要求每个当事人行使诉讼权利时诚实守信、禁止反言、弃权无悔。处分原则为当事人行使诉权设定自由,而诚实信用原则为当事人行使诉权的自由划定边界。换言之,诚实信用原则重要功能之一即系对处分原则的限制,以防范处分权的滥用,包括对再审诉权的滥用。

《中华人民共和国民事诉讼法》第十条规定了"人民法院审理民事案件,依照法律规定实行……两审终审制度"。两审终审制度之下,当事人不服一审裁判结果时,可以通过行使上诉权的方式来救济权利,以保障司法公正。二审程序是当事人行使上诉权后的常规纠错程序,而再审程序则不同,再审程序是针对生效判决可能出现的重要错误而赋予当事人的特别救济程序。一般情况下，只有在穷尽常规救济途径之后，当事人仍然认为生效裁判有错误的，方可通过申请再审来启动再审这一特别救济程序。否则将变相鼓励或放纵不守诚信的当事人滥用再审程序，从而使得特别救济程序异化为常规普通程序，使得两审终审制的基本原则落空。

当事人行使上诉权这一诉权，从向法院递交上诉状开始，一般情况下，法院的法官和书记员就得为此付出送达上诉状、原审法院移送原审卷宗至二审法院、送达开庭传票以及答辩意见和其他诉讼材料给他方当事人、二审法院开庭、二审法院向原审法院退还原审卷宗等劳动。综观如上整个由当事人行使上诉权产生的劳动过程，所用的人力和物力至少包含一审法院 1 名法官、1 名书记员、1 名移送卷宗的司机和法官、1 辆警车，二审法院 3 名合议庭法官、1 名书记员以及为了辅助法院送达诉讼材料而奔走在大街小巷乃至边远山区的数名司法专邮邮递员……可见，因当事人行使上诉权而投入的人力、物力等司法资源绝非微量。

放弃上诉权这一常规的救济权利是《中华人民共和国民事诉讼法》第十三条规定的当事人行使处分权的具体体现，一般情况下这并不违反法律以及行政法规，不损害国家利益、社会公共利益以及第三人利益，因此法院应予尊重。诚然，当事人对撤回上诉这一弃权行为而引发的一审裁判文书生效并执行的法律后果是明知的。在一定程度上讲，上诉后却又主动撤回上诉等同于上诉人尊重和服从一审裁判结果，并认可一审裁判所形成的利益确认或调整之后的秩序。尤其是在上诉人表示按原审法院裁判执行的情况下，被上诉人基于对上诉人的此种表示以及法院准许撤回上诉裁定所形成的裁判秩序产生了信赖，即信赖就此案不再被卷入无休止的诉讼而疲于奔命和浪费钱财。因此，按照诚实信用原则的基本要求，上诉人应弃权无悔，并不得申请再审而请求撤销原裁判。如果再赋予此类当事人申请再审的权利，将导致以下不利后果：一是对司法资源造成浪费，从而损害纳税人的整体利益、损害国家利益；二是容许当事人以违反诚实信用原则的方法行使处分权，造成被诉方的信赖利益损失；三是变相鼓励或放纵不守诚信的当事人滥用再审程序，从而使得特别救济程序异化为常规普通程序，使得两审终审制的基本原则落空。

综上所述，对主动撤回上诉却又申请再审的当事人，不论是从诚实信用原则、两审终审制原则和节约司法资源的角度，还是从国家利益、再审申请人利益和被申请人利益权衡的角度，此类当事人发起的再审之诉均缺乏再审审查的必要性。《最高人民法院关于适用〈中华人民共和国民事诉讼法〉的解释》第三百九十五条第二款[①]规定了"当事人主张的再审事由不成立，或者当事人申请再审超过法定申请再审期限、超出法定再审事由范围等不符合民事诉讼法和本解释规定的申请再审条件的，人民法院应当裁定驳回再审申请"。主动撤回上诉却又申请再审的情形，不论是从法理还是从法律原则的角度，均应包含在上述司法解释规定"不符合民事诉讼法和本解释规定的申请再审条件"的范围内，如此方能彻底贯彻诚实信用原则、两审终审制原则以及司法效率的要求，使国家、再审申请人和被申请人三者间的利益充分平衡，因此此类情形下的再审申请，不应予以支持。

本案再审申请人北京天某房地产开发有限公司不服北京市顺义区人民法院（2016）京0105民初45727号民事判决，向本院提起上诉，却又在二审审理过程中向本院申请撤回上诉，表示按原审法院判决执行。本院予以了准许，并做出了（2017）京03民终9244号民事裁定书。在撤回上诉之后却以不服一审判决为由申请再审并请求撤销原判决，违反了诚实信用原则，也对司法资源造成了浪费。对此，本院认为申请人的再审申请缺乏审查的必要性，故驳回其再审申请。

延伸阅读

裁判规则一

因未按时交纳上诉费用，二审法院按自动撤回上诉处理的案件，当事人申请再审，法院不予支持。

案例1：最高人民法院，重庆华某园食品股份有限公司等诉宝应县金某红烟花鞭炮有限公司合同纠纷再审民事裁定书【（2016）最高法民申2476号】

本案中，刘某华不服一审判决提起上诉，因未按时交纳上诉费用，二审法院裁定按刘某华自动撤回上诉处理。撤回上诉视作刘某华未上诉，一般应当认为其接受了一审的裁判结果，二审维持了一审判决，则其再审申请可不予审查。

裁判规则二

二审法院按自动撤回上诉处理的裁定，不属于可以申请再审的裁定范围。

案例2：最高人民法院，邵阳市宇某石业有限公司诉福建南某股份有限公司买卖合同纠纷再审民事裁定书【（2017）最高法民申1090号】

《最高人民法院关于适用〈中华人民共和国民事诉讼法〉的解释》第三百八

---

① 现行有效《最高人民法院关于适用〈中华人民共和国民事诉讼法〉的解释》第三百九十三条第二款。

十一条①规定："当事人认为发生法律效力的不予受理、驳回起诉的裁定错误的，可以申请再审。"据此，因原审裁定是按自动撤回上诉处理的裁定，不属于当事人可以申请再审的裁定，因此，宇某公司的再审申请不符合《中华人民共和国民事诉讼法》第二百条第六项的规定。

裁判规则三

当事人未交纳上诉费用导致二审法院裁定按自动撤回上诉处理，当事人不能针对该裁定申请再审，但对一审裁判不服的，可以针对一审裁判申请再审。

案例3：最高人民法院，青海新某房地产开发有限公司、万某建设有限公司等合资、合作开发房地产合同纠纷再审民事裁定书【（2021）最高法民申7905号】

虽然根据《最高人民法院关于适用〈中华人民共和国民事诉讼法〉的解释》第三百八十一条规定"当事人认为发生法律效力的不予受理、驳回起诉的裁定错误的，可以申请再审"，对裁定申请再审的类型仅限于不予受理和驳回起诉的裁定，按自动撤回上诉处理的裁定不能申请再审。但是鉴于按自动撤回上诉处理的裁定作出后一审判决即发生法律效力，如对一审判决不服，当事人可以通过直接针对一审判决申请再审获得救济。本案新某公司系依法对一审判决申请再审，依法应予审查。另外，本案中，新某公司收到上诉案件交费通知书后未按照指定期限交纳二审案件受理费，其关于免交诉讼费的申请亦不符合规定，本院依法裁定按新某公司撤回上诉处理。本案不存在新某公司未上诉且认可一审判决的情形。故新某公司有权对一审判决申请再审。

006 当事人可以对驳回上诉裁定申请再审吗？

裁判要旨

当事人不能对驳回上诉裁定申请再审。

案情简介②

一、2013年8月，宏某公司与金某公司签订《委托代建合同》，约定由金某

---

① 现行有效《最高人民法院关于适用〈中华人民共和国民事诉讼法〉的解释》第三百七十九条。
② 案件来源：最高人民法院，麦盖提同某房地产开发有限公司与陕西省安某有限公司建设工程施工合同纠纷再审民事裁定书【（2020）最高法民申4430号】。

公司负责代建沙漠大酒店项目。金某公司又与安某公司签订《建设工程施工合同》，约定由安某公司实际承建该项目。

二、之后，宏某公司股东奚某年、胡某忠分别成立宏某某公司和同某公司，宏某公司与金某公司签订的上述《委托代建合同》的权利、义务全部转至宏某某公司。同某公司曾支付部分案涉工程款。

三、因金某公司未能按期支付工程款，安某公司起诉至喀什中院，请求判令金某公司支付工程款，同某公司被列为第三人。喀什中院经审理支持其诉讼请求。

四、同某公司不服，向新疆高院上诉，主张一审认定工程款数额有误。新疆高院认为，同某公司与本案处理结果无法律上的利害关系，且一审未判决其承担民事责任，同某公司没有上诉的权利，最终裁定驳回上诉。

五、同某公司不服，向最高院申请再审。最高院以驳回上诉裁定不能申请再审为由驳回其再审申请。

律师评析

本案因驳回上诉裁定不属于申请再审的范围，法院对同某公司的申请不予支持。

上诉是当事人对人民法院所作的尚未发生法律效力的一审裁判不服，在法定期限内，提请上一级法院重新审判的活动。当上诉人不具有上诉权、上诉超过上诉期、上诉的对象是不能上诉的裁判、上诉状不符合规定时，当事人的上诉会被驳回。起诉是依法向法院提出诉讼，请求法院对特定案件审判的行为。当案件主体不适格、被告不明确、诉讼请求不具体、有仲裁协议、不属于人民法院受理民事诉讼范围等情况下，人民法院将驳回起诉。根据司法解释的规定，可以申请再审的裁定仅为驳回起诉与不予受理的裁定，驳回上诉裁定并不在此列，人民法院对驳回上诉裁定的再审申请不予审查。

实务经验总结

一、上诉不同于起诉，驳回上诉裁定也不同于驳回起诉裁定，二者在字面上差距不大，但意义相去甚远，当事人应当注意区分，驳回起诉裁定可以申请再审，驳回上诉裁定则不能。

二、同时应当注意，撤回起诉裁定与撤回上诉裁定不属于可以申请再审的裁定范围（延伸阅读案例2—案例4）。

相关法律规定

《最高人民法院关于适用〈中华人民共和国民事诉讼法〉的解释》（2022年修正）

第三百七十九条　当事人认为发生法律效力的不予受理、驳回起诉的裁定错误的，可以申请再审。

法院判决

以下为该案在法院审查阶段，裁定书中"本院认为"部分就该问题的论述。

案涉《委托代建合同》约定宏某棉业公司委托金某公司负责代建麦盖提县沙漠国际大酒店、沙漠公寓、建材市场、物流中心及附属工程项目。金某公司又与安某公司签订《建设工程施工合同》，双方约定由安某公司承建金某公司代建的麦盖提县宏某建材市场工程后，因金某公司未能按期支付工程款，安某公司遂提起本案诉讼。一审判决同某房产公司不承担民事责任后，同某房产公司的上诉被二审法院裁定驳回。根据《最高人民法院关于适用〈中华人民共和国民事诉讼法〉的解释》第三百八十一条[①]关于"当事人认为发生法律效力的不予受理、驳回起诉的裁定错误的，可以申请再审"的规定，司法解释对可以申请再审的裁定范围作出了完全列举式规定，其中不予受理、驳回起诉的裁定是终局性裁定，涉及当事人的基本程序保障，可以依法申请再审。本案中，新疆高院作出的驳回上诉裁定不在上述可申请再审的裁定书之列，故同某房产公司因针对（2019）新民终210号民事裁定向本院申请再审于法无据。因此，对同某房产公司申请再审的事由，本院不予审查。

延伸阅读

裁判规则一

驳回起诉裁定可以申请再审。

案例1：辽宁省葫芦岛市中级人民法院，焦某、李某强等土地承包经营权纠纷再审民事裁定书【（2022）辽14民再3号】

[①] 现行有效《最高人民法院关于适用〈中华人民共和国民事诉讼法〉的解释》第三百七十九条。

根据《中华人民共和国民事诉讼法》第一百二十二条规定："起诉必须符合下列条件：（一）原告是与本案有直接利害关系的公民、法人和其他组织；（二）有明确的被告；（三）有具体的诉讼请求和事实、理由；（四）属于人民法院受理民事诉讼的范围和受诉人民法院管辖。"焦某诉请系基于与李某强签订的《辽宁省农村土地承包经营权流转合同》提起的合同纠纷诉讼，符合上述法律规定，一、二审裁定驳回焦某的起诉不当，本案应予审理。

裁判规则二

按自动撤回上诉处理的裁定不属于可以申请再审的裁定范围。

案例2：最高人民法院，邵阳市宇某石业有限公司诉福建南某股份有限公司买卖合同纠纷再审民事裁定书【（2017）最高法民申1090号】

《最高人民法院关于适用〈中华人民共和国民事诉讼法〉的解释》第三百八十一条规定："当事人认为发生法律效力的不予受理、驳回起诉的裁定错误的，可以申请再审。"据此，因原审裁定是按自动撤回上诉处理的裁定，不属于当事人可以申请再审的裁定，因此，宇某公司的再审申请不符合《中华人民共和国民事诉讼法》第二百条第六项的规定。

案例3：最高人民法院，浙江五某实业股份有限公司、中印正某包装印务成都有限公司等侵害商标权纠纷再审民事裁定书【（2021）最高法民申6335号】

本院经审查认为，根据《中华人民共和国民事诉讼法》第一百九十九条规定，当事人向本院申请再审针对的裁判文书应当是二审法院作出的已经生效的判决或裁定。本案中，二审法院作出的生效裁判文书系按撤回上诉处理的裁定，根据《最高人民法院关于适用〈中华人民共和国民事诉讼法〉的解释》第三百八十一条关于"当事人认为发生法律效力的不予受理、驳回起诉的裁定错误的，可以申请再审"的规定，当事人可以申请再审的发生法律效力的裁定并不包括按撤回上诉处理的民事裁定，本案二审裁定并不属于可以申请再审的范围。故五某公司的再审申请不能成立，本院不予支持。

裁判规则三

按撤回起诉处理的裁定不属于可以申请再审的裁定范围。

案例4：广东省深圳市中级人民法院，深圳赢某科技有限公司、深圳市皇某实业有限公司等劳动合同纠纷再审民事裁定书【（2020）粤03民申979-993号】

本院经审查认为，依照《最高人民法院关于适用〈中华人民共和国民事诉讼法〉的解释》第三百八十一条规定，当事人认为发生法律效力的不予受理、驳回起诉的裁定错误的可以申请再审。而本系列案的裁定是属于按当事人撤回起诉处理的裁定，依照上述规定，该类裁定不属于再审审查的范畴。因此，申请人的请求不符合申请再审条件，本院不予支持。

007 当事人在案件发回一审法院重审审理过程中撤回起诉后又提起诉讼的，法院是否应予受理？

裁判要旨

再审发回重审，是在该案所有生效裁判被撤销的情形下进行的，是一审法院对当事人纠纷的重新审理，其并不是再审审理程序的延续。当事人在再审发回重审的审理中撤回起诉，之后又起诉的，人民法院应当受理。

案情简介[①]

一、1999年，吴某彬向新余中院起诉，称其与东某公司签订《土地房屋转让合同》，东某公司未完全履行合同，请求法院确认合同有效并由东某公司赔偿损失。

二、新余中院判决东某公司已建成的1号楼归吴某彬所有。

三、东某公司不服，向江西高院申请再审，江西高院撤销原判决，发回新余中院重审。新余中院重审过程中，吴某彬申请撤回起诉，新余中院裁定准许其撤回起诉。

四、2015年，吴某彬又向新余中院提起诉讼，请求确认其为1号楼的土地使用权人和房屋所有权人。

五、新余中院及江西高院均认为，吴某彬在再审审理程序中撤回起诉后又重复起诉，均予以驳回。

六、吴某彬向最高院申请再审，最高院认为重审并不属于再审审理程序，吴某彬在重审一审中撤诉，现又起诉，应当受理。

[①] 案件来源：最高人民法院，吴某彬、新余市东某物资有限公司所有权确认纠纷再审民事裁定书【（2018）最高法民再440号】。

律师评析

本案中，当事人在再审发回重审的案件审理过程中撤回起诉，之后又申请再审，最高院认为应予支持。

最高院认为再审作出裁判并送达生效后，再审审理程序即告终结。若再审裁定发回重审，则案件原生效裁判均被撤销，一审法院按照一审程序重新对当事人之间的争议进行审理。再审发回重审的案件不再是再审案件，作出的裁判也不是再审裁判。根据法律规定，一审原告在再审审理程序中撤回起诉后重复起诉的，人民法院不予受理。而发回重审案件并非再审审理程序，因此，一审原告在发回重审案件审理过程中撤回起诉又重复起诉的，人民法院应当支持。

实务经验总结

一、当事人可以在再审发回重审的案件审理过程中撤回起诉，撤回起诉后当事人若再次依据同一事由对同一对方当事人、同一标的起诉，人民法院应予受理。当事人可以采取该策略为自己在诉讼中争取更多的时间。另外，若二审法院发回重审，当事人在重审中撤回起诉后又起诉的，人民法院同样应予受理。

二、应注意的是，再审发回重审毕竟不同于新立一审，当事人在重审中提出的管辖权异议将不被人民法院支持。

相关法律规定

《最高人民法院关于适用〈中华人民共和国民事诉讼法〉的解释》（2022年修正）

第二百一十四条第一款 原告撤诉或者人民法院按撤诉处理后，原告以同一诉讼请求再次起诉的，人民法院应予受理。

第三百三十六条 在第二审程序中，原审原告申请撤回起诉，经其他当事人同意，且不损害国家利益、社会公共利益、他人合法权益的，人民法院可以准许。准许撤诉的，应当一并裁定撤销一审裁判。

原审原告在第二审程序中撤回起诉后重复起诉的，人民法院不予受理。

第四百零八条 一审原告在再审审理程序中申请撤回起诉，经其他当事人同意，且不损害国家利益、社会公共利益、他人合法权益的，人民法院可以准许。

裁定准许撤诉的，应当一并撤销原判决。

一审原告在再审审理程序中撤回起诉后重复起诉的，人民法院不予受理。

法院判决

以下为该案在法院审查阶段，裁定书中"本院认为"部分就该问题的论述。

2015年2月4日起施行的《最高人民法院关于适用〈中华人民共和国民事诉讼法〉的解释》针对原告在一审、二审和再审三个诉讼程序中撤回起诉的处理，分别作出了相应规定。其中，第二百一十四条第一款规定，"原告撤诉或者人民法院按撤诉处理后，原告以同一诉讼请求再次起诉的，人民法院应予受理"；第三百三十八条①第二款规定，"原审原告在第二审程序中撤回起诉后重复起诉的，人民法院不予受理"；第四百一十条②第二款规定，"一审原告在再审审理程序中撤回起诉后重复起诉的，人民法院不予受理"。据此，《最高人民法院关于适用〈中华人民共和国民事诉讼法〉的解释》对于原告在一审程序中撤诉的处理与其在二审、再审程序中撤回起诉的处理作了不同的规定。就本案而言，吴某彬在原一审判决被再审撤销、案件发回一审法院重审审理过程中撤回起诉，之后又提起本案诉讼。对本案诉讼是否应予受理，审查的关键在于是适用一审程序还是再审审理程序的法律规定。对此，需要准确理解《最高人民法院关于适用〈中华人民共和国民事诉讼法〉的解释》第四百一十条第二款中关于"再审审理程序"的含义。

为准确理解法律规范的意旨，维护法律体系的规范统一性，应当从体系解释的角度出发，以法律条文在法律体系上的关联，探求法律规范的意义和法律用语的内涵所在。《中华人民共和国民事诉讼法》规定的审判程序包括第一审程序、第二审程序、审判监督程序以及特别程序、督促程序和公示催告程序。就审判监督程序而言，又可分为再审审查和再审审理两个不同阶段。再审审查的主要任务是依据再审审查程序对再审申请是否符合法定再审事由进行审查，决定是否启动再审；再审审理的主要任务是依据再审审理程序对裁定再审的案件进行审理，确定生效裁判是否确有错误，依法作出再审裁判。再审裁判作出并依法送达生效后，再审审理程序即告终结。法院对再审后发回重审案件的审理，是在该案所有生效裁判已被全部撤销的情形下进行的，当事人的诉讼纠纷重新回到原一审裁判

---

① 现行有效《最高人民法院关于适用〈中华人民共和国民事诉讼法〉的解释》第三百三十六条。
② 现行有效《最高人民法院关于适用〈中华人民共和国民事诉讼法〉的解释》第四百零八条。

前的状况,是一审法院对当事人之间争议的重新审理。

吴某彬 1999 年提起的前案诉讼,经由最高人民法院再审审查、江西省高级人民法院提审后,由江西省高级人民法院作出(2008)赣民再终字第 4 号民事裁定,撤销原一审判决,发回一审法院重审。至此,应视为该案的再审审理程序终结,重新开始一审程序的审理。2017 年 8 月 2 日,本院曾作出《最高人民法院关于再审撤销一、二审裁判发回重审的案件当事人对重审的生效裁判是否有申请再审权利的答复》〔(2016)最高法民他 118 号〕,明确:"再审后将案件发回重审作出的生效裁判,当事人不服的,可以根据民事诉讼法第一百九十九条的规定申请再审。"尽管该答复所涉及的具体问题与本案有所不同,但蕴含的基本前提是再审后发回重审已非再审审理程序的延续,发回重审案件已非再审案件,作出的裁判亦非再审裁判。由此,本案再审发回重审后重新立案的(2009)余民一重字第 00002 号案应视为新的一审案件,当事人的诉讼权利义务应适用一审程序的相关规定予以确定;吴某彬在重审期间撤诉后又起诉的,依据《最高人民法院关于适用〈中华人民共和国民事诉讼法〉的解释》第二百一十四条第一款的规定应予受理。同时,鉴于再审发回重审案件与新立一审案件有所区别,为避免当事人滥用诉权、增加诉累,防止司法资源浪费,《最高人民法院关于适用〈中华人民共和国民事诉讼法〉的解释》第二百五十二条、《最高人民法院关于审判监督程序严格依法适用指令再审和发回重审若干问题的规定》第八条等规定对发回重审后当事人的诉讼权利进行了一定的限制,但不影响本案依据《最高人民法院关于适用〈中华人民共和国民事诉讼法〉的解释》第二百一十四条第一款的规定应予受理的基本判断。一、二审裁定适用《最高人民法院关于适用〈中华人民共和国民事诉讼法〉的解释》第四百一十条第二款关于再审审理程序的规定,裁定驳回吴某彬起诉,适用法律有误。至于吴某彬的诉讼请求能否得到支持,案情是否涉及套路贷诈骗犯罪,不是本案审理范围,可在实体审理过程中依法予以认定并作出相应的处理。

延伸阅读

裁判规则

根据管辖权恒定原则,发回重审案件的管辖权已经确定,再审发回重审的案件审理过程中,当事人提出管辖权异议的,人民法院不予支持。

案例:最高人民法院,内蒙古九某药业有限责任公司、上海云某商厦有限公司与韩某彬、上海广播电视台、大连鸿某大药房有限公司产品质量损害赔偿纠纷管辖权异议再审民事裁定书【（2013）民再申字第27号】

九某药业和云某商厦是在案件被本院通过审判监督程序裁定发回一审法院重审，在一审法院的重审中才就管辖权提出异议的。对于当事人提出管辖权异议的期间，《中华人民共和国民事诉讼法》明确规定："……当事人对管辖权有异议的，应当在提交答辩状期间提出……"本案最初一审时原告韩某彬的起诉状送达给九某药业和云某商厦，九某药业和云某商厦在答辩期内并没有对管辖权提出异议，说明其已接受了一审法院的管辖，管辖权已确定。而且案件经过一审、二审和再审，所经过的程序仍具有程序上的效力，不可逆转。经审判监督程序被发回重审的案件，虽然根据民事诉讼法的规定，案件是一审的，应当按一审程序审理，但是，发回重审的案件并非一个初审案件，就管辖而言，因民事诉讼程序的启动始于当事人的起诉，其目的在于获得法院对案件作出最终裁判，以解决双方之间的民事纠纷。当案件诉至人民法院，经人民法院立案受理，诉状送达给被告，被告在答辩期内未提出管辖异议，表明案件已确定了管辖法院。此后不因当事人住所地、经常居住地的变更或行政区域的变更而改变案件的管辖法院。在管辖权已确定的前提下，当事人无权再就管辖权提出异议。如果在重审中当事人仍可就管辖权提出异议，无疑使已稳定的诉讼程序处于不确定的状态，破坏了诉讼程序的安定、有序，拖延诉讼，不仅不利于纠纷的解决，也浪费司法资源。因此，基于管辖恒定原则、诉讼程序的确定性以及公正和效率的要求，亦不能支持重审案件当事人再就管辖权提出的异议。据此，九某药业和云某商厦就本案管辖权提出异议没有法律依据，原审裁定驳回其管辖权异议并无不当。

008 当事人上诉时未对一审部分认定问题提出异议，能否就该部分问题申请再审？

裁判要旨

一审诉讼中已认定的问题，当事人在上诉时并未提出异议的，则视为对该问题的认可，不得再就该问题申请再审。

案情简介[1]

一、蔡某作为承租人，拖欠出租人恒某公司的租金。2019年，恒某公司向雁塔法院起诉，请求判令解除合同并由蔡某支付租金。蔡某辩称其多次垫付水电费，应当在租金中扣除，且恒某公司应当赔偿其装饰装修残值损失。一审法院判决蔡某支付给恒某公司扣除水电费后的租金。

二、蔡某不服，向西安中院上诉，称一审法院对垫付水电费数额认定不清。二审法院维持原判。

三、蔡某不服，向陕西高院申请再审，主张对水电费数额认定不清，恒某公司应当赔偿其装饰装修残值损失。但陕西高院认为蔡某在上诉中并未提出装饰装修残值损失问题，因此不予审查。

律师评析

本案争议焦点为，一审已就装饰装修残值损失问题作出判决，蔡某上诉时并未就该问题提起上诉，在再审中再提出该问题能得到法院支持吗？陕西高院并未审查装饰装修残值损失问题，理由如下，笔者亦认同：

一、当事人有权处分自己的诉讼权利，但同时应当遵守诚实守信原则，不得前后不一。若其未将一审已认定问题作为上诉理由，则视为其认可一审法院对该问题的判决，不得就该问题申请再审。

二、再审是对确有错误的判决、裁判展开的纠错程序，而二审是对上诉请求的事实与法律问题进行审查。若当事人上诉并未提出该问题，二审并未对该问题进行审理，则谈不上对或是错，因此该问题并不在再审审查范围内。

实务经验总结

无论一审中当事人是否对该部分问题提出主张，二审中当事人对一审法院已认定的部分问题没有提出上诉的，再审不得再就该部分申请再审，因此我们建议：

一、当事人应当慎重考虑上诉时对哪些问题提出异议，对一审已认定问题不

---

[1] 案件来源：陕西省高级人民法院，蔡某与陕西恒某中贸房地产开发有限公司房屋租赁合同纠纷申诉、申请再审民事裁定书【（2020）陕民申2381号】。

服的，应当在上诉时全面提出。

二、再审请求应当以上诉请求的有关事实和法律适用问题为限，不能超出上诉请求的范围。

相关法律规定

《中华人民共和国民事诉讼法》（2021年修正）

第十三条　民事诉讼应当遵循诚信原则。

当事人有权在法律规定的范围内处分自己的民事权利和诉讼权利。

第一百七十五条　第二审人民法院应当对上诉请求的有关事实和适用法律进行审查。

第二百零六条　当事人对已经发生法律效力的判决、裁定，认为有错误的，可以向上一级人民法院申请再审；当事人一方人数众多或者当事人双方为公民的案件，也可以向原审人民法院申请再审。当事人申请再审的，不停止判决、裁定的执行。

法院判决

以下为该案在法院审查阶段，裁定书中"本院认为"部分就该问题的论述。

根据民事诉讼法相关规定，当事人有权在法律规定的范围内处分自己的民事权利和诉讼权利，一审判决后，是否上诉，针对哪些问题上诉，提出哪些上诉理由，均属当事人对自己民事权利和诉讼权利的处分，对一审判决中已作出认定的问题，如当事人在上诉时未提出异议，应视为对一审判决相关认定的认可；另外，二审法院应当对上诉请求的有关事实和适用法律进行审查，若当事人对此问题未提起上诉，双方未形成争议，二审法院即不必对此问题进行审查，更谈不上错误与否；因此申请再审时再对此问题提出异议，应不予审查。本案中，蔡某所述的涉案房屋装饰装修残值损失问题、恒某公司应向其支付并抵扣违约金200万元问题，上诉过程中蔡某并未就此问题作为上诉理由提出，故现对上述申请再审的理由不予以审查。

延伸阅读

裁判规则

一审法院按照鉴定意见确定工程款数额，当事人上诉未提出本案不需鉴定的

上诉理由，再以该理由申请再审的，不予审查。(与主文案例裁判观点一致)

案例：甘肃省高级人民法院，白银市华某通物流仓储有限责任公司与张某、李某等建设工程合同纠纷再审民事裁定书【(2020)甘民申916号】

(一)关于华某通公司主张一、二审法院适用法律错误的再审申请理由。根据《中华人民共和国民事诉讼法》第十三条第二款规定"当事人有权在法律规定的范围内处分自己的民事权利和诉讼权利"，一审程序后，是否上诉、针对哪些问题上诉、提出哪些上诉理由，均属于当事人对自己民事权利和诉讼权利的处分。对于一审判决中已经作出认定的问题，如果当事人在上诉时没有提出异议，应视为对一审判决相关认定的认可。申请再审时再对此问题提出异议，有违《中华人民共和国民事诉讼法》第十三条第一款规定的诚实信用原则。另外，根据《中华人民共和国民事诉讼法》第一百五十一条①规定"第二审人民法院应当对上诉请求的有关事实和适用法律进行审查"，二审程序中，若当事人对此问题未提起上诉，双方未形成争议，二审法院即不必对此问题进行审查，更谈不上错误与否的问题。所以，当事人再以此为由主张二审判决错误并申请再审，显然不能成立。本案中，华某通公司上诉时未提出本案不需鉴定的上诉理由，在一审时对于鉴定意见也进行了质证，故再审申请人的该项再审申请理由不能成立。

009 再审期限经过后以发现新证据为由申请再审，同时一并提出的其他再审事由法院会予以审查吗？

裁判要旨

判决、裁定生效六个月后，当事人依据《中华人民共和国民事诉讼法》第二百条第一项、第三项、第十二项、第十三项所规定事由申请再审，法院应当依法进行审查。但对于再审申请中一并提出的其他再审事由，法院不予审查。

案情简介②

一、南通六某公司与鸿某公司签订《建设工程施工合同》，约定由南通六某

---

① 现行有效《中华人民共和国民事诉讼法》第一百七十五条。
② 案件来源：最高人民法院，江苏南通六某建设集团有限公司与衡水鸿某房地产开发有限公司建设工程施工合同纠纷再审民事裁定书【(2018)最高法民申6278号】。

公司承建鸿某公司的住宅楼工程。

二、工程施工结束后，南通六某公司向衡水中院起诉，请求判令鸿某公司支付工程款。鸿某公司反诉，请求南通六某公司交付竣工验收资料。一审法院判决在南通六某公司交付竣工验收资料后由鸿某公司支付工程款。

三、南通六某公司不服，向河北高院上诉。河北高院仅就工程款数额进行了重新认定。

四、原审判决生效已逾六个月后，南通六某公司向最高院申请再审，主张有新证据可证明工程已竣工验收合格，并认为原审认定事实错误。最高院审查认为新证据与原审判决无关，不能推翻原审判决。而再审申请中的其他再审理由已超出申请再审期限，不予审查。最终驳回南通六某公司再审申请。

律师评析

本案有争议的事实为，南通六某公司能否以事实认定错误为由申请再审。

根据法律规定，当事人应当在判决、裁定发生效力后六个月内提出再审申请；若有以下几种情形的，当事人自知道或应当知道之日起六个月内提出：有新的证据，足以推翻原判决、裁定的；原判决、裁定认定事实的主要证据是伪造的；据以作出原判决、裁定的法律文书被撤销或者变更的；审判人员审理该案件时有贪污受贿、徇私舞弊、枉法裁判行为的。综上，法律规定了两类再审申请期限。为维护既判力和司法活动的稳定性，避免当事人长期上访，无理缠诉，司法实践应当严格遵守再审审理期限的规定，法院不能支持超期提出的再审申请，更不能将两类再审申请期限混淆，否则将变相鼓励或放纵不遵守再审期限的当事人滥用申请再审诉权。

本案中，法院认为当事人申请再审提出的新证据尚在再审申请期限内，应当予以审查，但是当事人提出的其他证据已经超过"原审判决、裁定生效后六个月"的再审申请期限，不应当审查。

实务经验总结

当事人应当注意积极行使个人诉讼权利，严格遵守法律规定的申请再审期限。

一、当事人申请再审，应当在原判决、裁定生效后六个月内提出，若超过该期限申请再审，将面临被法院裁定驳回的风险。

二、存在例外情形：虽然当事人未能在原判决、裁定生效后六个月内申请再审，但是当事人有新的证据，足以推翻原判决、裁定的，或原判决、裁定认定事实的主要证据是伪造的，或据以作出原判决、裁定的法律文书被撤销或者变更的，或审判人员审理该案件时有贪污受贿、徇私舞弊、枉法裁判行为的，再审申请期限自当事人知道或应当知道上述四种情形之日起计算六个月，当事人应当在该六个月内申请再审。另外需注意：当事人以以上四种事由申请再审时，一并提出的其他事由法院不再予以审查。

相关法律规定

《中华人民共和国民事诉讼法》（2021年修正）

第二百零七条　当事人的申请符合下列情形之一的，人民法院应当再审：

（一）有新的证据，足以推翻原判决、裁定的；

（二）原判决、裁定认定的基本事实缺乏证据证明的；

（三）原判决、裁定认定事实的主要证据是伪造的；

（四）原判决、裁定认定事实的主要证据未经质证的；

（五）对审理案件需要的主要证据，当事人因客观原因不能自行收集，书面申请人民法院调查收集，人民法院未调查收集的；

（六）原判决、裁定适用法律确有错误的；

（七）审判组织的组成不合法或者依法应当回避的审判人员没有回避的；

（八）无诉讼行为能力人未经法定代理人代为诉讼或者应当参加诉讼的当事人，因不能归责于本人或者其诉讼代理人的事由，未参加诉讼的；

（九）违反法律规定，剥夺当事人辩论权利的；

（十）未经传票传唤，缺席判决的；

（十一）原判决、裁定遗漏或者超出诉讼请求的；

（十二）据以作出原判决、裁定的法律文书被撤销或者变更的；

（十三）审判人员审理该案件时有贪污受贿，徇私舞弊，枉法裁判行为的。

第二百一十二条　当事人申请再审，应当在判决、裁定发生法律效力后六个月内提出；有本法第二百零七条第一项、第三项、第十二项、第十三项规定情形的，自知道或者应当知道之日起六个月内提出。

法院判决

以下为该案在法院审查阶段，裁定书中"本院认为"部分就该问题的论述。

本院经审查认为，本案一审法院仅就工程款进行审理并作出判决，二审法院亦审理的是鸿某公司欠付南通六某公司的工程款数额，而双方当事人工程款的具体数额与消防设计是否合格以及工程是否通过综合验收无关。同时，交付竣工验收报告及相应的竣工资料，是南通六某公司作为承包人应履行的合同义务，亦与消防设计是否合格以及工程是否通过综合验收无关。故南通六某公司提交的新证据《建设工程消防设计备案检查不合格通知书》不足以推翻原一、二审法院对于案涉工程款数额以及案涉工程验收资料交付义务的判决，不属于《中华人民共和国民事诉讼法》第二百条第一项规定的再审新证据。

《中华人民共和国民事诉讼法》第二百零五条[①]规定，当事人申请再审，应当在判决、裁定发生法律效力后六个月内提出；有本法第二百条第一项、第三项、第十二项、第十三项规定情形的，自知道或者应当知道之日起六个月内提出。本条是关于当事人申请再审期限的规定。法律之所以规定当事人申请再审期限，一方面是为了维护生效判决的即判力，避免为生效判决所确定的法律权利义务关系长期处于可能被提起再审的不安定状态，从而维护社会关系的稳定；另一方面是为了督促当事人及时行使申请再审的权利，避免影响对方当事人对生效判决稳定性的信赖利益。据此，当事人依据《中华人民共和国民事诉讼法》第二百条第一项、第三项、第十二项、第十三项以外的其他事由申请再审，应当在判决、裁定发生法律效力后六个月内提出；而当事人在判决、裁定发生法律效力六个月后，依据《中华人民共和国民事诉讼法》第二百条第一项、第三项、第十二项、第十三项规定申请再审的同时，一并提起其他再审事由的，人民法院不予审查，否则将变相鼓励或放纵不遵守再审期限的当事人滥用申请再审诉权，使六个月申请再审期限的法律规定虚置。

本案二审判决作出时间为2014年12月22日，南通六某公司提出的除《中华人民共和国民事诉讼法》第二百条第一项之外的其他再审事由，应当在本案二审判决生效后六个月内提出。而南通六某公司于2018年11月16日依据《中华人民共和国民事诉讼法》第二百条第一项申请再审的同时，提出的其他再审事由，由于超过六个月的申请再审法定期间，本院不予审查。

[①] 现行有效《中华人民共和国民事诉讼法》第二百一十二条。

延伸阅读

裁判规则

再审申请六个月期限经过后，当事人申请再审，法院对其提出的新证据进行审查，对其他再审事由不再审查。

案例1：山东省高级人民法院，济南中某置业有限公司、黄某昉民间借贷纠纷再审民事裁定书【（2020）鲁民申5895号】

依照《最高人民法院关于适用〈中华人民共和国民事诉讼法〉的解释》第三百八十八条之规定，再审新证据包括以下三种情形：（一）在原审庭审结束前已经存在，因客观原因于庭审结束后才发现的；（二）在原审庭审结束前已经发现，但因客观原因无法取得或者在规定的期限内不能提供的；（三）在原审庭审结束后形成，无法据此另行提起诉讼的。中某公司提交的对其原法定代表人于某阁、中某公司股东河南中某房地产有限公司法定代表人吕某涛所作的询问笔录均不符合上述情形。中某公司对案涉担保是否经过股东会表决应在黄某昉2017年提起本案诉讼时即应知道，亦可查明。中某公司以新证据为由申请再审不成立。中某公司提出的其他再审理由均超出再审申请期限，本院不予审查。

案例2：北京市第三中级人民法院，刘某与李某成合同纠纷再审审查与审判监督民事裁定书【（2019）京03民申772号】

原审判决生效时间为2018年6月11日，申请人再审申请时间为2019年1月22日；申请人依据的《中华人民共和国民事诉讼法》第二百条第二项、第四项、第六项的再审请求已经超出再审申请期限。关于新证据，申请人提交的和被申请人电话录像的证据中均为申请人在陈述其再审申请的主张，而被申请人并未予以认可，仅凭该录像材料，不足以证明申请人称二人之间不存在委托理财合同关系的主张，故该证据不属于足以推翻原判决的新证据。申请人再审时提交的其他证据材料和本案缺少关联性，亦不属于新证据。关于原审判决认定事实的主要证据是伪造的主张，申请人未能提交相关证据证明。关于送达问题，原审法院向被申请人提供的申请人在北京的住址和申请人身份证地址通过司法专邮送达起诉书、证据材料和开庭传票，送达未果后公告送达了开庭通知和判决书，送达程序符合规定。综上，申请人的再审请求不符合法律规定，应驳回其再审申请。

第二节 提起再审的期限

010 再审申请期限从哪天开始计算？

裁判要旨

再审申请期限从再审申请人签收二审判决书之日起算。

案情简介①

一、2013年，海某鑫公司与蓝色新区管委会签订《蓝色新区占用青岛海某鑫工贸有限公司土地补偿协议书》，约定海某鑫公司将其地块无偿给予蓝色新区管委会，蓝色新区管委会协助海某鑫公司按照挂牌起始价取得案涉土地，若海某鑫公司未能以挂牌起始价取得，则超过部分由蓝色新区管委会全额返还给海某鑫公司。

二、后海某鑫公司未能以挂牌起始价取得案涉土地，与蓝色新区管委会就应返还的金额产生纠纷，海某鑫公司诉至山东高院。

三、山东高院作出判决后，双方均不服，向最高院上诉。最高院于2020年1月6日作出判决，海某鑫公司于2020年3月30日签收。

四、2021年7月，海某鑫公司向最高院申请再审。最高院认为，二审判决自海某鑫公司签收之日起生效，现海某鑫公司申请再审已超过期限，驳回其再审申请。

律师评析

本案中，法院以申请人签收二审判决书的时间确定是否超过申请再审期限。

根据法律规定，当事人申请再审，应当在判决、裁定发生法律效力后六个月内提出，即申请再审期限的起算点为判决、裁定发生法律效力之日的次日。然而法律却没有对二审裁判生效时间作出规定，导致再审申请期限的计算有所不同。在实践中，申请再审期限的起算有以下几种。

---

① 案件来源：最高人民法院，青岛海某鑫工贸有限公司与山东省即墨经济开发区管理委员会合同纠纷再审民事裁定书【（2021）最高法民申328号】。

一、从再审申请人签收二审裁判之日计算再审申请期限，不论案件其他当事人是否收到二审裁判。即二审裁判送达某一方当事人即对该方当事人发生法律效力。（如主文案例、延伸阅读案例1）

二、从案件全部当事人均收到二审裁判之日计算再审申请期限，即二审裁判须最后一位当事人收到才生效。（如延伸阅读案例2）

三、二审裁判根据二审法院出具的法律文书生效证明书确定生效时间，再审申请期限根据该证明书载明的时间确定起算日期。（如延伸阅读案例3）

本案中，法院是根据再审申请人签收二审裁判的时间来计算再审申请期限，笔者认同该计算方法。

一、二审裁判送达某一方当事人后，该方当事人即可知悉自己的权利义务，此时，该方当事人就可以作出判断，决定是否对该裁判申请再审。从当事人各自收到裁判之日起分别计算申请再审期限，可以保证各当事人申请再审期限是一致的，更符合公平原则。

二、《最高人民法院关于适用〈中华人民共和国民事诉讼法〉的解释》第二百四十四条规定：可以上诉的判决书、裁定书不能同时送达双方当事人的，上诉期从各自收到判决书、裁定书之日计算。与该规定相协调，再审申请期限也应从各自收到裁判文书之日计算。

三、法律文书生效证明书会使二审裁判效力长期处于不确定的状态，不利于当事人申请再审。

实务经验总结

一、当事人应在收到二审裁判文书后六个月内尽快申请再审，以免错过再审申请期限。

二、自当事人收到二审裁判之日起已超过六个月，但本案多个当事人签收二审裁判时间不一，从最后一位签收的时间起计算尚未超过六个月，当事人可以向法院申请再审。虽然实践中法院对该情况态度不一致，但当事人仍有争取的机会。

相关法律规定

《中华人民共和国民事诉讼法》（2021年修正）

第二百一十二条 当事人申请再审，应当在判决、裁定发生法律效力后六个月内提出；有本法第二百零七条第一项、第三项、第十二项、第十三项规定情形的，自知道或者应当知道之日起六个月内提出。

> [!法院判决]

以下为该案在法院审查阶段，裁定书中"本院认为"部分就该问题的论述。

根据《中华人民共和国民事诉讼法》第二百零五条①规定"当事人申请再审，应当在判决、裁定发生法律效力后六个月内提出；有本法第二百条第一项、第三项、第十二项、第十三项规定情形的，自知道或者应当知道之日起六个月内提出"，以及《最高人民法院关于适用〈中华人民共和国民事诉讼法〉的解释》第一百二十七条规定，民事诉讼法第二百零五条规定的六个月为不变期间，不适用诉讼时效中止、中断、延长的规定。经查，本院（2019）最高法民终987号民事判决书于2020年1月6日作出，当事人最后签收的日期为2020年3月30日即该判决书发生法律效力。海某鑫公司于2021年1月7日依据《中华人民共和国民事诉讼法》第二百条第二项、第六项的再审事由向本院申请再审，已经超过法定申请再审期限。

> [!延伸阅读]

裁判规则一

申请再审期限从当事人自身收到二审裁判之日计算，不因对方当事人是否收到该判决书而受影响。

案例1：最高人民法院，昆明众某广告有限公司诉贵阳广播电视台广告合同纠纷再审民事裁定书【（2018）最高法民申158号】

本院经审查认为，《中华人民共和国民事诉讼法》第二百零五条规定，当事人申请再审，应当在判决、裁定发生法律效力后六个月内提出；有本法第二百条第一项、第三项、第十二项、第十三项规定情形的，自知道或者应当知道之日起六个月内提出。昆明众某公司系依据《中华人民共和国民事诉讼法》第二百条第二项、第四项、第五项、第六项之规定向本院申请再审，应当在判决发生法律效力后六个月内提出。实践中，当事人收到判决书之日一般晚于二审判决作出之日，而且各方当事人收到判决书之日亦会存在不同，判决生效之日的确定对当事人再审权利的行使影响甚巨。在当事人未收到判决书的情况下，由于尚未知悉判

---

① 现行有效《中华人民共和国民事诉讼法》第二百一十二条。

决确定的权利义务内容，无法行使后续的诉讼权利。而在其收到判决书之后，即应知悉具体权利义务内容，并据此作出是否申请再审的决定，而且，其是否决定申请再审不因对方当事人是否收到该判决书而受影响。故而，申请再审期限从各自收到判决书之日计算为宜。本案中，昆明众某公司于2016年4月22日签收二审判决书，其在2016年11月29日申请再审，已经超过了法定申请再审期限。昆明众某公司主张以本案另一当事人签收二审判决书时间作为其申请再审期限的起算时间，无法律依据，本院不予支持。

裁判规则二

案件多个当事人收到二审裁判时间不同的，申请再审期限自最后一位当事人收到二审裁判之日的次日起算。

案例2：最高人民法院，新疆博乐新某油脂有限公司与博乐市汇某油脂有限责任公司等返还原物纠纷再审民事裁定书【（2014）民申字第1567号】

本院审查查明：本案新疆高院于2013年11月1日作出（2013）新民二终字第87号民事裁定，并分别于2013年11月7日、2013年11月8日、2013年11月11日以邮政特快专递的方式向新某公司、博某农商行、汇某公司送达了民事裁定书，且已经签收确认。新某公司于2014年8月14日向本院递交再审申请书。

本院认为，《中华人民共和国民事诉讼法》第二百零五条规定，当事人申请再审，应当在判决、裁定发生法律效力后六个月内提出；有本法第二百条第一项、第三项、第十二项、第十三项规定情形的，自知道或者应当知道之日起六个月内提出。本案汇某公司于2013年11月11日收到终审裁定书，该裁定于次日发生法律效力。新某公司申请再审时，提交了刘某海、李某民、刘某出具的证明以及新某公司代理人对蔡某平、卡某、殷某的调查笔录，但上述证明及调查笔录形成时间均在2013年12月之前，即使上述证据属于新的证据即《中华人民共和国民事诉讼法》第二百条第一项规定的情形，新某公司也应当于2014年6月底前提出再审申请。新某公司于2014年8月14日才向本院递交再审申请，已超过了《中华人民共和国民事诉讼法》第二百零五条规定的申请再审期限，从而丧失了申请再审的资格。本院依法不对本案进行再审审查。

裁判规则三

二审裁判生效时间由二审法院出具的法律文书生效证明书确认，自该确定日期的次日起算申请再审期限。

案例3：最高人民法院，福建省中小企业信用再担保有限责任公司与中信银行股份有限公司福州分行金融借款合同纠纷再审民事裁定书【（2018）最高法民申5286号】

关于中小企业再担保公司的再审申请是否超过法定申请再审期限的问题。《中华人民共和国民事诉讼法》第二百零五条规定，"当事人申请再审，应当在判决、裁定发生法律效力后六个月内提出；有本法第二百条第一项、第三项、第十二项、第十三项规定情形的，自知道或者应当知道之日起六个月内提出"。二审法院于2018年7月23日出具法律文书生效证明书，确认本案二审判决，即（2016）闽民终1308号民事判决于2018年3月15日发生法律效力。故中小企业再担保公司于2018年9月6日向本院申请再审，并未超过法定申请再审的期限。中信银行福州分行关于中小企业再担保公司提起再审申请已经超过法定申请再审期限的主张，依法不能成立。

011 公司法定代表人被羁押会影响申请再审期限吗？

裁判要旨

申请再审期限为不变期间，不适用诉讼时效中止、中断、延长的规定。公司法定代表人被羁押的事实不能引起申请再审期限的中止、中断、延长。

案情简介[①]

一、陈某位因建设工程施工合同纠纷将友某公司、兴某公司诉至重庆一中院，请求二公司支付工程款。重庆一中院部分支持陈某位的诉讼请求。

二、陈某位上诉至重庆高院。重庆高院支持陈某位的上诉请求，于2016年11月29日作出判决，友某公司于2016年12月16日收到该判决。

三、2017年4月，因拒不执行判决、裁定罪，友某公司法定代表人周某兴被逮捕羁押，继而服刑，直至2018年10月刑满释放。

四、2018年12月，友某公司向最高院申请再审，并主张其法定代表人在这

[①] 案件来源：最高人民法院，重庆市璧山区友某房地产开发有限公司、陈某位建设工程施工合同纠纷再审审查与审判监督民事裁定书【（2019）最高法民申6380号】。

期间被刑事羁押,现申请再审符合申请再审期限规定。

五、最高院表示申请再审期限为不变期间,友某公司申请再审已超过法律规定的期限,驳回其再审申请。

律师评析

本案中,友某公司主张因法定代表人被羁押,其申请再审并未超期。

根据法律规定,申请再审期限为不变期间,其设定在于提醒当事人及时行使权利,避免因当事人怠于行使权利而使法律关系长期处于不稳定的状态,也给当事人申请再审设定了严格的时间限制,该期限并不适用中止、中断、延长制度。因此,公司法定代表人被刑事羁押也当然并不是申请再审期限中止、中断、延长的事由。

实务经验总结

一、申请再审期限不会因为任何事由中止、中断、延长。当事人应积极、及时申请再审。根据法律规定,当事人应当在判决、裁定发生法律效力后六个月内申请再审,该六个月是从当事人收到裁判文书之日起计算,当事人应当注意时间限制,避免错过再审期限。

二、公司是独立法人,公司作为当事人应当独立行使权利、履行义务、承担责任,应当以公司个人名义起诉、应诉,与公司法定代表人无关。

相关法律规定

《最高人民法院关于适用〈中华人民共和国民事诉讼法〉的解释》(2022年修正)

第一百二十七条 民事诉讼法第五十九条第三款、第二百一十二条以及本解释第三百七十二条、第三百八十二条、第三百九十九条、第四百二十条、第四百二十一条规定的六个月,民事诉讼法第二百三十条规定的一年,为不变期间,不适用诉讼时效中止、中断、延长的规定。

《中华人民共和国民事诉讼法》(2021年修正)

第二百一十二条 当事人申请再审,应当在判决、裁定发生法律效力后六个月内提出;有本法第二百零七条第一项、第三项、第十二项、第十三项规定情形的,自知道或者应当知道之日起六个月内提出。

法院判决

以下为该案在法院审查阶段,裁定书中"本院认为"部分就该问题的论述。

《中华人民共和国民事诉讼法》第二百零五条[①]规定:"当事人申请再审,应当在判决、裁定发生法律效力后六个月内提出;有本法第二百条[②]第一项、第三项、第十二项、第十三项规定情形的,自知道或者应当知道之日起六个月内提出。"《最高人民法院关于适用〈中华人民共和国民事诉讼法〉的解释》第一百二十七条规定,《中华人民共和国民事诉讼法》第二百零五条规定的六个月为不变期间,不适用诉讼时效中止、中断、延长的规定。本案中,友某公司于2016年12月16日收到二审判决书后,该判决即对其发生法律效力,而友某公司于2018年12月13日向本院寄送申请再审材料,已经超过申请再审期间。申请再审期间为不变期间,友某公司法定代表人周某兴被羁押的事实不能引起申请再审期间的中止、中断、延长。同时,本案再审申请人为友某公司,其法定代表人周某兴被羁押尚不足以妨碍友某公司行使申请再审的权利。友某公司申请再审已超过法律规定的期间,应予驳回。友某公司称原审判决认定事实的主要证据是伪造的及原审审判人员有枉法裁判行为,但未提供证据证明,不予支持。友某公司申请再审的理由不符合《中华人民共和国民事诉讼法》第二百条规定的情形。

延伸阅读

裁判规则

申请再审期限不适用诉讼时效中止、中断、延长的规定。

案例:重庆市第五中级人民法院,重庆灵某物业有限公司与重庆星某房地产开发有限公司建设工程合同纠纷再审民事裁定书【(2019)渝05民再85号】

本院再审认为,《中华人民共和国民事诉讼法》第二百零五条规定:"当事人申请再审,应当在判决、裁定发生法律效力后六个月内提出;有本法第二百条第一项、第三项、第十二项、第十三项规定情形的,自知道或者应当知道之日起六个月内提出。"法律规定申请再审期限,有利于当事人及时行使权利,有利于对再审案件进行审理,避免法律关系长期处于可能提起再审的不安定状态,避免

[①] 现行有效《中华人民共和国民事诉讼法》第二百一十二条。
[②] 现行有效《中华人民共和国民事诉讼法》第二百零七条。

因生效裁判缺乏稳定性而削弱民事诉讼制度定分止争的功能。当事人申请再审期限是由民事诉讼法直接规定的提出再审之诉的期间，必须依照法律规定确定，属于法定期间和不变期间，不适用中止、中断和延长的规定。申请再审期限的届满导致申请再审诉权的绝对消灭。本案中，灵某公司至迟于2013年就发现证据原件，直至2018年10月23日才申请再审，早已超过申请再审的期间，对其再审申请应予驳回。

第三节 再审程序与其他诉讼程序

012 案外人申请再审与第三人撤销之诉的冲突，如何处理？

裁判要旨

案外人对执行标的提出书面异议后，对执行异议裁定不服，认为原判决、裁定、调解书内容错误损害其合法权益的，应当申请再审。提起第三人撤销之诉的，人民法院不予受理。

案情简介[①]

一、2015年法院民事调解书确认盛某希公司用其开发房产中的38套为宝某公司的债务提供抵押担保。

二、2016年，盛某希公司就其开发房产与爱某公司签订工程款优先协议书。在双方之后的诉讼中，临沧中院判决爱某公司就盛某希公司开发的140套房产享有工程价款优先受偿权，其中便包括宝某公司享有抵押权的38套。

三、在上述判决书的执行过程中，宝某公司提出执行异议，临沧中院裁定驳回。

四、宝某公司又提起第三人撤销之诉，一审、二审、再审法院均予以驳回。

律师评析

本案中，当事人对案涉判决书的执行提出异议之后又提起第三人撤销之诉，

---

① 案件来源：最高人民法院，临沧市临翔区宝某小额贷款有限公司、云县爱某建筑工程有限责任公司第三人撤销之诉再审审查与审判监督民事裁定书【（2020）最高法民申1634号】。

法院不予支持。

在案外人既能够申请再审，又符合提起第三人撤销之诉的情形的情况下，根据法律规定，看似案外人是有选择权的，案外人可以在二者之间作出选择。但该选择权是有限的，根据启动程序的先后，案外人只得选择相应的救济程序，申请再审与第三人撤销之诉不可以同时存在。

实务经验总结

一、案外人申请再审和提起第三人撤销之诉均为案外人认为原判决、裁定、调解书内容错误，损害其民事权益的救济程序，但二者不可并存。

二、根据《全国法院民商事审判工作会议纪要》的规定，按照启动程序的先后，案外人只能选择相应的救济程序，案外人先启动执行异议程序的，对执行异议裁定不服，认为原裁判内容错误损害其合法权益的，只能向作出原裁判的人民法院申请再审，而不能提起第三人撤销之诉；案外人先启动了第三人撤销之诉，即便在执行程序中又提出执行异议，也只能继续进行第三人撤销之诉，而不能申请再审。若案外人先启动执行异议程序，并且其异议得到执行异议裁定的支持的，也只能申请再审。（延伸阅读案例2）

三、当事人既提出执行异议，又提起第三人撤销之诉的，若其在第三人撤销之诉立案前或立案后、审理前收到执行异议裁定的，当事人只能申请再审；若已对第三人撤销之诉不予立案的裁定提出上诉后才收到执行异议裁定的，则继续进行第三人撤销之诉的程序。

相关法律规定

《中华人民共和国民事诉讼法》（2021年修正）

第二百三十四条　执行过程中，案外人对执行标的提出书面异议的，人民法院应当自收到书面异议之日起十五日内审查，理由成立的，裁定中止对该标的的执行；理由不成立的，裁定驳回。案外人、当事人对裁定不服，认为原判决、裁定错误的，依照审判监督程序办理；与原判决、裁定无关的，可以自裁定送达之日起十五日内向人民法院提起诉讼。

《最高人民法院关于适用〈中华人民共和国民事诉讼法〉的解释》（2022年修正）

第三百零一条 第三人提起撤销之诉后，未中止生效判决、裁定、调解书执行的，执行法院对第三人依照民事诉讼法第二百三十四条规定提出的执行异议，应予审查。第三人不服驳回执行异议裁定，申请对原判决、裁定、调解书再审的，人民法院不予受理。

案外人对人民法院驳回其执行异议裁定不服，认为原判决、裁定、调解书内容错误损害其合法权益的，应当根据民事诉讼法第二百三十四条规定申请再审，提起第三人撤销之诉的，人民法院不予受理。

《全国法院民商事审判工作会议纪要》（2019年施行）

122.【程序启动后案外人不享有程序选择权】案外人申请再审与第三人撤销之诉功能上近似，如果案外人既有申请再审的权利，又符合第三人撤销之诉的条件，对于案外人是否可以行使选择权，民事诉讼法司法解释采取了限制的司法态度，即依据民事诉讼法司法解释第303条的规定，按照启动程序的先后，案外人只能选择相应的救济程序：案外人先启动执行异议程序的，对执行异议裁定不服，认为原裁判内容错误损害其合法权益的，只能向作出原裁判的人民法院申请再审，而不能提起第三人撤销之诉；案外人先启动了第三人撤销之诉的，即便在执行程序中又提出执行异议，也只能继续进行第三人撤销之诉，而不能依《民事诉讼法》第227条申请再审。

法院判决

以下为该案在法院审理阶段，裁定书中"本院认为"部分就该问题的论述。

《最高人民法院关于适用〈中华人民共和国民事诉讼法〉的解释》第三百零三条[1]第二款规定："案外人对人民法院驳回其执行异议裁定不服，认为原判决、裁定、调解书内容错误损害其合法权益的，应当根据民事诉讼法第二百二十七条[2]规定申请再审，提起第三人撤销之诉的，人民法院不予受理。"据此规定，案外人认为原判决、裁定、调解书内容错误，损害其民事权益的，救济程序包括案外人申请再审、案外人执行异议之诉、第三人撤销之诉三种途径。同时符合上述三种情形的，案外人可以行使选择权，但该选择权的行使受到一定限制，应符

---

[1] 现行有效《最高人民法院关于适用〈中华人民共和国民事诉讼法〉的解释》第三百零一条。

[2] 现行有效《最高人民法院关于适用〈中华人民共和国民事诉讼法〉的解释》第二百三十四条。

合民事诉讼法及上述司法解释的规定。按照启动程序的先后，案外人只能选择相应的救济程序，不得分别主张适用不同程序。案外人先启动执行异议程序的，对执行异议裁定不服，认为原裁判内容错误损害其合法权益的，只能向作出原裁判的人民法院申请再审，而不能提起第三人撤销之诉；案外人先启动了第三人撤销之诉，即使在执行程序中又提出执行异议，也只能继续进行第三人撤销之诉，而不能依《中华人民共和国民事诉讼法》第二百二十七条的规定申请再审。

本案中，临沧中院（2015）临中民初字第91号案件系案外人李某红（借款人）与宝某公司（出借人）和盛某希公司（担保人）之间的民间借贷纠纷，（2015）临中民初字第91号民事调解书确认盛某希公司用其开发的云县云某阳光项目房屋10313.28平方米作价30000000元为宝某公司的债务提供担保，但双方仅办理了商品房买卖合同登记备案手续，未就该约定房屋办理抵押登记。在上述（2017）云09民初75号判决书执行过程中，宝某公司向临沧中院提出执行异议，临沧中院作出执行裁定驳回宝某公司异议申请。宝某公司不服，向云南高院申请复议，云南高院裁定撤销临沧中院的执行裁定，发回临沧中院重新作出裁定。临沧中院于2018年11月21日重新作出（2018）云09执异44号执行裁定书，驳回宝某公司的异议请求。宝某公司于2018年7月9日向临沧中院提起本案第三人撤销之诉，请求撤销（2017）云09民初75号判决书第一、三项。宝某公司认为该判决损害其抵押权，在选择提出执行异议之后，又提起第三人撤销之诉。根据上述司法解释的规定，案外人启动执行异议程序的，对执行异议裁定不服，认为原判决、裁定、调解书的内容损害其合法权益的，只能向作出原裁判的人民法院申请再审，而不能提起第三人撤销之诉。宝某公司在已经选择通过执行异议程序寻求救济的情况下，又提起本案第三人撤销之诉，不符合《最高人民法院关于适用〈中华人民共和国民事诉讼法〉的解释》第三百零三条第二款的规定。

延伸阅读

裁判规则一

案外人既有申请再审的权利，又符合第三人撤销之诉的条件的情况下，按照启动程序的先后确定适用的程序。当事人已经提起执行异议后，对执行异议裁定不服，认为原裁判内容错误损害其合法权益的，只能向作出原裁判的人民法院申请再审，而不能提起第三人撤销之诉。（与主文案例裁判观点一致）

案例1：最高人民法院，毛某第三人撤销之诉再审民事裁定书【（2022）最

高法民申 123 号】

本院经审查认为，本案的争议焦点是，再审申请人毛某作为案外人对人民法院驳回其执行异议裁定不服，认为原调解书内容错误损害其合法权益，是否可以提起第三人撤销之诉。

《中华人民共和国民事诉讼法》第二百三十四条规定："执行过程中，案外人对执行标的提出书面异议的，人民法院应当自收到书面异议之日起十五日内审查，理由成立的，裁定中止对该标的的执行；理由不成立的，裁定驳回。案外人、当事人对裁定不服，认为原判决、裁定错误的，依照审判监督程序办理；与原判决、裁定无关的，可以自裁定送达之日起十五日内向人民法院提起诉讼。"《最高人民法院关于适用〈中华人民共和国民事诉讼法〉的解释》（2022 年修正，以下简称民事诉讼法解释）第三百零一条第二款规定："案外人对人民法院驳回其执行异议裁定不服，认为原判决、裁定、调解书内容错误损害其合法权益的，应当根据民事诉讼法第二百三十四条规定申请再审，提起第三人撤销之诉的，人民法院不予受理。"如果案外人既有申请再审的权利，又符合第三人撤销之诉的条件，对于案外人是否可以行使选择权，依据民事诉讼法解释第三百零一条的规定，按照启动程序的先后，案外人只能选择相应的救济程序：案外人先启动执行异议程序的，对执行异议裁定不服，认为原裁判内容错误损害其合法权益的，只能向作出原裁判的人民法院申请再审，而不能提起第三人撤销之诉。本案中，河北省邯郸市中级人民法院（以下简称邯郸中院）作出的（2016）冀 04 民初 19 号民事调解书生效后，在该案执行过程中，作为案外人的毛某提出执行异议申请，邯郸中院裁定驳回了毛某的执行异议申请。根据上述法律、司法解释规定，毛某对执行异议裁定不服，认为原裁判内容错误损害其合法权益的，只能向作出原裁判的人民法院申请再审，而不能提起第三人撤销之诉。毛某关于其"仍享有启动第三人撤销之诉的权利"的再审申请理由不成立。二审法院认为"毛某在已经通过执行异议程序寻求救济的情况下，不享有第三人撤销之诉的诉权"，适用法律正确。

裁判规则二

即便当事人提出的执行异议得到法院支持，当事人也只能申请再审，提起第三人撤销之诉的，法院不予受理。

案例 2：最高人民法院，海南中某建设有限公司、中国东某资产管理股份有限公司海南省分公司等债权人撤销权纠纷再审民事裁定书【（2022）最高法民申

353号】

本案中，中某公司能否提起第三人撤销之诉，直接关涉案外人权利救济不同途径的协调问题，这也是民事诉讼制度中的一项重要内容。《中华人民共和国民事诉讼法》在2012年修正前，案外人权利救济途径包括案外人执行异议之诉和案外人申请再审程序；2012年修正后，案外人权利救济新增加了第三人撤销之诉制度。就第三人撤销之诉和执行程序中案外人申请再审竞合时的处理，《最高人民法院关于适用〈中华人民共和国民事诉讼法〉的解释》第三百零三条规定："第三人提起撤销之诉后，未中止生效判决、裁定、调解书执行的，执行法院对第三人依照民事诉讼法第二百二十七条规定提出的执行异议，应予审查。第三人不服驳回执行异议裁定，申请对原判决、裁定、调解书再审的，人民法院不予受理。案外人对人民法院驳回其执行异议裁定不服，认为原判决、裁定、调解书内容错误损害其合法权益的，应当根据民事诉讼法第二百二十七条规定申请再审，提起第三人撤销之诉的，人民法院不予受理。"《全国法院民商事审判工作会议纪要》第一百二十二条对此作了进一步的阐释："案外人申请再审与第三人撤销之诉功能上近似，如果案外人既有申请再审的权利，又符合第三人撤销之诉的条件，对于案外人是否可以行使选择权，民事诉讼法司法解释采取了限制的司法态度，即依据民事诉讼法司法解释第303条的规定，按照启动程序的先后，案外人只能选择相应的救济程序：案外人先启动执行异议程序的，对执行异议裁定不服，认为原裁判内容错误损害其合法权益的，只能向作出原裁判的人民法院申请再审，而不能提起第三人撤销之诉；案外人先启动了第三人撤销之诉，即便在执行程序中又提出执行异议，也只能继续进行第三人撤销之诉，而不能依《民事诉讼法》第227条申请再审。"由此，执行程序中案外人"对执行异议裁定不服，认为原裁判内容错误损害其合法权益"的，只能对原裁判申请再审，但是前述规定并没有对案外人先启动执行异议程序、执行异议并获人民法院支持情形下，案外人认为原裁判内容错误损害其合法权益，能否提起第三人撤销之诉或者是否只能申请再审作出明确的指引。

"无救济则无权利"，有权利就要有救济，但救济也应适度，避免"过犹不及"。实际上，第三人撤销之诉与案外人申请再审均是保护案外人合法权益的救济制度和对原裁判效力稳定性挑战的纠错机制，二者在功能上和保护的主体范围上均有一定的重合。在第三人撤销之诉与执行程序中案外人申请再审竞合的情形下，案外人只可根据启动程序先后择一适用，另一程序则被限制适用，否则将容易导致当事人权利的滥用和司法资源的浪费。基于前述司法解释规定，案外人提起执行异议且执行异议被人民法院裁定驳回，案外人不服该裁定，认为原裁判错误的，只能对原裁判申请再审，不能再提起第三人撤销之诉，但设置"不服执行裁定"条件的主要目的在于限制当事人程序启动后的选择权，并不能就此反推若案外人提出执行异议被法院支持，认可执行裁定，就可以提起第三人撤销之诉。在后一种情形下，若案外人认为原裁判错误的，基于程序的一贯性，由其对原裁判申请再审更符合案外人权利救济制度各自的功能定位，更好地衡平保护各方主体的合法权益。本案中，（2003）海中法民二初字第59号民事判决进入执行程序后，中某公司认为该裁判内容错误损害其合法权益，优先选择依据《中华人民共和国民事诉讼法》第二百二十七条的规定提出执行异议，而没有依据《中华人民共和国民事诉讼法》第五十六条的规定提起第三人撤销之诉。中某公司在其执行异议被支持，执行法院裁定中止执行后，申请执行人东某资产海南公司不服该裁定提起执行异议之诉。在此情况下，中某公司又针对（2003）海中法民二初字第59号民事判决提起第三人撤销之诉，二审法院基于"程序启动后案外人不享有程序选择权"的精神，释明其应依法申请再审，裁定驳回其在本案中的起诉，适用法律并无明显不当。而且在前述执行异议之诉案中，中某公司可依据本院（1994）民上字第14号民事判决继续主张其对案涉9幢、11幢别墅享有的实体权益，其相应的诉讼权利在该程序中亦可得到相应的保障。

裁判规则三

当事人先提出执行异议，后提起第三人撤销之诉，虽然法院未及时就当事人的执行异议作出裁定有所不当，但在第三人撤销之诉的诉讼过程中法院已实际作出执行裁定的，当事人应当申请再审。提起的第三人撤销之诉，法院将予以驳回。

案例3：最高人民法院，霍某涛与国家开发银行等第三人撤销之诉再审民事裁定书【（2020）最高法民终829号】

针对案外人既有申请再审的权利，又符合第三人撤销之诉条件的情况，《最高人民法院关于适用〈中华人民共和国民事诉讼法〉的解释》第三百零三条规定："第三人提起撤销之诉后，未中止生效判决、裁定、调解书执行的，执行法院对第三人依照民事诉讼法第二百二十七条规定提出的执行异议，应予审查。第三人不服驳回执行异议裁定，申请对原判决、裁定、调解书再审的，人民法院不予受理。案外人对人民法院驳回其执行异议裁定不服，认为原判决、裁定、调解书内容错误损害其合法权益的，应当根据民事诉讼法第二百二十七条规定申请再审，提起第三人撤销之诉的，人民法院不予受理。"本院于2019年11月8日发布的《全国法院民商事审判工作会议纪要》第一百二十二条亦明确："案外人申请再审与第三人撤销之诉功能上近似，如果案外人既有申请再审的权利，又符合第三人撤销之诉的条件，对于案外人是否可以行使选择权，民事诉讼法司法解释采取了限制的司法态度，即依据民事诉讼法司法解释第303条的规定，按照启动程序的先后，案外人只能选择相应的救济程序：案外人先启动执行异议程序的，对执行异议裁定不服，认为原裁判内容错误损害其合法权益的，只能向作出原裁判的人民法院申请再审，而不能提起第三人撤销之诉；案外人先启动了第三人撤销之诉，即便在执行程序中又提出执行异议，也只能继续进行第三人撤销之诉，而不能依《民事诉讼法》第227条申请再审。"上述司法解释和会议纪要从提高诉讼效率、高效化解当事人纠纷的角度出发，采取了限制当事人选择诉讼程序的处理方式，明确了按照启动程序的先后确定相应的救济途径，即案外人先启动执行异议程序的，对执行异议裁定不服，认为原裁判内容错误损害其合法权益的，只能向作出原裁判的人民法院申请再审，而不能再提起第三人撤销之诉。

本案中，霍某涛以（2018）黑民初28号民事判决侵害了其合法权益为由，于2019年3月14日向一审法院提起第三人撤销之诉。而经审理查明，在国家开发银行申请执行（2018）黑民初28号民事判决的执行程序中，霍某涛已于2018年12月28日向一审法院提出书面执行异议，对此一审法院虽未及时作出执行裁定有所不当，但现已实际作出执行裁定，中止了对案涉房屋及该房屋占用范围内土地使用权的执行。据此，在霍某涛先行提出执行异议且人民法院已经作出执行异议裁定的情况下，根据《最高人民法院关于适用〈中华人民共和国民事诉讼法〉的解释》第三百零三条第二款的规定，对于霍某涛提起的第三人撤销之诉，一审法院裁定驳回起诉，并无不妥。

裁判规则四

当事人在提出执行异议的同时递交提起第三人撤销之诉的材料，但在法院受理第三人撤销之诉之前，其已收到执行异议裁定的，应当依法申请再审。提起的第三人撤销之诉，法院将予以驳回。

案例4：最高人民法院，熊某贤与安顺市平坝区夏云镇紫某小区业主委员会等第三人撤销之诉再审民事裁定书【（2018）最高法民申3750号】

本院经审查认为，本案涉及第三人撤销之诉与案外人申请再审的程序选择问题。《最高人民法院关于适用〈中华人民共和国民事诉讼法〉的解释》第三百零三条规定，第三人提起撤销之诉后，未中止生效判决、裁定、调解书执行的，执行法院对第三人依照民事诉讼法第二百二十七条规定提出的执行异议，应予审查。第三人不服驳回执行异议裁定，申请对原判决、裁定、调解书再审的，人民法院不予受理。案外人对人民法院驳回其执行异议裁定不服，认为原判决、裁定、调解书内容错误损害其合法权益的，应当根据民事诉讼法第二百二十七条规定申请再审，提起第三人撤销之诉的，人民法院不予受理。根据该规定，按照两种程序启动的先后，当事人只能选择一种相应的救济程序，不能同时启动两种程序。而根据《中华人民共和国民事诉讼法》第二百二十七条规定，案外人申请再审须以在执行程序中提出执行异议为前提，也即案外人在执行程序中提出执行异议之后，可视为启动了案外人申请再审的前置程序，如果其对驳回执行异议的裁定不服，认为原判决错误的，即可通过申请再审保护其权益。本案中，从熊某贤提交的加盖有贵州省安顺市中级人民法院诉讼服务中心材料专用章的《材料接收单》内容看，其于2017年8月15日向贵州省安顺市平坝区人民法院提出执行异议的同时亦向贵州省安顺市中级人民法院递交相关起诉材料提起第三人撤销之诉。由于第三人撤销之诉案件的立案标准与普通民事案件不同，需进行一定程度的实质性审查。根据已经查明的事实，贵州省安顺市平坝区人民法院驳回执行异议请求的裁定于2017年8月24日送达给熊某贤，贵州省安顺市中级人民法院于2017年9月6日决定受理本案第三人撤销之诉。由于两个程序分别由不同法院受理，在具体操作中存在时间差，导致出现一定的矛盾冲突。熊某贤为最大限度利用各种程序保护其自身利益虽无可厚非，但亦导致各程序间出现交叉重叠和一定程度的混乱。熊某贤虽于2017年8月15日向相关法院提交了第三人撤销之诉的起诉材料，但在法院决定受理案件之前，其已经收到驳回执行异议的裁定，其完全可通过案外人申请再审途径保护其合法权益。实际上，根据其再审陈述，贵州省高级人民法院亦已受理其再审申请。现有程序已经可以充分保护其诉讼权利和实体权利，其再审请求已无再审利益。对其再审申请，本院不予支持。

裁判规则五

当事人既提出执行异议，又提起第三人撤销之诉后，当事人先收到第三人撤销之诉不予立案的裁定书并提起上诉，且在收到执行异议裁定后并未申请再审的，不适用《最高人民法院关于适用〈中华人民共和国民事诉讼法〉的解释》第三百零三条第二款的规定。

案例 5：贵州省贵阳市中级人民法院，张某兴、贵阳农村商业银行股份有限公司白云支行第三人撤销之诉再审民事裁定书【（2019）黔01民再13号】

本院再审认为，张某兴于2014年9月24日向贵阳市白云区人民法院提出案外人执行异议，于2014年10月21日向贵阳市白云区人民法院提起第三人撤销之诉。贵阳市白云区人民法院于2014年11月7日作出（2014）白民告字第17号民事裁定书，2014年12月4日张某兴对裁定不服提出上诉。贵阳市白云区人民法院于2014年10月13日作出（2014）白执字第119-2号执行裁定书，裁定驳回张某兴异议的请求，2014年12月11日张某兴收到该裁定书。从时间上看，张某兴虽先提起执行异议，但是其先收到第三人撤销之诉不予立案的裁定，并经上诉由本院于2015年4月22日指定贵阳市白云区人民法院立案受理。2014年12月11日张某兴收到驳回执行异议裁定书后，其也没有申请再审，表明张某兴选择执行异议之诉来解决案涉纠纷。因此，本案并不符合《最高人民法院关于适用〈中华人民共和国民事诉讼法〉的解释》第三百零三条第二款"案外人对人民法院驳回其执行异议裁定不服，认为原判决、裁定、调解书内容错误损害其合法权益的，应当根据民事诉讼法第二百二十七条规定申请再审，提起第三人撤销之诉的，人民法院不予受理"规定的不予受理条件。

013 对执行异议之诉裁判结果不满，被执行人可以申请再审吗？

裁判要旨

执行异议之诉，是案外人与申请执行人之间的权利对抗，裁判结果实体上不会影响被执行人的利益。因此，被执行人对执行异议之诉结果不满而申请再审的，法院应裁定驳回。

案情简介[①]

一、2001年延某油矿管理局下某湾钻采公司（以下简称下某湾采油厂）与

[①] 案件来源：最高人民法院，甘泉大某油气开发有限责任公司、利某森化化工有限公司申请执行人执行异议之诉再审审查与审判监督民事裁定书【（2018）最高法民申2392号】。

胜某油田大某油气勘探开发科技有限责任公司（以下简称胜某科技）签署协议，约定共同对下某湾油田4井区裂缝进行勘探开发。合同约定开发受益期8年，期满后胜某科技项目勘探开发过程中形成的有形和无形资产归下某湾采油厂所有。

二、2004年下某湾采油厂与胜某科技作为乙方，与甘泉大某公司（以下简称大某公司）签署三方协议，约定胜某科技将案涉合同项下全部权利义务转让给大某公司。

三、后大某公司在经营过程中与利某森化公司（以下简称利某公司）产生纠纷，利某公司向西安仲裁委员会提起仲裁，要求明确双方签订的《区块开发合同》无效并由大某公司赔偿利某公司各项损失。

四、2012年西安仲裁委员会作出裁决支持了利某公司的仲裁请求。后利某公司向陕西省延安市中级人民法院（以下简称延安中院）申请强制执行，延安中院遂于2013年作出（2013）延中执字第00013-7号裁定查封了大某公司财产。

五、2014年下某湾采油厂向延安中院提出书面异议，主张根据其与胜某科技及大某公司之间的三方协议，2014年9月19日后被执行人大某公司投资建设的财产应无偿归其所有，法院的执行行为明显侵犯了其合法权益，要求延安中院在2014年9月19日后终止执行（2013）延中执字第00013-7号执行裁定书的执行。2014年10月23日，延安中院作出（2014）延中执异字第00001号执行裁定书裁定中止执行。

六、利某公司对该裁定不服，以下某湾采油厂作为被告、大某公司作为第三人向延安中院提出执行异议之诉。延安中院一审驳回利某公司诉讼请求。利某公司和大某公司不服该判决，都向陕西高院提起了上诉。利某公司的上诉请求是：撤销一审判决，改判支持利某公司的全部诉讼请求。大某公司的上诉请求是：对一审法院做出的确认大某公司与下某湾采油厂签订的《合作合同》有效的认定予以更正，维持驳回利某公司诉讼请求的判决结果。陕西高院二审改判准许对大某公司的财产予以执行，驳回大某公司的上诉请求。大某公司不服该判决，向最高人民法院申请再审。

七、最高人民法院认为在执行异议之诉中，被执行人缺乏诉的利益，裁定驳回再审申请。

律师评析

被执行人在执行异议之诉中的诉讼地位为共同被告或第三人，诉讼中实质对立的双方，是申请执行人和案外人，本案裁判据此认为被执行人不具有诉的利益进而裁定驳回。但是，根据民事诉讼法规定，案外人在执行异议之诉中可同步要求确权，这显然是直接影响被执行人实体利益的。同时，如最终判决停止对争议标的执行，那么执行法院势必还会执行被执行人其他财产进行替代。因此在执行异议之诉中一般认可被执行人有权提起上诉。基于同样的逻辑，我们认为本案以被执行人没有诉的利益为由裁定驳回，似有值得商榷之处。

实务经验总结

对于被执行人而言，无论案外人请求确权还是终止执行，都会直接影响到自身利益。虽然本案系最高院判决，但基于上文分析，我们还是建议在这种情况之下要积极地上诉及申请再审。同时在再审中，除了通常的再审理由外，还应注意提供证据充分阐述执行异议之诉的裁判结果如何影响了自身利益。

相关法律规定

《最高人民法院关于适用〈中华人民共和国民事诉讼法〉的解释》（2022年修正）

第三百九十三条第二款 当事人主张的再审事由不成立，或者当事人申请再审超过法定申请再审期限、超出法定再审事由范围等不符合民事诉讼法和本解释规定的申请再审条件的，人民法院应当裁定驳回再审申请。

法院判决

以下为该案在法院审理阶段，裁定书在"本院认为"部分就该问题的论述。

从本案的起因来看，是西安仲裁委员会裁决大某公司返还利某公司投资款及赔偿损失。因大某公司拒不履行该生效裁决书，利某公司向延安中院申请强制执行，大某公司是被执行人。延安中院在查封了大某公司的财产后，下某湾采油厂提出异议。延安中院支持其异议裁定中止执行后，利某公司以下某湾采油厂作为被告、大某公司作为第三人提出许可执行之诉。本院认为，在案外人对执行标的提出书面异议、执行法院裁定中止执行后，申请执行人提出的许可执行之诉中，作为被执行人，其在该诉中并没有任何诉讼利益，因为该诉中实质对立的双方是申请执行人与案外人，争议的焦点是案外人就执行标的是否享有足以排除强制执行的民事权益。被执行人既不是申请执行人的实质对立一方，也与争议的焦点没有任何关系。因此，被执行人在该案中没有诉讼利益，当然也就没有申请再审利益，故在利某公司作为申请执行人提出的许可执行之诉中，对被执行人大某公司提出的再审申请请求，应予驳回。

延伸阅读

裁判规则一

一方针对二审判决申请再审，法院作出再审判决后，另一方不服的，应向检察院申请再审检察建议或者抗诉，不能向法院申请再审。

观点来源：最高人民法院，《民事审判信箱》2015年第2辑（总第62辑）及该辑《民事诉讼法司法解释审判监督程序重点问题的理解与适用》

《中华人民共和国民事诉讼法》第一百九十九条①规定，当事人对已经发生法律效力的判决、裁定，认为有错误的，可以向上一级人民法院申请再审。这里所称当事人是案件的全部当事人，均依法享有申请再审的权利。一方当事人在法定期间内申请再审，另一方当事人在法定期间内未提出再审申请的，在审判监督程序终结后，所有当事人针对该已经发生法律效力的一审或二审判决、裁定申请再审的诉讼程序权利已经消灭，并不会因另一方未在法定期间内行使申请再审的权利而为其另行保留一次向作出再审裁判法院申请再审的权利。人民法院针对一方当事人的再审申请，经过审查，裁定进入再审程序的，虽然再审程序是按照二审程序审理的，但所形成的法律文书并非二审判决，而是再审判决，两者因所处的诉讼程序不同而性质有别。此时，由于当事人相应诉讼权利所指向的对象是再审判决而非二审判决，故根据《中华人民共和国民事诉讼法》第二百零九条②第一款第三项的规定，当事人可以"再审判决、裁定有明显错误的"为法定事由，向人民检察院申请检察建议或者抗诉。因为在再审审理程序中，法院对于"两造"都是平等对待的，在实体处理上，是对于申请再审人的再审请求和被申请人的抗辩依法作出裁判。民事诉讼法及其司法解释规定，其他当事人均可在法定辩论终结前提出再审请求，以求在再审审理范围内尽可能覆盖当事人之间的所有争议，故没有必要再专门赋予被申请人对再审裁判的申请再审权。

---

① 现行有效《中华人民共和国民事诉讼法》第二百零六条。
② 现行有效《中华人民共和国民事诉讼法》第二百一十六条。

裁判规则二

一审生效的裁判经再审、上诉后作出的裁判，应向检察院申请再审检察建议或者抗诉，不能向人民法院申请再审。

（1）已生效裁判在启动再审，进入再审审理程序后作出的裁判，不论是一审后直接生效，还是经上诉审后才生效，均属于再审救济程序作出的生效裁判。（2）再审裁判的审理对象是已生效的裁判，二审裁判的对象是未生效的裁判。一审生效后的裁判经再审、上诉，从形式上看似乎是针对未生效的一审裁判，但再审一审裁判已经对原生效的裁判正确与否作出了评判，那么二审裁判对其审理的再审一审裁判无论改判与否，均实质包含了对原生效裁判正确与否的认定。（3）有限再审原则是民事诉讼法的价值取向。（4）民事诉讼法及其司法解释规定，其他当事人在法定辩论终结前提出再审请求的，人民法院应当一并审理和裁判，故将此类裁判理解为再审裁判，对未申请再审一方当事人的诉讼权利的行使并不失公允。因此，一审生效的裁判经再审、上诉后作出的裁判属《中华人民共和国民事诉讼法》第二百零九条第一款第三项规定的再审裁判，当事人对此类裁判不服的，不能向人民法院申请再审，而应当依法向人民检察院申请检察监督。

第二章 再审的启动主体

第一节 当事人申请再审

014 未申请再审的当事人，可以在再审审理中提出再审申请吗？

裁判要旨

未申请再审的当事人在再审审理庭审辩论终结前提出再审请求，法院应当将其请求纳入再审审理范围。

案情简介[①]

一、2014年，凯某公司中标天某县国资公司的道路建设工程项目。之后与天某县交通运输局签订了《建设工程施工合同》。

二、工程完成后，双方对工程量及工程价款产生异议，凯某公司起诉至黔东南中院。一审后，交通运输局不服，上诉至贵州高院。贵州高院于2020年9月3日作出判决。审理后，凯某公司仍不服，向最高院申请再审。

三、最高院于2021年12月8日审理本案。在再审审理过程中，天某县交通运输局申请作为再审申请人，并提出再审申请。凯某公司认为其再审申请已经超过法定期限，不应当审理，法院并未支持其该主张。

---

① 案件来源：最高人民法院，贵州凯某建设工程有限公司、天某县交通运输局等建设工程施工合同纠纷再审民事判决书【（2021）最高法民再318号】。

律师评析

本案中，凯某公司不服，向最高院申请再审，但在再审审理过程中，交通运输局申请作为再审申请人并提出再审请求，最高院予以支持。

对于最高院的上述判决，我们认为有值得商榷之处。本案中，交通运输局实际上有两个法律行为：第一是申请再审；第二是在再审案件审理中提出诉讼请求。对于前者，诉讼法有明确的时效规定，无法定的除外情况时超出期限依法应予驳回；对于后者，《最高人民法院关于民事审判监督程序严格依法适用指令再审和发回重审若干问题的规定》明确规定应当纳入再审审查范围。并且，当事人的这种权利是以其具有再审申请人的身份为前提。因此，本案中最高院应当驳回交通运输局的再审申请，但准许其提出诉讼请求。实践中亦存在再审审理中驳回此前未申请再审当事人再审申请的案例。

另外需要注意的是，对于当事人并不是在再审审理期间提出再审请求的情况下，对方当事人认为其再审申请已超出法定再审期限的，应当在再审审查阶段提出，法院在再审审理阶段对这一问题不再予以审查。

实务经验总结

一、当事人并未申请再审而对方当事人申请再审，法院裁定启动再审后，当事人也可以提出再审请求，再审法院应当一并审理。

二、上述再审请求的提出，并不以当事人具有再审申请人地位为前提。因此建议当事人可直接提出诉讼请求，无须申请再审。虽然本案中最高院将当事人列为再审申请人，但也存在再审中以超过申请再审期限为由驳回当事人再审请求的案例，如此反而影响当事人在再审程序中提出诉讼请求（延伸阅读案例2）。

二、在对方申请再审后，当事人应当在再审审查程序以超过再审申请期限进行抗辩，若案件启动再审，在再审审理程序中当事人提出此抗辩理由，法院将不予审查（延伸阅读案例3—案例5）。

相关法律规定

《中华人民共和国民事诉讼法》（2021年修正）

第二百一十二条 当事人申请再审，应当在判决、裁定发生法律效力后六个月内提出；有本法第二百零七条第一项、第三项、第十二项、第十三项规定情形的，自知道或者应当知道之日起六个月内提出。

《最高人民法院关于适用〈中华人民共和国民事诉讼法〉的解释》（2022年修正）

第四百零三条第一款 人民法院审理再审案件应当围绕再审请求进行。当事人的再审请求超出原审诉讼请求的，不予审理；符合另案诉讼条件的，告知当事人可以另行起诉。

《最高人民法院关于民事审判监督程序严格依法适用指令再审和发回重审若干问题的规定》（2015年施行）

第七条 再审案件应当围绕申请人的再审请求进行审理和裁判。对方当事人在再审庭审辩论终结前也提出再审请求的，应一并审理和裁判。当事人的再审请求超出原审诉讼请求的不予审理，构成另案诉讼的应告知当事人可以提起新的诉讼。

法院判决

以下为该案在法院审理阶段，判决书中"本院认为"部分就该问题的论述。

再审审理期间，天某县交通运输局申请作为再审申请人，并提出再审请求。凯某公司和王某兴认为，交通运输局已经超过了民事诉讼法规定的六个月申请再审期限，依法不应予以审理，且该主张与法律、司法解释规定不符。本院认为，根据《最高人民法院关于民事审判监督程序严格依法适用指令再审和发回重审若干问题的规定》第七条"再审案件应当围绕申请人的再审请求进行审理和裁判。对方当事人在再审庭审辩论终结前也提出再审请求的，应一并审理和裁判"之规定，以及凯某公司和王某兴在再审庭审中亦同意将该问题作为争议焦点审理的意见，本院将该再审请求纳入再审审理范围。

延伸阅读

裁判规则一

依据一方当事人的再审申请启动再审审理程序后，另一方当事人可以在审理中提出不超出原审诉讼请求的再审请求。

案例1：最高人民法院，中国信某资产管理股份有限公司广东省分公司、广州中某海运物流有限公司等合同纠纷再审民事判决书【（2021）最高法民再39号】

根据《最高人民法院关于适用〈中华人民共和国民法典〉时间效力的若干规定》第五条的规定，本案系《中华人民共和国民法典》施行前已经终审的案件，故应适用当时相关的法律、司法解释的规定。《最高人民法院关于适用〈中华人民共和国民事诉讼法〉的解释》第四百零五条[①]第一款规定："人民法院审理再审案件应当围绕再审请求进行。当事人的再审请求超出原审诉讼请求的，不予审理；符合另案诉讼条件的，告知当事人可以另行起诉。"经查，信某广东分公司的再审请求并未超出其原审诉讼请求，中某公司以本案提审系依中某公司的申请为由，认为信某广东分公司的再审请求不属本案审理范围，于法无据，本院不予支持。

裁判规则二

当事人在再审审理期间提交再审申请书已超过法定再审申请期限，法院不予审理。(与主文案例裁判观点相反)

案例2：最高人民法院，中某三局第一建设工程有限责任公司与南宁金某房地产有限责任公司等建设工程施工合同纠纷再审民事判决书【(2018)最高法民再163号】

本院再审期间，金某公司于2018年5月9日当庭提交再审申请书，因不服原判决关于工程款利息部分的认定而申请再审。本院认为，根据《中华人民共和国民事诉讼法》第二百零五条[②]、《最高人民法院关于适用〈中华人民共和国民事诉讼法〉的解释》第四百零五条的相关规定，当事人申请再审，应当在判决、裁定发生法律效力后六个月内提出。金某公司在本院庭审中提出再审申请，已经超过法定申请再审期限，本院不予审理。

裁判规则三

当事人的再审申请是否超过法定期限为再审审查程序的审查范畴，再审审理程序中法院对该问题不再审查，对再审审查裁定是否正确也不审查。

案例3：甘肃省兰州市中级人民法院，丁某成与兰州九某化工有限公司等借款合同纠纷再审民事判决书【(2018)甘01民再62号】

再审审理中被申请人九某化工公司提出，申请人丁某成超过法定时限申请再审，故应当驳回申请人的再审申请。根据《最高人民法院关于适用〈中华人民共和国民事诉讼法〉的解释》第四百零五条第一款"人民法院审理再审案件应

---

① 现行有效《最高人民法院关于适用〈中华人民共和国民事诉讼法〉的解释》第四百零三条。
② 现行有效《中华人民共和国民事诉讼法》第二百一十二条。

当围绕再审请求进行。当事人的再审请求超出原审诉讼请求的，不予审理……"的规定，案件进入再审审理程序后，应当围绕再审请求进行审理而不能超出原审诉讼请求的范围，即民事再审审理的主要任务是依据再审审理程序对已经裁定再审的案件进行审理，确定原生效裁判是否确有错误。而民事再审审查的主要任务是依据再审审查程序对再审申请是否符合法定再审事由进行审查，决定是否裁定再审。因此，民事再审审查和再审审理是审判监督程序的不同阶段，两个阶段具有不同的功能和裁判标准。故再审申请人是否在法定期限内申请再审不属于再审审理的范围。

案例 4：辽宁省沈阳市中级人民法院，上诉人朱某明与被上诉人李某青健康权纠纷一案再审民事裁定书【（2018）辽 01 民再 60 号】

关于朱某明提出的李某青的再审申请超出了法定申请再审期限的上诉主张，本院认为，《最高人民法院关于适用〈中华人民共和国民事诉讼法〉的解释》第四百零五条第一款规定，"人民法院审理再审案件应当围绕再审请求进行"，本案已经进入再审审理程序，应当围绕当事人的再审请求进行审理，朱某明针对李某青的再审申请是否超过法定申请再审的期限问题提出的主张，应属于再审审查程序的审查范畴，不属于本案再审审理范围，本院不予审理。

案例 5：河南省周口市中级人民法院，河南永某建工集团鸿某置业有限公司、王某军合同纠纷再审民事判决书【（2021）豫 16 民再 104 号】

本院再审认为，本案进入再审审查的是原一、二审判决，而不是进入再审的本院（2021）豫 16 民申 271 号民事裁定，本院（2021）豫 16 民申 271 号民事裁定是否正确不是本院再审审查的范围，永某公司申请再审是否超再审期限、本院是否应受理永某公司再审审查案件，本院再审不予审查。

015 受让人在再审审查阶段申请替代转让人参加诉讼，法院会支持吗？

裁判要旨

裁判生效后，在再审审查程序中，除当事人死亡或者终止，其权利义务被概括承继的情况外，诉讼主体恒定。再审审查程序中的案件不能适用《最高人民法院关于适用〈中华人民共和国民事诉讼法〉的解释》第二百四十九条关于诉讼中的民事权利义务受让人替代原当事人的规定，受让人申请替代转让人参加诉讼的，法院不予支持。

案情简介[①]

一、2012 年，大连银行沈阳分行与卡某来公司签订《流动资金借款合同》，约定大连银行沈阳分行借给卡某来公司钱款一亿元。同日，大连银行沈阳分行与名某广场签订《抵押合同》，约定以名某广场的房产为大连银行沈阳分行依据上述《流动资金借款合同》享有的债权提供抵押担保。

二、2015 年，大连银行沈阳分行将该债权转让给东某资产公司。

三、2017 年，东某资产公司向辽宁高院起诉，请求判令卡某来公司偿还借款，名某广场承担保证责任。法院一审支持其诉讼请求。名某广场不服，向最高院上诉，最高院驳回其上诉。

四、二审判决生效后，东某资产公司将该债权转让给煜某缘公司。

五、名某广场仍不服，向最高院申请再审。在再审审查阶段，东某资产公司表示案涉债权已转让，应由受让人参加诉讼。法院并未支持其该主张。

律师评析

本案中，煜某缘公司受让东某资产公司债权，申请替代东某资产公司参加诉讼。法院未予准许。

《最高人民法院关于适用〈中华人民共和国民事诉讼法〉的解释》第二百四十九条第一款规定：在诉讼中，争议的民事权利义务转移的，不影响当事人的诉讼主体资格和诉讼地位。人民法院作出的发生法律效力的判决、裁定对受让人具有拘束力。本条规定的规范意旨，是指在纠纷系属于法院之后，以当事人恒定主义为原则，以诉讼承继为例外，避免诉讼突袭和诉讼的过分迟延。然而本案处于再审审查程序，最高院认为再审审查阶段的案件并不适用上述法律规定，对受让人的申请法院仅记载于裁定书内容中。

[①] 案件来源：最高人民法院，辽宁名某广场有限公司、中国东某资产管理股份有限公司辽宁省分公司金融借款合同纠纷再审民事裁定书【（2019）最高法民申 4121 号】。

实务经验总结

一、根据法律规定，当事人在诉讼中，包括一审裁判作出之后转移争议的民事权利义务的，其仍然具有诉讼主体资格和诉讼地位。同时，人民法院作出的发生法律效力的判决、裁定对受让人具有拘束力。

二、转让人提起诉讼后转让争议的民事权利义务，在这之后法院受理案件。这种情况下，若受让人出具声明表示愿意承担诉讼的后果，则转让人仍然具有诉讼主体资格。

三、若受让人申请替代当事人加入诉讼的，人民法院可以根据案件的具体情况决定是否准许。但是应注意，这是以受让人申请为前提的，受让人未申请，则转让人当然具有诉讼主体资格和诉讼地位。

四、受让人在再审审查阶段申请替代转让人参加诉讼的，法院并不予以审查，仅记载于裁定书文本中。受让人可在再审审理程序中再次申请。

相关法律规定

《最高人民法院关于适用〈中华人民共和国民事诉讼法〉的解释》（2022年修正）

第二百四十九条　在诉讼中，争议的民事权利义务转移的，不影响当事人的诉讼主体资格和诉讼地位。人民法院作出的发生法律效力的判决、裁定对受让人具有拘束力。

受让人申请以无独立请求权的第三人身份参加诉讼的，人民法院可予准许。受让人申请替代当事人承担诉讼的，人民法院可以根据案件的具体情况决定是否准许；不予准许的，可以追加其为无独立请求权的第三人。

第二百五十条　依照本解释第二百四十九条规定，人民法院准许受让人替代当事人承担诉讼的，裁定变更当事人。

变更当事人后，诉讼程序以受让人为当事人继续进行，原当事人应当退出诉讼。原当事人已经完成的诉讼行为对受让人具有拘束力。

法院判决

以下为该案在法院审查阶段，裁定书中"本院认为"部分就该问题的论述。

裁判生效后，在再审审查程序中，除当事人死亡或者终止，其权利义务被概括承继的情况外，诉讼主体恒定。本案辽宁煜某缘投资有限公司虽申请替代东某资产公司参加本案诉讼，但本案现尚处于再审审查阶段，并未进入再审审理程序，故不能适用《最高人民法院关于适用〈中华人民共和国民事诉讼法〉的解释》第二百四十九条关于诉讼中的民事权利义务受让人替代原当事人的规定，不将其列为被申请人，仅对其陈述内容记载于裁定书。

延伸阅读

裁判规则一

《最高人民法院关于适用〈中华人民共和国民事诉讼法〉的解释》第二百四十九条适用情形限定于"诉讼中"，而诉讼中并不只是诉讼审理过程中，一审判决作出之后也同样可以适用本条。另外需注意的是，受让人替代转让人承担诉讼的应以受让人申请为条件，受让人未提出申请，法院当然无须变更诉讼当事人。

案例1：最高人民法院，中国农业发展银行南某县支行、江西省万某发粮油有限公司金融借款合同纠纷再审民事判决书【（2020）最高法民再13号】

案涉债权转让发生在一审判决作出之后，属于在诉讼中的权利转移行为。《最高人民法院关于适用〈中华人民共和国民事诉讼法〉的解释》第二百四十九条第一款规定："在诉讼中，争议的民事权利义务转移的，不影响当事人的诉讼主体资格和诉讼地位。人民法院作出的发生法律效力的判决、裁定对受让人具有拘束力。"据此，案涉债权转让并不影响农发行在本案中的诉讼主体资格和诉讼地位。同时，该条第二款规定："受让人申请以无独立请求权的第三人身份参加诉讼的，人民法院可予准许。受让人申请替代当事人承担诉讼的，人民法院可以根据案件的具体情况决定是否准许；不予准许的，可以追加其为无独立请求权的第三人。"也即受让人替代转让人承担诉讼的应以受让人申请为条件。而在本案再审阶段，债权受让人城某公司未申请参加诉讼，反而致函本院明确表示其同意继续由农发行负责本案诉讼。故即便案涉债权转让已通知债务人，因受让人未申请替代转让人参加诉讼，本案亦无须变更诉讼当事人，农发行可继续作为本案原告及再审申请人参加诉讼，主张权利。

案例2：河南省高级人民法院，濮阳市中某工程建设有限公司、刘某军等买卖合同纠纷再审民事裁定书【（2021）豫民申8643号】

中某公司在本案审查期间，提交了甲方刘某军、乙方王某耀、丙方李某臣、丁方中某公司于 2014 年 11 月 6 日签订的协议书，濮阳县人民法院于 2021 年 5 月 10 日、5 月 11 日、5 月 13 日对王某耀、刘某军、李某臣的询问笔录，意图说明本案争议的债权已转让给李某臣，刘某军已不享有涉案买卖合同债权。但《最高人民法院关于适用〈中华人民共和国民事诉讼法〉的解释》第二百四十九条第一款规定："在诉讼中，争议的民事权利义务转移的，不影响当事人的诉讼主体资格和诉讼地位。人民法院作出的发生法律效力的判决、裁定对受让人具有拘束力。"本案中，刘某军于 2014 年 1 月 2 日提起对中某公司、王某耀、李某生的诉讼，而中某公司提交的协议书签订于 2014 年 11 月 6 日，系（2014）濮民初字第 277 号民事判决作出后方才签订，故该协议书中约定的债权转移，并不影响本案各方当事人的诉讼主体资格和地位。中某公司的此项再审申请理由不能成立。

裁判规则二

虽然当事人转移案涉权利义务在法院立案之前，但在转让人提起诉讼之后，且受让人出具声明表示愿意承担相关诉讼后果的，转让人作为案件主体适格。

案例 3：湖北省高级人民法院，涂某、吴某艳债权人撤销权纠纷再审民事裁定书【（2020）鄂民申 639 号】

当事人提出抗辩：《最高人民法院关于适用〈中华人民共和国民事诉讼法〉的解释》第二百四十九条第一款规定适用情形应仅限于"诉讼中"。一审法院于 2019 年 5 月 7 日立案受理本案，而吕某东、戴某将债权转让给湖北汇某工贸集团有限公司及涂某梅的时间为 2019 年 2 月 17 日，可见债权转让发生在一审法院受理本案之前。

关于吕某东、戴某是否具有本案诉讼主体资格的问题。根据原审查明的事实，吕某东、戴某于 2019 年 1 月 17 日向法院提起本案诉讼，一审法院向其送达了受理案件通知书。此后，吕某东、戴某将案涉债权转让给了湖北汇某工贸集团有限公司、涂某梅。从湖北汇某工贸集团有限公司、涂某梅分别向二审法院提交的声明书内容来看，湖北汇某工贸集团有限公司、涂某梅对案涉债权转让之前吕某东和戴某提起的本案诉讼知情，也表示愿意承担相关的诉讼后果。《最高人民法院关于适用〈中华人民共和国民事诉讼法〉的解释》第二百四十九条第一款规定："在诉讼中，争议的民事权利义务转移的，不影响当事人的诉讼主体资格和诉讼地位。人民法院作出的发生法律效力的判决、裁定对受让人具有拘束力。"根据前述规定，一、二审法院认定吕某东、戴某作为本案主体适格，适用法律正确。

016 当事人在判决生效后达成和解协议，之后申请再审的，法院会支持吗？

裁判要旨

当事人在民事判决生效后就判决的履行自行达成和解协议，六个月内又申请再审的，法院应当对和解协议进行审查。如果当事人在和解协议中没有声明保留申请再审权利，且已依照和解协议履行了相关义务的，法院裁定终结审查。

案情简介①

一、2012年6月19日，中某银行与南某金属公司签订综合授信合同，同日中某银行分别与王某忠、方某玉、南某合金厂签订了最高额保证合同，约定由王某忠、方某玉、南某合金厂为南某金属公司综合授信合同项下实际发生的债务提供连带责任保证。

二、后南某金属公司无法履行债务，中某银行向太仓法院提起诉讼，请求判令南某金属公司清偿债务，王某忠、方某玉、南某合金厂承担连带责任。太仓法院一审支持其诉讼请求。

三、南某合金厂不服，向苏州中院提起上诉。苏州中院经审理认为一审判决并无不当，于2014年7月判决维持原判。

四、2014年9月，南某合金厂与中某银行达成和解协议，且已履行完毕。

五、之后，南某合金厂向江苏高院申请再审，主张其不应承担保证责任。江苏高院认为当事人已达成和解协议并履行完毕，且未声明不放弃申请再审权利，故裁定终结审查。

律师评析

本案中，当事人签订和解协议并履行完毕，且未声明不放弃申请再审的权利，人民法院依法终结审查，笔者亦认同法院的做法。

---

① 案件来源：江苏省高级人民法院，太仓市南某特种有色合金厂等诉中某银行股份有限公司太仓支行金融借款合同纠纷再审民事裁定书【（2015）苏审二商申字第00077号】。

当事人有权处分个人的诉讼权利,但应当遵守诚实信用原则。本案中,双方当事人签订和解协议,基于苏州中院作出的判决变更了承担的具体数额并履行完毕,是当事人对生效裁判的认可、尊重和服从,应当视为原有纠纷的了结,当事人理应承担相应的法律责任和由此产生的法律后果。而南某合金厂申请再审的行为与其之前签订和解协议并履行的行为冲突,其再审申请人民法院不予支持。

实务经验总结

当事人在自动履行期间达成和解协议并履行完毕,且未声明保留申请再审权利的,若申请再审,法院将终结审查,因此,我们建议:

一、当事人在签订和解协议时,应保持审慎的态度,确定放弃申请再审后再签订。条件允许时可在协议中写明保留申请再审的权利,以保障自身诉权。

二、若当事人确定不申请再审,应当选择与对方当事人签订书面和解协议,避免口头和解,并收集证据以证明对方当事人基于和解协议履行义务。如在转账时,在银行回单的转账用途一栏写明。

三、若当事人仍对判决不服,应在裁判生效后六个月内申请再审,避免延误。

相关法律规定

《最高人民法院关于适用〈中华人民共和国民事诉讼法〉的解释》(2022年修正)

第四百条 再审申请审查期间,有下列情形之一的,裁定终结审查:

……

(三)当事人达成和解协议且已履行完毕的,但当事人在和解协议中声明不放弃申请再审权利的除外;

……

法院判决

以下为该案在法院审理阶段,裁定书中"本院认为"部分就该问题的论述。

《最高人民法院关于适用〈中华人民共和国民事诉讼法〉的解释》第四百零二条[1]第三项规定:"再审申请审查期间,有下列情形之一的,裁定终结审

---

[1] 现行有效《最高人民法院关于适用〈中华人民共和国民事诉讼法〉的解释》第四百条。

查：……（三）当事人达成和解协议且已履行完毕的，但当事人在和解协议中声明不放弃申请再审权利的除外……"据此，当事人在履行生效判决的过程中达成和解协议，是通过和解协议重新处分自己的权利，并通过实际履行的方式了结原有的案件纠纷，意味着当事人已经服判息诉，放弃申请再审的诉讼权利。一方当事人在达成和解协议且未保留申请再审权利的情况下，再行申请再审，系对其前述行为的反悔，违反诚信原则，不符合诉讼中禁止反言的基本法则，也增加了对方当事人的诉讼负担，故对该再审申请应终结审查。本案中南某合金厂与中某银行太仓支行在二审判决生效以后自行达成和解协议，南某合金厂亦已依照和解协议履行了相关义务，且未在和解协议中声明保留申请再审权利。因此，依据上述规定，本案应终结审查。

延伸阅读

裁判规则

当事人根据《最高人民法院关于适用〈中华人民共和国民事诉讼法〉的解释》第四百零二条第三项规定请求终结审查的，若不存在书面和解协议，当事人应当证明和解行为的真实存在，以及该行为是基于生效判决还是双方的口头和解。

案例：最高人民法院，青岛软某机电工程有限公司、沈阳蓝某工业自动化装备股份有限公司买卖合同纠纷再审民事裁定书【（2021）最高法民申5373号】

蓝某公司提交了软某公司在原二审判决生效后向蓝某公司账户汇入案款的回单，主张已与软某公司达成口头和解并履行完毕，本案符合《最高人民法院关于适用〈中华人民共和国民事诉讼法〉的解释》第四百零二条第三项规定的情形，软某公司无权申请再审，但蓝某公司并未提交足以证实和解行为真实存在的证据，其提交的回单亦无法证明软某公司的履行行为是自动履行生效判决确定的给付义务还是基于双方达成的口头和解，故不宜认定软某公司已放弃申请再审的权利。

第二节 法院决定再审

017 只有损害国家利益、社会公共利益的错误判决，才可以适用院长发现程序提起再审吗？

裁判要旨

《中华人民共和国民事诉讼法》院长发现程序中规定的"确有错误"，包括但不应仅限于依照《最高人民法院关于适用〈中华人民共和国民事诉讼法〉审判监督程序若干问题的解释》第三十条规定的"损害国家利益、社会公共利益"等情形。一般民事案件也可适用该程序。

案情简介[①]

一、宋某1不服山东高院于2017年12月25日作出的（2017）鲁民再630号民事判决，向最高院申请再审，申请理由为本案原调解书不存在损害国家利益、社会公共利益的情形，不属于院长发现制度适用范围。

二、最高人民法院认为院长发现程序的适用案件范围包括但不限于损害国家利益、社会公共利益的错误判决案件，驳回了当事人的再审申请。

律师评析

本案争议焦点为：不涉及损害国家利益、社会公共利益情形的案件，是否能够适用院长发现制度？

笔者认为最高院的该等裁判观点值得商榷。院长发现程序作为一种特殊的制度，应当是一切救济程序穷尽后的终极措施，对其适用范围应作限缩，否则会破坏再审制度的稳定性，具体理由如下：

1. 《中华人民共和国民事诉讼法》对再审事由有明确的规定。院长对生效判决、裁定、调解书认为确有错误需要再审的，自然也应当存在符合民诉法规定

[①] 案件来源：最高人民法院，宋某1、宋某2民间借贷纠纷再审审查与审判监督民事裁定书【（2018）最高法民申3717号】。

的再审事由。在一般民事案件中，当事人完全可以同一事由在法定期限内向上一级法院申请再审。如当事人未按照法定期限申请再审，则应当视为其对自身权利的放弃，法律不应保护在权利上沉睡的人。

2. 判决生效后必然引起各方当事人甚至第三方的权利义务随之产生一系列变动。为了维护民事关系的稳定，生效判决不应轻易推翻。而院长发现是一种一言可决的制度，如果不对其适用范围加以限制而造成滥用，势必破坏判决的严肃性和民事关系的稳定性。

3. 实践中存在对原审败诉方已向上级法院申请再审并被驳回的案件适用院长发现制度的情况，如吉林中院（2019）吉02民监12、13号案件。这种裁判实质上使得下级法院否定了上级法院的审查结果，极大地破坏了再审制度的稳定。

4. 院长发现推翻的是本院作出的判决，对于一般的民事案件，任由院长发现程序启动极易滋生腐败引发社会矛盾。例如，南阳中院（2021）豫13民监38号再审裁定，就引起了当事人在短视频平台实名要求院长释法原判决有何错误的舆情。

5. 以本案而言，院长发现程序推翻的是生效的调解书。而调解书系双方当事人自愿达成的，在不涉及国家利益、社会公共利益，也不违反法律强制性规定的情况下，法律应当尊重当事人的合意。

实务经验总结

虽然最高人民法院存在上述裁判观点，但实践中有大量判例，严格按照司法解释对院长发现程序的适用范围做了严格限定。因此，在该类案件中，当事人依然可以案件不涉及国家利益、社会公共利益为由进行抗辩。

当然，由于实践中的巨大争议，我们也期待最高人民法院对此问题进行进一步的明确。

相关法律规定

《中华人民共和国民事诉讼法》（2021年修正）

第二百零五条 各级人民法院院长对本院已经发生法律效力的判决、裁定、调解书，发现确有错误，认为需要再审的，应当提交审判委员会讨论决定。

最高人民法院对地方各级人民法院已经发生法律效力的判决、裁定、调解书，上级人民法院对下级人民法院已经发生法律效力的判决、裁定、调解书，发现确有错误的，有权提审或者指令下级人民法院再审。

《最高人民法院关于适用〈中华人民共和国民事诉讼法〉审判监督程序若干问题的解释》（2020年修正）

第二十一条 当事人未申请再审、人民检察院未抗诉的案件，人民法院发现原判决、裁定、调解协议有损害国家利益、社会公共利益等确有错误情形的，应当依照民事诉讼法第一百九十八条的规定提起再审。

法院判决

以下为该案在法院审查阶段，裁定书中"本院认为"部分就该问题的论述。

本院经审查认为：关于本案再审程序是否违法的问题，依照《中华人民共和国民事诉讼法》第一百九十八条[①]的规定，各级人民法院院长发现已经发生法律效力的调解书确有错误，认为需要再审的，应当提交审判委员会讨论决定。该规定中的"确有错误"包括但不应仅限于依照《最高人民法院关于适用〈中华人民共和国民事诉讼法〉审判监督程序若干问题的解释》第三十条规定的"损害国家利益、社会公共利益"等情形。因此，宋某主张枣庄中院对本案启动再审程序违法，不能成立。

延伸阅读

裁判规则

依据院长发现程序提起再审案件只限于损害国家利益、社会公共利益等错误情形，反之就不能依据《中华人民共和国民事诉讼法》第一百九十八条的规定提起再审。（与最高院裁判观点相反）

案例1：湖南省张家界市中级人民法院，刘某初、宋某和排除妨害纠纷再审审查与审判监督民事裁定书【（2021）湘08民申9号】

根据《中华人民共和国民事诉讼法》第一百九十八条第一款规定，各级人民法院院长对本院已经发生法律效力的判决、裁定、调解书，发现确有错误，认为需要再审的，应当提交审判委员会讨论决定。但《最高人民法院关于适用〈中华人民共和国民事诉讼法〉审判监督程序若干问题的解释》第二十一条规定："当事人未申请再审、人民检察院未抗诉的案件，人民法院发现原判决、裁

[①] 现行有效《中华人民共和国民事诉讼法》第二百零五条。

定、调解协议有损害国家利益、社会公共利益等确有错误情形的,应当依照民事诉讼法第一百九十八的规定提起再审。"可见,依据院长发现程序提起再审案件只限于损害国家利益、社会公共利益等错误情形,反之就不能依据《中华人民共和国民事诉讼法》第一百九十八条的规定提起再审。

案例2:四川省凉山彝族自治州中级人民法院,杨某雷、会理市晨某矿业有限责任公司等股东资格确认纠纷再审民事判决书【(2022)川34民再2号】

本案原审第三人罗某彩因刑事犯罪,被判没收个人全部财产,判决已经生效。本案一审原民事调解过程中,在未对当事人提交的证据进行严格审查,而认定杨某雷持有晨某公司2%的股权,可能导致国家对没收财产的减少,损害国家利益。《最高人民法院关于适用〈中华人民共和国民事诉讼法〉审判监督程序若干问题的解释》(2020年修正)第二十一条规定:"当事人未申请再审、人民检察院未抗诉的案件,人民法院发现原判决、裁定、调解协议有损害国家利益、社会公共利益等确有错误情形的,应当依照民事诉讼法第一百九十八条的规定提起再审。"一审法院据此启动再审程序,对民事调解案件进行再审,符合法律规定。

第三节 检察院启动再审

018 当事人申诉理由与检察院抗诉理由不一致的,法院会审理吗?

裁判要旨

当事人申诉理由不同于检察机关的抗诉理由,并不意味其申请抗诉的请求未获得检察机关抗诉支持。只要当事人的再审请求未超出原审诉讼请求的,人民法院均应予审理。

案情简介[①]

一、2005年,皓某公司与金某公司签订《销售合同》,代理销售金某公司开

---

① 案件来源:最高人民法院,湖北金某实业有限公司与苏某水等商品房买卖合同纠纷民事判决书【(2012)民抗字第24号】。

发的商品房项目，合同约定皓某公司与购房人签署的《商品房买卖合同》加盖金某公司公章后生效。2006年，苏某水与皓某公司签订了两份《商品房买卖合同》，分别约定购买06、07号商铺（以下简称06号合同、07号合同），其中06号合同上盖有金某公司的专用章，但07号合同并未盖章。

二、2006年6月，皓某公司通知金某公司解除合同。2006年9月、2007年1月，金某公司分别把07、06号商铺出售给他人。

三、2008年，苏某水向武汉中院起诉，请求确认两份《商品房买卖合同》有效，并依法解除，由金某公司返还购房款、承担赔偿责任，由皓某公司承担连带责任。武汉中院认为07号商铺的合同上没有金某公司的签章，合同无效。最终判决解除06号商铺《商品房买卖合同》，由皓某公司返还购房款并承担赔偿责任。

四、苏某水不服，向湖北高院上诉。湖北高院认为07号商铺的合同已明确写明出卖人为金某公司，因此认定两份《商品房买卖合同》有效，且金某公司受其约束，判决支持苏某水的全部诉讼请求。

五、金某公司不服，申请再审被驳回后以皓某公司出售06、07号商铺系越权行为合同应属无效为由向最高检申诉。最高检抗诉认为，07号合同金某公司并未盖章，合同无效。

六、苏某水答辩称，金某公司的主张与抗诉理由存在不同，金某公司的观点不应纳入再审范围。最高院作出回应认为，虽然申诉理由与抗诉理由有所不同，但并不意味其申诉请求未获得抗诉支持。

律师评析

本案再审中，被申诉人认为申诉人的主张与检察院的抗诉理由不同，认为不应将申诉人的主张纳入再审范围。最高院对此持否定态度，笔者亦认同。

案件的再审请求、抗诉事由与具体理由是不同的概念。案件再审请求毋庸置疑是当事人所主张的，抗诉事由是检察院通过抗诉书主张的，而具体理由是前两者事实和法律上的详细依据。抗诉再审案件审理范围受到限制的是再审请求，而非具体理由，无论当事人所主张的具体理由和检察机关所主张的具体理由是否一致，只要其与当事人的再审请求相关，均应纳入审理范围。

因此，尽管本案当事人再审请求的理由与检察院的抗诉理由有出入，也并不妨碍法院的审查。

实务经验总结

在抗诉再审案件中，我们作出如下建议：

一、在抗诉再审案件中，同时存在当事人的再审请求和检察机关的抗诉，当事人应注意再审案件审查的范围为再审请求，即使检察机关抗诉理由不成立，再审请求是正当的，依然会受到法院的支持（延伸阅读案例）。因此尽管检察机关已经提出抗诉理由，但当事人的主张仍然非常重要，当事人应当积极提出再审请求及理由，而不能过分依赖检察机关，这将为胜诉争取更多的可能性。

二、当事人提出的申诉理由并不必与检察机关的抗诉理由保持一致，可以扩展至更多的事实与法律依据。但应当注意再审请求的范围不能超出原审诉讼请求。

相关法律规定

《最高人民法院关于适用〈中华人民共和国民事诉讼法〉的解释》（2022年修正）

第四百零三条第一款　人民法院审理再审案件应当围绕再审请求进行。当事人的再审请求超出原审诉讼请求的，不予审理；符合另案诉讼条件的，告知当事人可以另行起诉。

法院判决

以下为该案在法院审理阶段，判决书中"本院认为"部分就该问题的论述。

关于再审审理范围的问题，苏某水再审中提出因抗诉并未支持金某公司的申诉请求，应根据本院《关于适用〈中华人民共和国民事诉讼法〉审判监督程序若干问题的解释》第三十三条规定，金某公司的观点不应纳入再审范围。苏某水该项主张的基础系其认为抗诉理由与金某公司对两份购房合同效力认识理由存在不同，但当事人的诉讼请求不同于支持当事人提出请求的理由和依据，金某公司对合同效力认识所提出的理由和依据不同于抗诉所提出的理由和依据，并不意味其申诉请求未获得抗诉支持，且金某公司的再审请求并未超出本案原审的审理范围，因此对苏某水的该项主张，本院不予支持。

延伸阅读

裁判规则

抗诉再审案件围绕当事人的再审请求进行。检察机关的抗诉理由不成立，但再审请求成立的，人民法院可以依法支持该再审请求。

案例：最高人民法院，李某辉与湖南省冷水江市梓龙乡更某五矿等合伙协议纠纷再审民事判决书【（2015）民抗字第25号】

根据《中华人民共和国合伙企业法》第十五条和第六十二条的规定，合伙企业名称中应当标明"普通合伙"或"有限合伙"字样；根据《中华人民共和国企业法人登记管理条例》第三条第一款的规定，企业领取企业法人营业执照，取得法人资格。本案在更某五矿成立之初，双方将更某五矿约定为股份制企业，后登记为集体所有制的企业法人，并明确了法定代表人，领取了企业法人营业执照。更某五矿并未在其名称中标明普通合伙或有限合伙字样，也未在经营期间对企业名称进行过变更。同时，合伙合同书第四条约定："本煤矿是一家由全体合伙人共同出资、共同经营、共享收益、共负盈亏、合伙人承担无限连带法律责任、具有独立法人资格的合伙企业。"此后的合伙人会议决议和董事会决议均是根据合伙合同书，对煤矿经营、李某辉问题等内部合伙事项所作的处理。可见，更某五矿并非合伙企业，其对外具有独立法人资格；蔡某明等7人与李某辉共同签订并履行合伙合同书，并对更某五矿进行投资、经营，由此产生本案纠纷。本案虽然还涉及李某辉替更某五矿对外垫付的费用及其工资奖金，但双方主要争议在于合伙合同书的履行和李某辉合伙出资款的返还，故本案基本法律关系应为合伙协议纠纷，一、二审将更某五矿认定为合伙企业，并进而将本案定性为合伙企业纠纷不当，应予纠正。基于此，处理本案李某辉与蔡某明等7人之间的法律关系，应当以合伙合同书以及双方认可的相关内部协议为依据，不应适用抗诉机关所引用的合伙企业法，一、二审对此适用法律亦属不当，应一并纠正。综上，李某辉的再审请求部分成立，更某五矿、蔡某明等人要求改判李某辉偿付欠款、承担合伙亏损的再审请求不成立，二审判决关于更某五矿及蔡某明等合伙人向李某辉返还出资款、支付垫付费用和工资奖金的承担责任方式不当，适用法律错误，应予纠正。

第三章　再审事由

第一节　有新的证据，足以推翻原判决、裁定的

019 原审判决之后的另案判决能否作为申请再审的新证据？

裁判要旨

原审判决作出后，人民法院审理的其他案件判决书中就与本案原审判决所涉同一事实作出不一致认定的，原审当事人可以另案判决书作为"新的证据"申请再审。

案情简介①

一、吕某系李某标的债权人。吕某认为，李某标对卢某享有到期债权且未获清偿，遂向高州法院提起债权人代位权诉讼，请求卢某代位为李某标偿还吕某借款本息共6766500元。2016年，高州法院判决支持吕某的诉讼请求。一审后卢某未提起上诉。

二、案外人陈某松等同样为李某标的债权人，亦基于李某标与卢某之间的债权债务关系向法院提起债权人代位权诉讼，请求卢某代位偿还其与李某标之间的借款。茂名中院于2018年10月26日作出（2018）粤09民终573号、（2018）粤09民终583号两份判决，认定李某标与卢某之间不存在债权债务关系，驳回陈某松等的全部诉讼请求。

三、卢某不服2016年高州法院作出的向吕某偿还借款的判决，以上述两份

---

① 案件来源：广东省高州市人民法院，卢某、钟某宁等债权人代位权纠纷再审民事判决书【（2020）粤0981民再2号】。

另案判决书为证据向原审法院申请再审。再审案件中的争议焦点为，茂名中院作出的（2018）粤09民终573号民事判决及（2018）粤09民终583号民事判决两份另案判决与本案是否存在关联性，是否属于本案新的证据。

四、高州法院最终认定，本案涉及的卢某与李某标之间的债权债务关系与茂名中院两份判决所涉及的卢某与李某标之间的债权债务关系属于同一事实，上述两份民事判决与本案存在关联性，可以作为本案的有效证据使用，卢某的再审申请符合《中华人民共和国民事诉讼法》"有新的证据，足以推翻原判决、裁定"的法定再审情形。

律师评析

本案争议焦点为"原审判决之后的另案判决能否作为新的证据"。

原审判决之后的另案判决系晚于原审判决所作出，再审申请人在该案审理期间无法获得该证据，在申请再审期间提出该另案判决作为证据符合法律规定及常理，不存在故意隐瞒证据、故意逾期提供证据的情况。若另案判决与本案属于同一事实，存在关联性，则可以认定为"新的证据"。

本案中，卢某提出茂名市中级人民法院于2018年10月26日作出（2018）粤09民终573号民事判决及（2018）粤09民终583号民事判决对本案相关事实进行证明。一方面，从证明内容上，本案涉及的卢某与李某标之间的债权债务关系与茂名市中级人民法院作出的上述两份民事判决涉及的卢某与李某标之间的债权债务关系属于同一事实，上述两份民事判决与本案存在关联性。另一方面，从证据形成时间上，该两份判决书形成时间晚于原审判决，再审申请人卢某具有逾期提供证据的正当理由，不存在故意隐瞒证据、故意逾期提供证据的情况。因此，上述两份判决书可作为本案申请再审的"新的证据"。

实务经验总结

当事人提供晚于本案原判决的另案判决作为再审申请证据，应当注意以下两点：

一、以另案判决作为再审申请的证据，该判决当然应与本案具有关联性，且足以推翻本案原审判决。另案判决与本案属于同一事实、存在关联性、可以对本案相关法律事实进行证明的，则可以作为再审申请"新的证据"。另案判决与本案并不属于同一事实，两案纠纷的性质不同，涉及的权利客体不一致，则该判决与本案不存在关联性，不能作为再审申请"新的证据"。

二、另案判决在作出时间上晚于本案原审判决，能否作为再审"新的证据"，司法实践中存在两种不同观点。

一种观点认为，根据证据提供规则，该证据在原审庭审后形成，当事人在原审庭审期间无法提供晚于本案的判决书作为证据，当事人在再审申请中提交该判决书符合逾期提供证据的条件，具备正当理由，应当认定为"新的证据"。

另一种观点认为，根据裁判统一的原则，裁判统一是指对同时期审理的案件，裁判方式、适用法律等应保持一致。因此生效判决应当对同时期待决案件而非已决案件起到指导作用，以之后的判决指导先前判决作出修正、改进，会使判决的既判力失去意义，破坏诉讼秩序的稳定，因此不能作为再审申请"新的证据"。

相关法律规定

《中华人民共和国民事诉讼法》（2021年修正）

第六十八条 当事人对自己提出的主张应当及时提供证据。

人民法院根据当事人的主张和案件审理情况，确定当事人应当提供的证据及其期限。当事人在该期限内提供证据确有困难的，可以向人民法院申请延长期限，人民法院根据当事人的申请适当延长。当事人逾期提供证据的，人民法院应当责令其说明理由；拒不说明理由或者理由不成立的，人民法院根据不同情形可以不予采纳该证据，或者采纳该证据但予以训诫、罚款。

第二百零七条 当事人的申请符合下列情形之一的，人民法院应当再审：

（一）有新的证据，足以推翻原判决、裁定的；

……

《最高人民法院关于适用〈中华人民共和国民事诉讼法〉的解释》（2022年修正）

第三百八十六条 再审申请人证明其提交的新的证据符合下列情形之一的，可以认定逾期提供证据的理由成立：

（一）在原审庭审结束前已经存在，因客观原因于庭审结束后才发现的；

（二）在原审庭审结束前已经发现，但因客观原因无法取得或者在规定的期限内不能提供的；

(三) 在原审庭审结束后形成, 无法据此另行提起诉讼的。

再审申请人提交的证据在原审中已经提供, 原审人民法院未组织质证且未作为裁判根据的, 视为逾期提供证据的理由成立, 但原审人民法院依照民事诉讼法第六十八条规定不予采纳的除外。

法院判决

以下为该案在法院审理阶段, 判决书中"本院认为"部分就该问题的论述。

本案中, 债权人吕某欲代位行使债务人李某标对次债务人卢某的债权, 根据法律规定, 债务人李某标对次债务人卢某享有合法的到期债权是债权人吕某行使代位权的前提之一。如果债务人李某标对次债务人卢某的债权并未真实发生, 则次债权并不成立, 此等情形下, 债权人吕某就无权在本案中行使代位权。而茂名市中级人民法院作出的（2018）粤09民终573号民事判决及（2018）粤09民终583号民事判决均认定李某标与卢某之间的9660000元借款并没有真实发生, 且根据再审查明的情况, 本案涉及的卢某与李某标之间的债权债务关系与茂名市中级人民法院作出的上述两份民事判决涉及的卢某与李某标之间的债权债务关系属于同一事实, 因此, 上述两份民事判决与本案存在关联性。经查, 原审判决作出时间为2016年12月20日, 而茂名市中级人民法院于2018年10月26日作出（2018）粤09民终573号民事判决及（2018）粤09民终583号民事判决。可见, 原审判决在前, 茂名市中级人民法院所作的判决在后, 再审申请人再审中提出该两份证据, 符合常理, 不存在故意隐瞒证据、故意逾期提供证据的情况, 依照《中华人民共和国民事诉讼法》第六十五条[①]"当事人对自己提出的主张应当及时提供证据。人民法院根据当事人的主张和案件审理情况, 确定当事人应当提供的证据及其期限。当事人在该期限内提供证据确有困难的, 可以向人民法院申请延长期限, 人民法院根据当事人的申请适当延长。当事人逾期提供证据的, 人民法院应当责令其说明理由; 拒不说明理由或者理由不成立的, 人民法院根据不同情形可以不予采纳该证据, 或者采纳该证据但予以训诫、罚款"之规定, 再审申请人卢某提供的该两份民事判决符合法律规定, 本院认定上述两份民事判决属于新的证据, 可以作为本案的有效证据使用。

[①] 现行有效《中华人民共和国民事诉讼法》第六十八条。

延伸阅读

裁判规则一

另案判决与本案所涉并非同一事实，无法证明关联性，不可认定为"新的证据"。

案例1：最高人民法院，佛山市三水区西南街金某美五金制品厂与佛山市南海汇某有机玻璃制品有限公司侵害外观设计专利权纠纷再审审查与审判监督民事裁定书【（2018）最高法民申362号】

虽然1999号案即汇某公司诉金某美厂侵害实用新型专利权纠纷案的生效判决最终支持了金某美厂提出的现有技术抗辩主张，认定金某美厂对汇某公司实用新型专利权不构成侵害，但因该案系侵害实用新型专利权纠纷，实用新型专利保护的是针对产品的形状、构造或者其结合所提出的适于实用的、新的技术方案。而本案系侵害外观设计专利权纠纷，外观设计专利所保护的是针对产品的形状、图案或者其结合以及色彩与形状、图案的结合所作出的富有美感并适于工业应用的新设计。因此，1999号案与本案纠纷的性质不同，专利所保护的客体不同。更重要的是，1999号案作为对比文件的是一张文件名为"IMG_20131114_105145"的红底图片，该图片与本案对比文件图片内容并不相同，1999号案图片并不能证明与本案对比文件内容中订书机系相同型号产品，不能证明本案对比文件中订书机的底座特征。因此，1999号案生效判决并不足以推翻本案判决，不属于《中华人民共和国民事诉讼法》第二百条①第一项所规定的新的证据，不予采纳。

裁判规则二

相关判决认定为"新的证据"，除须与本案存在事实上的关联性外，还不得与本案相互为证。另，生效判决仅能在待决案件中作为证据使用，不可指导生效在先的案件，即不能作为其再审"新的证据"。

案例2：四川省成都市中级人民法院，陈某畅、唐某民间借贷纠纷再审审查与审判监督民事裁定书【（2020）川01民申328号】

再审申请人陈某畅、唐某、何某非向本院提交了四川省高院（2019）川民终464号民事判决书作为新证据，拟证明韦某系职业放贷人，案涉借款合同及担保合同均系无效合同。本院认为：一、四川省高院（2019）川民终464号民事判决

---

① 现行有效《中华人民共和国民事诉讼法》第二百零七条。

书系韦某与黎某保证合同纠纷案，该案事实与本案事实不具有关联性，且其审理查明以及认定案件事实的侧重点亦与本案一审审理的事实不同。二、从证据形成的时间看，（2019）川民终464号民事判决书系由四川省高院于2020年3月25日作出，而本案一审判决于2017年12月13日作出，并已于2018年7月5日发生法律效力。三、从法律逻辑上看，本案一审判决书作为四川省高院（2019）川民终464号民事判决书认定事实的依据之一，其不能反向再作为认定本案案件事实的依据。四、对于裁判统一的问题，首先，裁判统一，是指对同时期审理的案件，裁判方式、适用法律等应保持一致；其次，生效判决对类案裁判的指导应是针对待决案件而言。因此，四川省高院（2019）川民终464号民事判决书不能作为推翻生效在先且争议焦点完全不同的本案一审判决的民事再审新证据。

020 原审判决后新发生的事实属于再审新证据吗？

裁判要旨

判决发生之后新发生的当事人之间权利义务关系的产生、变更和消灭是新的事实，不是新的证据，不能证明原审判决存在错误。记载上述新事实的法律文书，不属于《中华人民共和国民事诉讼法》规定的"新证据"，不能据此申请再审，但当事人可依据新的事实另行提起诉讼。

案情简介[①]

一、浩某钢铁公司有三万吨废钢存放在北某公司厂区院内。2017年，浩某钢铁公司以北某公司妨碍其运输、出售上述三万吨废钢为由起诉至齐齐哈尔中院，法院一审支持了浩某钢铁公司的诉讼请求，判决北某公司协助运离三万吨废钢。

二、北某公司不服一审判决，向黑龙江高院提起上诉，主张浩某钢铁公司拖欠其固定回报等款项，若运离则债权无法保障。黑龙江高院认为，一审认定事实正确，同时查明在上诉期间，案涉废钢中的二万吨被查封，因此改判北某公司协助浩某钢铁公司运离其厂区内的一万吨废钢。

[①] 案件来源：最高人民法院，东北特钢集团齐齐哈尔浩某钢铁有限公司与东北特钢集团北某特殊钢有限责任公司管理人排除妨害纠纷再审裁定书【（2018）最高法民申5968号】。

三、二审判决作出后，浩某钢铁公司二万吨废钢的查封被解除。浩某钢铁公司认为解封裁定属于足以推翻原审判决的新证据，遂依据《中华人民共和国民事诉讼法》第二百条①第一项向最高人民法院申请再审。最高人民法院认为，浩某钢铁公司解封裁定是新发生的事实，不能证明原裁判出现错误，故驳回浩某钢铁公司的再审申请。

律师评析

本案争议焦点为"解除查封裁定是新的事实还是新的证据"。

新的证据与新的事实不同，新的证据是法定再审事由，能够动摇生效裁判的既判力，能够推翻原裁判。而新的事实是在既判力基准时点之后新发生的引起当事人之间权利义务关系产生、变更、消灭的事实，不对既判力产生动摇，当事人可以依此另行提起诉讼。

本案中，法院依据审判时的查封裁定作出正确的判决，而解除查封裁定是在判决生效后新发生的引起当事人权利义务关系变更的事实，并不能证明原审裁判错误，是新的事实而不是新的证据，当事人依此申请再审应当被驳回。

实务经验总结

一、当事人提供的再审新证据应当在原审庭审结束前已经存在，或是在原审庭审结束后形成但无法据此另行起诉的，且应当注意该新证据拟证明的事实应最晚发生于原审判决作出前。

二、依据生效判决作出后产生的新事实及对应权利义务关系作为"新证据"申请再审，即使上述新的事实记载在法律文书中，一般也无法得到法院支持。但是，当事人可以就该新的事实另行提起诉讼。

相关法律规定

《中华人民共和国民事诉讼法》（2021年修正）

第二百零七条　当事人的申请符合下列情形之一的，人民法院应当再审：

（一）有新的证据，足以推翻原判决、裁定的；

……

---

① 现行有效《中华人民共和国民事诉讼法》第二百零七条。

《最高人民法院关于适用〈中华人民共和国民事诉讼法〉的解释》(2022年修正)

第三百八十五条　再审申请人提供的新的证据，能够证明原判决、裁定认定基本事实或者裁判结果错误的，应当认定为民事诉讼法第二百零七条第一项规定的情形。

对于符合前款规定的证据，人民法院应当责令再审申请人说明其逾期提供该证据的理由；拒不说明理由或者理由不成立的，依照民事诉讼法第六十八条第二款和本解释第一百零二条的规定处理。

第三百八十六条　再审申请人证明其提交的新的证据符合下列情形之一的，可以认定逾期提供证据的理由成立：

（一）在原审庭审结束前已经存在，因客观原因于庭审结束后才发现的；

（二）在原审庭审结束前已经发现，但因客观原因无法取得或者在规定的期限内不能提供的；

（三）在原审庭审结束后形成，无法据此另行提起诉讼的。

再审申请人提交的证据在原审中已经提供，原审人民法院未组织质证且未作为裁判根据的，视为逾期提供证据的理由成立，但原审人民法院依照民事诉讼法第六十八条规定不予采纳的除外。

法院判决

以下为该案在法院审理阶段，判决书中"本院认为"部分就该问题的论述。

本院经审查认为，《最高人民法院关于适用〈中华人民共和国民事诉讼法〉的解释》第三百八十七条[①]规定："再审申请人提供的新的证据，能够证明原判决、裁定认定基本事实或者裁判结果错误的，应当认定为民事诉讼法第二百条第一项规定的情形。对于符合前款规定的证据，人民法院应当责令再审申请人说明其逾期提供该证据的理由；拒不说明理由或者理由不成立的，依照民事诉讼法第六十五条第二款和本解释第一百零二条的规定处理。"第三百八十八条[②]第一款规定："再审申请人证明其提交的新的证据符合下列情形之一的，可以认定逾期提供证据的理由成立：（一）在原审庭审结束前已经存在，因客观原因于庭审结束后才发现的；（二）在原审庭审结束前已经发现，但因客观原因无法取得或者

---

① 现行有效《最高人民法院关于适用〈中华人民共和国民事诉讼法〉的解释》第三百八十五条。
② 现行有效《最高人民法院关于适用〈中华人民共和国民事诉讼法〉的解释》第三百八十六条。

在规定的期限内不能提供的;(三)在原审庭审结束后形成,无法据此另行提起诉讼的。"依据上述规定,《中华人民共和国民事诉讼法》第二百条①第一项中规定的再审新证据,其实质要件应为能够证明原判决、裁定认定基本事实或者裁判结果错误;形式要件则是在原审庭审结束前就已经存在的证据,或者即便证据是在原审庭审结束后形成,但无法据此另行提起诉讼。可见,民事诉讼法及其相关司法解释明确区分了"新的证据"和"新的事实"。"新的证据"属于再审事由,而"新的事实"不属于再审事由,当事人可基于"新的事实"另诉主张权利。本案中,浩某公司举示的齐齐哈尔中院(2018)黑02民初15-2号生效民事裁定,系本案二审判决作出后新形成的程序性法律文书,不属于原审庭审结束前就已经存在的证据,其内容是解除财产查封,两万吨废钢的查封被解除属于二审判决作出后新发生的事实,该事实不能推翻两万吨废钢曾被法院查封的事实,本案二审判决依据当时两万吨废钢的查封事实作出的判决,并不构成错误,故齐齐哈尔中院(2018)黑02民初15-2号生效民事裁定不属于能够证明原判决、裁定认定的基本事实或者裁判结果错误的再审新证据,不能据此对本案二审判决启动再审。鉴于齐齐哈尔中院(2018)黑02民初15-2号生效民事裁定已解除对案涉两万吨废钢的查封,浩某公司处置两万吨废钢的障碍消失,该公司可依据这一新的事实,另行提起诉讼请求北某公司协助其运离该两万吨废钢。

延伸阅读

裁判规则

新证据应当符合《最高人民法院关于适用〈中华人民共和国民事诉讼法〉的解释》第三百八十六条关于逾期提供新证据的规定,其拟证明的待证事实应发生在判决作出前。新的事实是在判决作出之后形成的,不能以此推翻原审裁判。(与主文案例裁判观点一致)

案例1:黑龙江省铁力市人民法院,王某琢、刘某华机动车交通事故责任纠纷再审审查与审判监督民事决定书【(2020)黑0781民监3号】

原审原告霍某友死亡不是新证据,而是发生了新的事实。首先,《最高人民法院关于适用〈中华人民共和国民事诉讼法〉审判监督程序若干问题的解释》第十条规定,新的证据是指:(1)原审庭审结束前已经客观存在庭审结束后新发现的证据;(2)原审庭审结束前已经发现,但因客观原因无法取得或在规定

---

① 现行有效《中华人民共和国民事诉讼法》第二百零七条。

的期限内不能提供的证据;(3)原审庭审结束后原作出鉴定结论、勘验笔录者重新鉴定、勘验,推翻原结论的证据。本案中,王某琢所举霍某友死亡殡葬证明明显不符合上述情形。其次,《最高人民法院关于适用〈中华人民共和国民事诉讼法〉的解释》第三百八十八条第一款第三项又规定了一种新证据情形,即在原审庭审结束后形成,无法据此另行提起诉讼的。检察机关根据此条规定认为本案应当再审。本院认为,无论是原审庭审前形成的证据还是原审庭审后形成的证据,该证据拟证明的待证事实均应当发生在原审庭审结束前,最迟也应当发生在原审判决下发前,而不是发生在原审判决生效后,甚至执行过程中。因此,霍某友的死亡是发生了新的事实,而不是出现了新的证据,不能依据新发生的事实来推翻原审判决,以维护生效裁判的既判力和确定力。

案例2:山东省临沂市中级人民法院,王某贤、刘某英民间借贷纠纷再审民事判决书【(2019)鲁13民再23号】

本案的焦点在于,再审程序中,当事人是否有新的证据,足以推翻原判决。《最高人民法院关于民事诉讼证据的若干规定》第四十四条规定,《民事诉讼法》第一百七十九条①第一款第一项规定的"新的证据",是指原审庭审结束后新发现的证据。《最高人民法院关于适用〈中华人民共和国民事诉讼法〉的解释》第三百八十八条②第一款规定,再审申请人证明其提交的新的证据符合下列情形之一的,可以认定逾期提供证据的理由成立:(一)在原审庭审结束前已经存在,因客观原因于庭审结束后才发现的;(二)在原审庭审结束前已经发现,但因客观原因无法取得或者在规定的期限内不能提供的;(三)在原审庭审结束后形成,无法据此另行提起诉讼的。《最高人民法院关于适用〈中华人民共和国民事诉讼法〉审判监督程序若干问题的解释》第十条规定,申请再审人提交下列证据之一的,人民法院可以认定为《民事诉讼法》第一百七十九条第一款第一项规定的"新的证据":(一)原审庭审结束前已客观存在庭审结束后新发现的证据;(二)原审庭审结束前已经发现,但因客观原因无法取得或在规定的期限内不能提供的证据;(三)原审庭审结束后原作出鉴定结论、勘验笔录者重新鉴定、勘验,推翻原结论的证据。当事人在原审中提供的主要证据,原审未予质证、认证,但足以推翻原判决、裁定的,应当视为新的证据。本案中,王某贤提供的还款协议、传真等证据在原审过程中尚不存在,系在原审判决作出之后形

---

① 现行有效《中华人民共和国民事诉讼法》第二百零七条。
② 现行有效《最高人民法院关于适用〈中华人民共和国民事诉讼法〉的解释》第三百八十六条。

成。原审判决作出之后，民事主体协商实施了的新的法律行为，形成了新的权利义务关系，但实施新的法律行为产生的新发生的事实，不能作为证明原审判决认定事实有误的证据。王某贤的主张没有事实和法律依据，依法不予采纳。

021 当事人以新证据申请再审的，能否申请法院调取证据？

裁判要旨

当事人以新证据申请再审的，应当自行收集。人民法院仅审查其提供的新证据是否成立，是否应启动再审，不能主动调取证据。

案情简介[①]

一、2014年，国某公司与华某公司签订《融资租赁合同》，约定由国某公司根据华某公司选定的出卖人购进租赁物出租给华某公司使用。之后，国某公司与安某公司签订《担保合同》，约定安某公司为华某公司在《融资租赁合同》项下对国某公司形成的债务提供连带责任保证担保。

二、2015年，安某公司应国某公司要求代华某公司偿还100万元。

三、因华某公司逾期支付租金，国某公司诉至新疆高院，请求判令华某公司支付租金，安某公司承担连带保证责任。安某公司反诉请求判令国某公司返还100万元。一审法院支持国某公司请求，未支持安某公司的反诉请求。

四、安某公司不服，向最高院上诉，主张华某公司与国某公司恶意串通，其支付100万元系违背其真实意思。最高院驳回其上诉。

五、安某公司向最高院申请再审，称华某公司涉嫌诈骗，公安局通知其领取代支付的100万元，具体案件材料请法院调查取证。最高院认为当事人申请再审提出的新证据应当自行收集，不应请求法院调查取证。

律师评析

本案中，当事人以公安局案件材料为新证据申请再审，并申请法院调查收集

---

① 案件来源：最高人民法院，沙河市安某实业有限公司融资租赁合同纠纷再审民事裁定书【（2019）最高法民申1172号】。

该新证据，法院并未予以支持。

在诉讼过程中，当事人因客观原因不能自行收集的证据可以申请法院调查收集。但在再审审查阶段，法院依据当事人提供的材料、证据对当事人主张的再审事由是否成立进行审查，以决定是否启动再审审理程序。在该阶段，法院不能主动调查收集证据。

实务经验总结

一、在诉讼过程中，若当事人因客观原因无法自行收集证据，如由国家部门保存的、涉及国家秘密、商业机密、个人隐私的证据等，当事人可以申请法院调查收集。

二、当事人以新证据为由申请再审的，应当自行收集证据材料，向法院提交，法院在再审审查阶段不能主动调查收集证据材料。

三、若当事人在原审中向法院申请调查收集证据，法院未调查收集的，在再审中应当列明《中华人民共和国民事诉讼法》第二百零七条第五项为再审申请理由；若当事人在原审中并未向法院申请调查收集证据，却以《中华人民共和国民事诉讼法》第二百零七条第五项为再审申请理由的，法院不予支持。

相关法律规定

《中华人民共和国民事诉讼法》（2021年修正）

第二百零七条　当事人的申请符合下列情形之一的，人民法院应当再审：

（一）有新的证据，足以推翻原判决、裁定的；

……

（五）对审理案件需要的主要证据，当事人因客观原因不能自行收集，书面申请人民法院调查收集，人民法院未调查收集的；

……

《最高人民法院关于适用〈中华人民共和国民事诉讼法〉的解释》（2022年修正）

第三百八十四条　人民法院受理申请再审案件后，应当依照民事诉讼法第二百零七条、第二百零八条、第二百一十一条等规定，对当事人主张的再审事由进行审查。

法院判决

以下为该案在法院审查阶段,裁定书中"本院认为"部分就该问题的论述:

安某公司申请再审期间,向本院提交《调取证据申请书》,申请本院向沙河市公安局调取被申请人葛某智涉嫌犯罪的相关证据。本院认为,再审审查程序中,当事人以新证据事由申请再审的,应当自行收集新证据。人民法院仅依据其提交的新证据进行审查,并作出是否再审的结论。安某公司申请法院依职权调取新证据,本院不予准许。因原一、二审审理期间,安某公司并未书面向法院申请调取证据,现安某公司以《中华人民共和国民事诉讼法》第二百条[①]第五项"对审理案件需要的主要证据,当事人因客观原因不能自行收集,书面申请人民法院调查收集,人民法院未调查收集的"规定申请再审,本院不予支持。

延伸阅读

裁判规则

人民法院在再审审查阶段对当事人主张的再审事由是否成立进行审查,不应代替当事人调查收集证据。当事人在再审申请中未主张原审存在《中华人民共和国民事诉讼法》第二百零七条第五项情形"对审理案件需要的主要证据,当事人因客观原因不能自行收集,书面申请人民法院调查收集,人民法院未调查收集的",人民法院对其调查收集证据的申请,不予准许。

案例1:最高人民法院,唐某友与刘某衡等合同纠纷再审民事裁定书【(2020)最高法民申6205号】

《最高人民法院关于适用〈中华人民共和国民事诉讼法〉的解释》第三百八十六条[②]规定,人民法院受理申请再审案件后,应当依照《中华人民共和国民事诉讼法》第二百条、第二百零一条、第二百零四条等规定,对当事人主张的再审事由进行审查。因此,人民法院在再审审查阶段应对当事人提交的证据材料以及主张的再审事由是否成立进行审查,不应代替当事人调查收集证据。而且,案涉款项是否为借款对证明本案基本事实无意义,无调查收集的必要,故本院对唐某友关于向其开具调查令以便其调取另案卷宗材料的申请,不予准许。

案例2:最高人民法院,珠海珠澳跨境工业区成某威工业有限公司与何某钜房

[①] 现行有效《中华人民共和国民事诉讼法》第二百零七条。
[②] 现行有效《最高人民法院关于适用〈中华人民共和国民事诉讼法〉的解释》第三百八十四条。

屋买卖合同纠纷再审民事裁定书【（2020）最高法民申 4492 号】

成某威公司申请再审期间向本院提交了《调查取证申请书》以及证据材料"北京市中信公证处（2020）京中信内民证字 04773 号公证书"。《最高人民法院关于适用〈中华人民共和国民事诉讼法〉的解释》第三百八十六条规定，人民法院在再审审查阶段应对当事人主张的再审事由是否成立进行审查，不应代替当事人调查收集证据。而成某威公司在其《再审申请书》中亦未以《中华人民共和国民事诉讼法》第二百条①第五项为据提出主张，故本院对成某威公司调查收集证据的申请，不予准许。

022 当事人未参加前序普通审判程序，能否以新的证据为由申请再审？

裁判要旨

当事人回避法院的送达行为，拒不参加案件前序普通审判程序，后又以新的证据申请再审的，为滥用诉讼权利的情形，不具有启动再审的法律依据。

案情简介②

一、李某红与张某平合作开发房地产项目，后双方约定：张某平退出项目，由李某红归还已支付款项，若到期未支付则李某红退出项目，由张某平支付李某红已支付款项。

二、由于张某平实际未退出项目，其承诺向李某红支付项目前期费用及利息 1500 万元，并承诺于 2015 年该项目转出后第一笔转让款到账三日内一次性支付。

三、李某红认为付款条件已达成而张某平未付款，遂起诉至西安中院，请求判令张某平赔偿 1500 万元。西安中院认为李某红未能证明条件已成就，驳回其诉讼请求。李某红上诉至陕西高院，陕西高院支持其诉讼请求。

四、在一、二审期间，法院采取多种送达方式，向张某平多个地址送达案件

---

① 现行有效《中华人民共和国民事诉讼法》第二百零七条。
② 案件来源：最高人民法院，张某平、李某红等合资、合作开发房地产合同纠纷民事再审裁定书【（2021）最高法民申 238 号】。

材料,均被退回,张某平并未参加诉讼。

五、后张某平向最高院申请再审,主张原审剥夺其辩论权利。最高院认为,结合张某平为失信被执行人,认定张某平回避诉讼活动并无不当,不属于违法剥夺当事人辩论权利,其之后再以新证据申请再审为滥用诉讼权利。

律师评析

本案中,张某平拒不参加一、二审审判程序,而以新证据为由申请再审,法院未支持其该项再审理由。

法院认为再审中提交的"新的证据"应当是当事人在一审、二审已经提交过的证据以外的新证据,当事人无法在原审程序中提交的新证据,若不存在旧的证据,又何来新的证据。因此,当事人应当在原审审判程序中提交证据,积极行使诉讼权利,若直接以新的证据申请再审的,则属于滥用诉讼权利,不具有再审利益。

实务经验总结

一、当事人若拒不参加一审、二审程序,直接以新证据申请再审,为滥用诉讼权利行为,在法律意义上法院将不支持启动再审。在这种情况下,若该新证据不足以推翻原判决、裁定,则当事人的再审申请不会得到法院支持。若该新证据足以推翻原判决、裁定,将被法院采纳,但当事人将会受到法院的训诫、罚款。因此,我们建议:若无正当理由,请务必参加诉讼活动,积极行使诉讼权利。

二、要提请当事人注意的是:若法院积极努力保护当事人辩论权利,采取多种方式送达,当事人仍毫无回信,结合当事人为失信被执行人,该种情形将被认定为当事人回避诉讼。

相关法律规定

《中华人民共和国民事诉讼法》(2021年修正)

第二百零七条 当事人的申请符合下列情形之一的,人民法院应当再审:

(一)有新的证据,足以推翻原判决、裁定的;

……

法院判决

以下为该案在法院审查阶段，裁定书中"本院认为"部分就该问题的论述。

（一）关于原审法院是否剥夺张某平辩论权利问题。二审法院已查明，一审法院根据李某红提供的张某平手机号及地址均未能将诉讼文件直接向张某平送达，后以公告方式进行送达并无违法之处。二审法院通过中国裁判文书网找到张某平于另案填写的送达地址、其子电话以及相关人民政府的邮寄地址等途径，分别向张某平送达诉讼文件以及通知案件审理情况后均无回音，结合张某平为陕西省榆林市中级人民法院公布的第十九批失信被执行人，认定张某平一直回避参与本案诉讼，有充分的事实根据，亦不违反法律规定。张某平仅主张李某红在一审时向一审法院提交其虚假个人信息，但并未举证证明该信息确属错误，且该事实是否存在也不影响二审法院为保护张某平参与本案诉讼并行使辩论权利所作多方努力的合法性，故其关于辩论权利被剥夺的主张因无事实根据和法律依据而不能成立。

（二）关于张某平提交新的证据是否可以启动再审程序问题。《中华人民共和国民事诉讼法》第二百零七条关于"当事人的申请符合下列情形之一的，人民法院应当再审：（一）有新的证据，足以推翻原判决、裁定的"规定中所指新的证据，是指相对于再审申请人在一审及二审诉讼中已经提交过的证据而言另行提交的不同的新证据，其隐含的前提是再审申请人应当在一审及二审普通诉讼程序中已经诚实有信用地行使了民事诉讼法律赋予其积极主动提交证据证明自己主张的民事诉讼权利，这实际上也是当事人应当履行的民事诉讼义务。由于张某平一直回避人民法院的送达行为，拒不参加本案前序普通审判程序，于判决发生法律效力后再以新的证据为由申请再审，属于滥用诉讼权利的情形，亦不具有再审利益，并不属于前述法律规定保护当事人应有诉讼权利的范围。另外，从其所提交所谓新的证据中，并未发现可证实与本案有关联的直接且明确的事实，亦未达到足以推翻原审判决的证明标准，故其此项申请理由因无充分的事实根据和法律依据而不能成立。

延伸阅读

裁判规则

当事人未参加前序普通审判程序，再审中提交新证据且未说明逾期提交新证据的理由，法院采纳该证据的，将对当事人依法予以训诫、罚款。

案例：湖北省高级人民法院，捷某保险销售服务有限公司、彭某追索劳动报酬纠纷再审民事裁定书【（2020）鄂民再101号】

捷某公司未出庭参加本案一审、二审诉讼程序，申请再审并没有对其逾期提交新证据说明具有客观原因和合法理由。防止权利滥用，督促、鼓励当事人尽量在一审、二审期间积极充分地行使举证等诉讼权利，是我国现行民事法律的出发点和依归。审判监督程序设置的目的，在于救济权利义务严重失衡、严重背离社会公平正义的错误裁判，在保障当事人合法权益的同时，也要考虑生效裁判的既判力，高昂的司法成本，以及日益紧张、捉襟见肘的诉讼资源。生效裁判作出后，对于当事人因自身主观原因没有在原审提交证据的，应依法予以必要的惩戒，否则将变相纵容乃至鼓励当事人违反诉讼诚信、滥用诉讼权利，导致司法资源的浪费。本案中，捷某公司在一审、二审经法院依法传唤，无正当理由均不到庭参加诉讼，也未提交相关证据，其理应知道不出庭参加诉讼可能带来的不利后果，而放任这种不利后果发生。对此行为，捷某公司应承担相应的责任。《中华人民共和国民事诉讼法》第六十五条①规定："当事人对自己提出的主张应当及时提供证据。人民法院根据当事人的主张和案件审理情况，确定当事人应当提供的证据及其期限。当事人在该期限内提供证据确有困难的，可以向人民法院申请延长期限，人民法院根据当事人的申请适当延长。当事人逾期提供证据的，人民法院应当责令其说明理由；拒不说明理由或者理由不成立的，人民法院根据不同情形可以不予采纳该证据，或者采纳该证据但予以训诫、罚款。"《最高人民法院关于适用〈中华人民共和国民事诉讼法〉的解释》第一百零二条第一款规定："当事人因故意或者重大过失逾期提供的证据，人民法院不予采纳。但该证据与案件基本事实有关的，人民法院应当采纳，并依照民事诉讼法第六十五条、第一百一十五条第一款的规定予以训诫、罚款。"依照前述规定，本案发回重审后，一审法院可对捷某公司的上述行为予以训诫、罚款。

---

① 现行有效《中华人民共和国民事诉讼法》第六十八条。

023 鉴定意见被撤销，当事人可以申请再审吗？

裁判要旨

原审鉴定意见被撤销，但鉴定人并未作出与原鉴定意见相反的新鉴定，撤销原审鉴定的《撤销决定》不属于法律规定的新证据。当事人以此为由申请再审时，人民法院有可能裁定驳回。

案情简介[①]

一、广某公司系世某公司开发工程的承建方。2012年，广某公司向新乡中院提起诉讼，请求判令世某公司支付拖欠的工程款，并提交经世某公司盖章的《证明》，以证明世某公司承认其所欠工程款。

二、世某公司认为《证明》仅加盖公章而没有相关负责人签字，对其真实性持有异议，申请进行鉴定。经鉴定，《证明》上加盖的公章与世某公司公章是同一枚。新乡中院判决支持广某公司的诉讼请求。

三、世某公司不服，向河南高院提起上诉。河南高院认为，《证明》上世某公司的公章是真实的，是否有经办人员签字并不影响《证明》的真实性，故维持原判。

四、世某公司不服，向最高人民法院申请再审，主张原审判决所依据的鉴定证明已被撤销，该撤销决定应为新证据。鉴定人称，世某公司主张本案证明中所盖世某公司印章真实与否应属文书司法鉴定，而非原鉴定中的痕迹司法鉴定。由于鉴定人在作出原鉴定时的执业范围不包括文书司法鉴定，故应撤销原鉴定书。最高人民法院认为，撤销决定不属于法律规定的新证据，驳回世某公司的再审申请。

律师评析

本案争议焦点为：司法鉴定中心出具的撤销决定是否属于再审新证据。

[①] 案件来源：最高人民法院，新乡市世某房地产开发有限公司与河南省广某建设工程有限公司建设工程施工合同纠纷再审民事裁定书【（2015）民申字第2169号】。

《最高人民法院关于适用〈中华人民共和国民事诉讼法〉审判监督程序若干问题的解释》（法释〔2008〕14号）第十条规定，"申请再审人提交下列证据之一的，人民法院可以认定为民事诉讼法第一百七十九条第一款第（一）项规定的'新的证据'：……（三）原审庭审结束后原作出鉴定结论、勘验笔录者重新鉴定、勘验，推翻原结论的证据"。也就是说，根据上述解释，只有原鉴定人作出了相反意见的新鉴定才属于法律规定的新证据，本案法官以此为依据驳回申请人再审请求并无不妥。

需要提示的是，上述司法解释在2020年修订时，已经删除了第十条规定。目前民诉法及相关司法解释对于"新证据"的认定，主要着眼于其实体上是否与案件有关联，是否足以推翻原判决或裁定。本案如果放在目前法律体系下进行裁判，则法官恐怕难以再从否定申请人提交的系"新证据"这一角度直接驳回，而是需要进一步的实体审查，分析鉴定意见被撤销的原因是实体问题还是程序问题，鉴定意见被撤销这一情况是否足以推翻原案判决或裁定。

实务经验总结

原审中所依据的鉴定意见被撤销，并不一定能够成为推翻原裁判的新证据。我们建议：

一、《最高人民法院关于适用〈中华人民共和国民事诉讼法〉审判监督程序若干问题的解释》（法释〔2008〕14号）修订前，鉴定人仅撤销鉴定但并未作出新鉴定的，撤销行为一律不能作为新证据申请再审。修订后被撤销的，是否可以申请再审主要取决于撤销原因是实质方面的错误还是程序性错误，鉴定意见被撤销是否足以推翻原判决或裁定。当事人以出现新证据为由申请再审的，应当从上述角度审查组织证据。

二、再审案件应当慎重选择再审依据。以本案为例，由于原鉴定意见是原裁判中认定事实核心依据，鉴定意见被撤销后，法院据以确定案件事实的证据消失，待证争议事实处于未决状态。此时申请人完全可以选择依据《中华人民共和国民事诉讼法》第二百零七条第二项"原判决、裁定认定的基本事实缺乏证据证明的"规定申请再审。如此一来，无论上述司法解释变更前还是变更后，再审审查法院都很难找到理由回避原审判决存在的程序瑕疵。由于法律依据选择的不慎，造成本案不理想的案件结果，代价不可谓不沉重。

相关法律规定

《中华人民共和国民事诉讼法》（2021 年修正）

第二百零七条 当事人的申请符合下列情形之一的，人民法院应当再审：

（一）有新的证据，足以推翻原判决、裁定的；

（二）原判决、裁定认定的基本事实缺乏证据证明的；

……

法院判决

以下为该案在审理阶段，裁定书中"本院认为"部分就该问题的论述。

本院认为，本案争议焦点为：河南公专司法鉴定中心出具的《撤销决定》是否属于新证据，是否足以推翻原二审判决的相应判项。

关于《撤销决定》是否属于新证据，根据《最高人民法院关于适用〈中华人民共和国民事诉讼法〉审判监督程序若干问题的解释》第十条第一款第三项的规定，原审庭审结束后原作出鉴定结论、勘验笔录者重新鉴定、勘验，推翻原结论的证据，才属于《民事诉讼法》第二百条[①]第一项规定的"新的证据"。河南公专司法鉴定中心出具的《撤销决定》只是表明撤销了原鉴定，而非新的鉴定，不足以推翻原鉴定结论，不能认定为新证据。故此项申诉理由不能成立。

延伸阅读

裁判规则

原审判决主要依据鉴定意见作出，若该鉴定意见被撤销且原鉴定人作出了结论相反的新鉴定，对原审基本事实认定造成实质影响，足以推翻原审判决的，应当发回重审。

案例1：广东省惠州市中级人民法院，潘某强诉刘某华合伙协议纠纷再审民事裁定书【（2017）粤13民再3号】

本案系因合伙协议终止后对合伙期间收益分配争议的纠纷。原一、二审判决的主要依据为惠州市正某会计师事务所作出的惠正鉴字（2008）014号《鉴定报告》，现该事务所撤销了其作出的《鉴定报告》，《撤销决定》实质影响原审的基本事实认定和判决结果，原一、二审判决依据不足，本案应依法发回重审。

[①] 现行有效《中华人民共和国民事诉讼法》第二百零七条。

案例2：辽宁省高级人民法院，刘某诉中国医科大学附属盛某医院医疗损害责任纠纷再审裁定书【（2015）辽审一民抗字第60号】

本案在原审期间，北京法某司法科学证据鉴定中心曾于2009年9月8日出具鉴定意见，即"依据现有送检材料，刘某患急性偏瘫病因尚不清楚，现缺乏足够的医学依据确定患儿刘某急性偏瘫的发生与盛京医院的诊疗行为具有因果关系"；其于2009年11月9日出具《关于鉴定异议的说明函》，即"支原体感染致患儿右侧大脑中动脉起始端闭塞、左侧肢体偏瘫的因果关系尚缺乏医学依据认定"。原审法院据此作出判决。之后，该鉴定中心于2014年7月24日又出具了《关于刘某案件相关问题说明函》，主要意见为"通过现有临床医学研究发表的相关文献可以看出，肺炎支原体感染与大脑血管，尤其是大脑中动脉病变产生的血流中断、脑梗塞病情发生的因果关系，就现有医学研究结果表明存在可能性"。辽宁省人民检察院据此提出抗诉。

鉴于该鉴定中心就诉争问题出具了新的鉴定意见，且与其之前出具的鉴定意见相悖，若采信该证据则有可能导致案件基本事实的认定发生变化。为了进一步查清案件基本事实及保障双方当事人的审级利益，依据《中华人民共和国民事诉讼法》相关规定，综合全案考虑，故将本案发回原一审法院重新审理为宜。重审时应围绕本案争议的焦点问题进行审查，并对北京法某司法科学证据鉴定中心出具的说明函等证据质证后，再行作出判决。

024 逃避送达拒不参加庭审的当事人，即使有新证据，也不能申请再审吗？

裁判要旨

再审申请人回避人民法院的送达行为，拒不参加审判，于判决发生法律效力后再以新的证据为由申请再审，属于滥用诉讼权利的情形，亦不具有再审利益，不得裁定受理再审。

案情简介[1]

一、再审申请人张某平因与被申请人李某红、原审第三人陈某合资、合作开发房地产合同纠纷一案，不服陕西省高级人民法院的民事判决，向最高院申请再审。

二、张某平申请再审称，李某红向一审法院提供其虚假的个人信息致使法院不能有效地送达传票，导致其不能参加庭审，剥夺了其辩论权；现在其有新的证据足以推翻原审判决认定的事实和结果，故申请再审。

三、李某红则认为，张某平为失信被执行人，一直回避参与本案诉讼，一审法院在向其手机号及地址均未能直接送达的情况下，后以公告方式进行送达并不违法；二审法院通过中国裁判文书网找到张某平于另案填写的送达地址、电话等信息，分别向张某平送达诉讼文件以及通知案件审理情况后均无回音，也不违法；其拒不到庭放弃举证，不得据此再申请再审。

四、最高院经审查认为，原审法院为保护张某平参与本案诉讼并行使辩论权利已经做了多方努力，张某平一直回避人民法院的送达行为，拒不参加本案前序普通审判程序，于判决发生法律效力后再以新的证据为由申请再审，属于滥用诉讼权利的情形，最终驳回了其再审申请。

律师评析

能够启动再审的新证据，是指相对于再审申请人在一审及二审诉讼中已经提交过的证据而言另行提交的不同的新证据，其隐含的前提是再审申请人应当在一审及二审普通诉讼程序中已经诚实信用地行使了民事诉讼法律赋予其积极主动提交证据证明自己主张的民事诉讼权利，这实际上也是当事人应当履行的民事诉讼义务。本案中，由于张某平一直回避人民法院的送达行为，拒不参加本案前序普通审判程序，于判决发生法律效力后再以新的证据为由申请再审，属于滥用诉讼权利的情形，亦不具有再审利益，不得再申请再审。

---

[1] 案件来源：最高人民法院，张某平、李某红等合资、合作开发房地产合同纠纷民事申请再审审查民事裁定书【（2021）最高法民申238号】。

实务经验总结

在面对诉讼时，不建议采取拒收诉讼文书、拒不出庭等逃避的态度，因为拒绝接收诉讼文书，法院最终会通过公告的方式进行通知，法律效果是视为送达；拒不出庭，法院会以缺席审判的方式进行审理，这实质上是放弃了自己答辩的权利。更为严重的是，拒不出庭也在实质上放弃了举证的权利，即使此后发现有新的证据足以推翻原审判决，也不能再提起再审。

相关法律规定

《中华人民共和国民事诉讼法》（2021年修正）

第二百零七条 当事人的申请符合下列情形之一的，人民法院应当再审：

（一）有新的证据，足以推翻原判决、裁定的；

（二）原判决、裁定认定的基本事实缺乏证据证明的；

（三）原判决、裁定认定事实的主要证据是伪造的；

（四）原判决、裁定认定事实的主要证据未经质证的；

（五）对审理案件需要的主要证据，当事人因客观原因不能自行收集，书面申请人民法院调查收集，人民法院未调查收集的；

（六）原判决、裁定适用法律确有错误的；

（七）审判组织的组成不合法或者依法应当回避的审判人员没有回避的；

（八）无诉讼行为能力人未经法定代理人代为诉讼或者应当参加诉讼的当事人，因不能归责于本人或者其诉讼代理人的事由，未参加诉讼的；

（九）违反法律规定，剥夺当事人辩论权利的；

（十）未经传票传唤，缺席判决的；

（十一）原判决、裁定遗漏或者超出诉讼请求的；

（十二）据以作出原判决、裁定的法律文书被撤销或者变更的；

（十三）审判人员审理该案件时有贪污受贿，徇私舞弊，枉法裁判行为的。

《最高人民法院关于适用〈中华人民共和国民事诉讼法〉的解释》（2022年修正）

第一百零一条 当事人逾期提供证据的，人民法院应当责令其说明理由，必要时可以要求其提供相应的证据。

当事人因客观原因逾期提供证据,或者对方当事人对逾期提供证据未提出异议的,视为未逾期。

第一百零二条 当事人因故意或者重大过失逾期提供的证据,人民法院不予采纳。但该证据与案件基本事实有关的,人民法院应当采纳,并依照民事诉讼法第六十八条、第一百一十八条第一款的规定予以训诫、罚款。

当事人非因故意或者重大过失逾期提供的证据,人民法院应当采纳,并对当事人予以训诫。

当事人一方要求另一方赔偿因逾期提供证据致使其增加的交通、住宿、就餐、误工、证人出庭作证等必要费用的,人民法院可予支持。

第三百八十五条 再审申请人提供的新的证据,能够证明原判决、裁定认定基本事实或者裁判结果错误的,应当认定为民事诉讼法第二百零七条第一项规定的情形。

对于符合前款规定的证据,人民法院应当责令再审申请人说明其逾期提供该证据的理由;拒不说明理由或者理由不成立的,依照民事诉讼法第六十八条第二款和本解释第一百零二条的规定处理。

第三百八十六条 再审申请人证明其提交的新的证据符合下列情形之一的,可以认定逾期提供证据的理由成立:

(一)在原审庭审结束前已经存在,因客观原因于庭审结束后才发现的;

(二)在原审庭审结束前已经发现,但因客观原因无法取得或者在规定的期限内不能提供的;

(三)在原审庭审结束后形成,无法据此另行提起诉讼的。

再审申请人提交的证据在原审中已经提供,原审人民法院未组织质证且未作为裁判根据的,视为逾期提供证据的理由成立,但原审人民法院依照民事诉讼法第六十八条规定不予采纳的除外。

第三百八十七条 当事人对原判决、裁定认定事实的主要证据在原审中拒绝发表质证意见或者质证中未对证据发表质证意见的,不属于民事诉讼法第二百零七条第四项规定的未经质证的情形。

法院判决

以下为该案在再审审查阶段,裁定书中"本院认为"部分就该问题的论述。

本院经审查认为:(一)关于原审法院是否剥夺张某平辩论权利问题,二审法院已查明，一审法院根据李某红提供的张某平手机号及地址均未能将诉讼文件直接向张某平送达，后以公告方式进行送达并无违法之处。二审法院通过中国裁判文书网找到张某平于另案填写的送达地址、其子电话以及相关人民政府的邮寄地址等途径，分别向张某平送达诉讼文件以及通知案件审理情况后均无回音，结合张某平为陕西省榆林市中级人民法院公布的第十九批失信被执行人，认定张某平一直回避参与本案诉讼，有充分的事实根据，亦不违反法律规定。张某平仅主张李某红在一审时向一审法院提交其虚假个人信息，但并未举证证明该信息确属错误，且该事实是否存在也不影响二审法院为保护张某平参与本案诉讼并行使辩论权利所作多方努力的合法性，故其关于辩论权利被剥夺的主张因无事实根据和法律依据而不能成立。

（二）关于张某平提交新的证据是否可以启动再审程序问题。《中华人民共和国民事诉讼法》第二百零七条第一项关于"当事人的申请符合下列情形之一的，人民法院应当再审：（一）有新的证据，足以推翻原判决、裁定的"规定中所指新的证据，是指相对于再审申请人在一审及二审诉讼中已经提交过的证据而言另行提交的不同的新证据，其隐含的前提是再审申请人应当在一审及二审普通诉讼程序中已经诚实信用地行使了民事诉讼法律赋予其积极主动提交证据证明自己主张的民事诉讼权利，这实际上也是当事人应当履行的民事诉讼义务。由于张某平一直回避人民法院的送达行为，拒不参加本案前序普通审判程序，于判决发生法律效力后再以新的证据为由申请再审，属于滥用诉讼权利的情形，亦不具有再审利益，并不属于前述法律规定保护当事人应有诉讼权利的范围。

另外，从其所提交所谓新的证据中，并未发现可证实与本案有关联的直接且明确的事实，亦未达到足以推翻原审判决的证明标准，故其此项申请理由因无充分的事实根据和法律依据而不能成立。

025 逾期提交的新证据，具备哪三个条件才有效？

裁判要旨

再审申请人逾期提供证据启动再审程序须同时具备三个条件：1. 再审申请人提供的必须是"新证据"；2. 逾期提供"新证据"的理由必须成立；3. "新证据"必须能够证明原判决、裁定认定基本事实或者裁判结果错误，足以推翻原判决、裁定。

案情简介[①]

一、再审申请人建设银行青岛四某支行因与被申请人青岛吉某工程有限公司等金融借款合同纠纷一案，不服山东省高级人民法院民事判决，向最高院申请再审。

二、四某支行申请再审称，其提交的新证据吉某公司的《股东会决议》足以证明其对吉某公司名下的土地享有抵押权，只是因为吉某公司二审中对抵押权问题并未上诉，二审法院也未释明，故在原审中未提交该《股东会决议》。

三、吉某公司认可四某支行提交的新证据《股东会决议》的真实性，但认为该证据未在原审期间提交，不构成新证据，吉某公司不应承担担保责任。

四、最高院经审查认为，新证据《股东会决议》足以证明吉某公司用房地产向四某支行提供抵押担保，经过了股东会决议。新证据《股东会决议》足以推翻原判决认定房地产纳入案涉担保财产范围之内缺乏股东会决议的基本事实，故撤销原审判决，并判决四某支行对房地产享有抵押权。

律师评析

根据《最高人民法院关于适用〈中华人民共和国民事诉讼法〉的解释》第三百八十五条的规定，再审申请人逾期提供的"新的证据"能够证明原判决、裁定认定基本事实或者裁判结果错误的，应当认定为《中华人民共和国民事诉讼法》第二百零七条第一项关于"有新的证据，足以推翻原判决、裁定的"情形，但是，人民法院应当责令再审申请人说明其逾期提供该证据的理由，拒不说明理由或者理由不成立的，依照《中华人民共和国民事诉讼法》第六十八条第二款（人民法院根据不同情形可以不予采纳该证据，或者采纳该证据但予以训诫、罚款）和本解释第一百零二条（当事人因故意或者重大过失逾期提供证据，但该证据与案件基本事实有关的，人民法院仍应当采纳，并依法予以训诫、罚款）的规定处理。

据此，逾期提供的新证据能够证明原判决、裁定认定的基本事实错误或者裁判结果错误，足以推翻原判决、裁定，并且逾期提供证据的理由成立的，人民法

[①] 案件来源：最高人民法院，中国建设银行股份有限公司青岛四某支行、青岛某建设集团有限公司金融借款合同纠纷再审民事判决书【（2020）最高法民再368号】。

院应当再审。本案中，四某支行提供的新证据能够证明原判决认定的基本事实错误且导致裁判结果错误，其逾期提供证据的理由是"吉某公司并未对抵押权是否成立提出异议且二审法院未予以释明"，而不是其因故意或重大过失而逾期提供证据，因此该逾期提交的证据可作为新证据使用。

实务经验总结

"逾期提交的证据"不同于"新的证据"。"新的证据"一般属于逾期提交的证据，但是还包括原审结束后新形成的证据，在当事人不能依据该证据重新提起诉讼时，仍可将该证据作为启动再审的新证据。另外，"逾期提交的证据"，除了原审时因"客观因素"未发现或未能取得的"新的证据"之外，还有因故意或重大过失等"主观因素"导致未按时提交的证据。对于因客观因素而逾期提交的证据可以在再审中使用，而因"主观因素"而逾期提交的证据则不得在再审中使用。

相关法律规定

《中华人民共和国民事诉讼法》（2021年修正）

第二百零七条 当事人的申请符合下列情形之一的，人民法院应当再审：

（一）有新的证据，足以推翻原判决、裁定的；

……

《最高人民法院关于适用〈中华人民共和国民事诉讼法〉的解释》（2022年修正）

第一百零一条 当事人逾期提供证据的，人民法院应当责令其说明理由，必要时可以要求其提供相应的证据。

当事人因客观原因逾期提供证据，或者对方当事人对逾期提供证据未提出异议的，视为未逾期。

第三百八十五条 再审申请人提供的新的证据，能够证明原判决、裁定认定基本事实或者裁判结果错误的，应当认定为民事诉讼法第二百零七条第一项规定的情形。

对于符合前款规定的证据，人民法院应当责令再审申请人说明其逾期提供该证据的理由；拒不说明理由或者理由不成立的，依照民事诉讼法第六十八条第二款和本解释第一百零二条的规定处理。

第三百八十六条 再审申请人证明其提交的新的证据符合下列情形之一的，可以认定逾期提供证据的理由成立：

（一）在原审庭审结束前已经存在，因客观原因于庭审结束后才发现的；

（二）在原审庭审结束前已经发现，但因客观原因无法取得或者在规定的期限内不能提供的；

（三）在原审庭审结束后形成，无法据此另行提起诉讼的。

再审申请人提交的证据在原审中已经提供，原审人民法院未组织质证且未作为裁判根据的，视为逾期提供证据的理由成立，但原审人民法院依照民事诉讼法第六十八条规定不予采纳的除外。

第三百八十七条 当事人对原判决、裁定认定事实的主要证据在原审中拒绝发表质证意见或者质证中未对证据发表质证意见的，不属于民事诉讼法第二百零七条第四项规定的未经质证的情形。

法院判决

以下为该案在再审审查阶段，裁定书中"本院认为"部分就该问题的论述。

本院再审认为，本案的争议焦点为四某支行对7461号他项权利证书项下的房地产是否享有优先受偿权。

本院认为，根据本院再审查明的事实，吉某公司于2018年1月31日作出的《股东会决议》，载明该公司就613号证书项下房地产抵押给四某支行召开了股东会形成决议，并同意与四某支行签订《最高额抵押合同》。该股东会决议经吉某公司多数股东同意，吉某公司对该股东会决议并无异议。以上事实足以证明吉某公司用613号证书项下房地产向四某支行提供抵押担保，经过了股东会决议。新证据《股东会决议》足以推翻原判决认定的613号证书项下房地产纳入案涉担保财产范围之内缺乏股东会决议的基本事实。7461号他项权利证书是613号证书项下房地产抵押登记的证明，四某支行对7461号他项权利证书项下的房地产享有优先受偿权。原判决认定四某支行对该房地产的抵押权不成立错误，应当依法予以纠正。吉某公司抗辩主张，前述《股东会决议》并非新证据，故其不应承担担保责任。本院认为，根据本院《关于适用〈中华人民共和国民事诉讼法〉的解释》第三百八十七条第一款规定，再审申请人提供的新的证据，能够证明原判决、裁定认定基本事实或者裁判结果错误的，应当认定为《中华人民共和国民事诉讼法》第二百条第一项规定的情形，四某支行提供的新证据能够证明原判决认定的基本事实错误且导致裁判结果错误，其逾期提供证据的理由成立，故应当认定为新证据，吉某公司该抗辩不成立。综上所述，四某支行的再审请求成立。

026 二审判决后新找的证人证言可否作为新证据？

裁判要旨

再审申请人在二审判决作出后提交的证人证言，若其不能提交证据证明该证人在原审中存在无法作证的客观原因，不属于申请再审新的证据。

案情简介[①]

一、再审申请人刘某因与被申请人栖霞某有限公司劳动争议一案，不服烟台中院的二审判决，向山东高院申请再审。

二、刘某称，其提交的工友修某雷在二审后为其出具的证人证言能够证明其在上班期间，公司双休日要求装卸工都上班，而没有安排休息，故公司应当支付加班工资；据此，原审法院认定公司已经安排刘某休息的事实足以被该证人证言推翻。

三、公司则辩称刘某提交的证人证言不真实，即使真实，刘某也应当在原审中提交，而不是在二审判决生效后再找张某出具证人证言；该证人证言不能作为新证据，否则所有的生效判决都可以找个证人证言来推翻。

四、最高院经审查认为，刘某提交的证人证言虽然属于新的证据，但是其并未提交该证人在原审中因客观原因不能作证的证据，因此驳回了刘某的再审申请。

律师评析

根据《最高人民法院关于适用〈中华人民共和国民事诉讼法〉的解释》第三百八十五条的规定，再审申请人逾期提交的新证据，可以作为申请再审的新证据，但是应当说明逾期提供的理由，只有理由成立的才能作为新证据使用。根据

[①] 案件来源：山东省高级人民法院，再审申请人刘某因与被申请人栖霞某有限公司劳动争议一案民事裁定书【（2021）鲁民申 10884 号】。

《最高人民法院关于适用〈中华人民共和国民事诉讼法〉的解释》第三百八十六条第一款的规定，逾期提供的证据成立的理由主要有三种：（一）在原审庭审结束前已经存在，因客观原因于庭审结束后才发现的；（二）在原审庭审结束前已经发现，但因客观原因无法取得或者在规定的期限内不能提供的；（三）在原审庭审结束后形成，无法据此另行提起诉讼的。

根据上述规定，逾期提交的证据只有因为客观原因而不能提交，才能够在再审中再提交，若是因主观故意或重大过失而在原审中未提交，在再审中也不能再提交。本案中，刘某提交的工友张某的证人证言于二审判决作出后出具，其未提交证据证明在原审中张某存在客观原因无法作证，因而亦不符合《最高人民法院关于适用〈中华人民共和国民事诉讼法〉的解释》第三百八十八条的法定情形，不属于申请再审新的证据。

实务经验总结

当事人在提交证人证言此类主观性证据时一定要及时，最好在一审时提交，不要拖到二审，更不能拖到再审。若拖到再审再提交证人证言，除非存在在原审时因客观原因不能提交的证据，否则不会被再审法官所采信。

当然本案对已过六个月再审期限的人提供了一个新思路，也即在存在除新证据足以推翻原审判决的其他再审事由时，即使过了六个月的再审期间，也可以找一个证人出具证言，且该证人证言是在过了六个月的再审期间后才发现的，也可以继续申请再审，进而解决超过再审期间的问题。

相关法律规定

《中华人民共和国民事诉讼法》（2021年修正）

第二百零七条 当事人的申请符合下列情形之一的，人民法院应当再审：

（一）有新的证据，足以推翻原判决、裁定的；

……

《最高人民法院关于适用〈中华人民共和国民事诉讼法〉的解释》（2022年修正）

第一百零一条 当事人逾期提供证据的，人民法院应当责令其说明理由，必要时可以要求其提供相应的证据。

当事人因客观原因逾期提供证据,或者对方当事人对逾期提供证据未提出异议的,视为未逾期。

第三百八十五条 再审申请人提供的新的证据,能够证明原判决、裁定认定基本事实或者裁判结果错误的,应当认定为民事诉讼法第二百零七条第一项规定的情形。

对于符合前款规定的证据,人民法院应当责令再审申请人说明其逾期提供该证据的理由;拒不说明理由或者理由不成立的,依照民事诉讼法第六十八条第二款和本解释第一百零二条的规定处理。

第三百八十六条 再审申请人证明其提交的新的证据符合下列情形之一的,可以认定逾期提供证据的理由成立:

(一)在原审庭审结束前已经存在,因客观原因于庭审结束后才发现的;

(二)在原审庭审结束前已经发现,但因客观原因无法取得或者在规定的期限内不能提供的;

(三)在原审庭审结束后形成,无法据此另行提起诉讼的。

再审申请人提交的证据在原审中已经提供,原审人民法院未组织质证且未作为裁判根据的,视为逾期提供证据的理由成立,但原审人民法院依照民事诉讼法第六十八条规定不予采纳的除外。

法院判决

以下为该案在再审审查阶段,裁定书中"本院认为"部分就该问题的论述。

本院经审查认为,《最高人民法院关于适用〈中华人民共和国民事诉讼法〉的解释》第三百八十七条①规定:"再审申请人提供的新的证据,能够证明原判决、裁定认定基本事实或者裁判结果错误的,应当认定为民事诉讼法第二百条第一项规定的情形。对于符合前款规定的证据,人民法院应当责令再审申请人说明其逾期提供该证据的理由;拒不说明理由或者理由不成立的,依照民事诉讼法第六十五条第二款和本解释第一百零二条的规定处理。"第三百八十八条②规定:"再审申请人证明其提交的新的证据符合下列情形之一的,可以认定逾期提供证据的理由成立:(一)在原审庭审结束前已经存在,因客观原因于庭审结束后才发现的;(二)在原审庭审结束前已经发现,但因客观原因无法取得或者在规定

---

① 现行《最高人民法院关于适用〈中华人民共和国民事诉讼法〉的解释》第三百八十五条。
② 现行《最高人民法院关于适用〈中华人民共和国民事诉讼法〉的解释》第三百八十六条。

的期限内不能提供的；（三）在原审庭审结束后形成，无法据此另行提起诉讼的。再审申请人提交的证据在原审中已经提供，原审人民法院未组织质证且未作为裁判根据的，视为逾期提供证据的理由成立，但原审人民法院依照民事诉讼法第六十五条规定不予采纳的除外。"

本案中，申请人提出了有新的证据足以推翻原判决的主张，但仅做了被申请人在仲裁庭审答辩已经按国家规定足额发放加班工资的陈述及提交了证人修某雷于2021年7月31日出具的证人证言。首先，申请人关于被申请人自认的陈述，在原审中已经提出，未被原判决采信，不符合上述法定情形，不属于申请再审新的证据。其次，申请人提交的修某雷的证人证言于二审判决作出后出具，其未提交证据证明在原审中修某雷存在客观原因无法作证，因而亦不符合上述法定情形，不属于申请再审新的证据。

延伸阅读

裁判规则一

再审审查程序中，当事人以新证据事由申请再审的，应当自行收集新证据。人民法院仅依据其提交的新证据进行审查，并作出是否再审的结论。

案例1：最高人民法院，再审申请人沙河市安某实业有限公司因与被申请人长城国某金融租赁有限公司、河北华某钢板有限公司、葛某智、李某智融资租赁合同纠纷一案民事裁定书【（2019）最高法民申1172号】

本院经审查认为，安某公司新提交的证据以及申请调取新证据，是否属于再审新证据。安某公司申请再审期间，向本院提交《调取证据申请书》，申请本院向沙河市公安局调取被申请人葛某智涉嫌犯罪的相关证据。本院认为，再审审查程序中，当事人以新证据事由申请再审的，应当自行收集新证据。人民法院仅依据其提交的新证据进行审查，并作出是否再审的结论。安某公司申请法院依职权调取新证据，本院不予准许。因原一、二审审理期间，安某公司并未书面向法院申请调取证据，现安某公司以《中华人民共和国民事诉讼法》第二百条①第五项"对审理案件需要的主要证据，当事人因客观原因不能自行收集，书面申请人民法院调查收集，人民法院未调查收集的"规定申请再审，本院不予支持。

裁判规则二

虽然在原审庭审结束后形成，但无法据此另行提起诉讼的新证据，可以认定

---

① 现行有效《中华人民共和国民事诉讼法》第二百零七条。

为可提起再审的新的证据。

案例2：最高人民法院，再审申请人郑州市中原区人民政府（以下简称中原区政府）因与被申请人宋某春行政协议一案行政裁定书【（2020）最高法行申15143号】

依照《最高人民法院关于适用〈中华人民共和国行政诉讼法〉的解释》第一百一十条规定："当事人向上一级人民法院申请再审，应当在判决、裁定或者调解书发生法律效力后六个月内提出。有下列情形之一的，自知道或者应当知道之日起六个月内提出：（一）有新的证据，足以推翻原判决、裁定的……"中原区政府在再审申请时提交了郑州市中原区柿某安置房建设单位碧某园项目部提交的建设计划及2020年8月17日现场进度照片、2020年12月21日柿某安置房现场进度及照片、2019年8月12日郑州名某置业有限公司向郑州市中原区建设局提交的《关于柿某（宋庄）城中村改造项目A-04-02地块申请质量和安全监督提前介入的报告》等。根据《中华人民共和国行政诉讼法》没有规定的，可以参照《中华人民共和国民事诉讼法》规定的一般原则，依照《最高人民法院关于适用〈中华人民共和国民事诉讼法〉的解释》第三百八十七条、第三百八十八条第三项的规定，上述证据属于在原审庭审结束后形成，无法据此另行提起诉讼的新证据，可以认定为符合《最高人民法院关于适用〈中华人民共和国行政诉讼法〉的解释》第一百一十条规定的新的证据，中原区政府依照新的证据申请再审符合法律规定。

第二节　原判决、裁定认定的基本事实缺乏证据证明的

027　鉴定人未出庭，当事人可以以此为由申请再审吗？

裁判要旨

当事人对鉴定意见提出的异议是否成立直接影响案件基本事实认定，只有查清该内容才能认定案件事实的，法院应当通知鉴定人出庭作证。鉴定人未出庭作证即采信该鉴定意见并据此认定案件事实的，违反法律规定。当事人以此为由申

请再审的，法院予以支持。

案情简介[①]

一、2016年，龙某公司与汇某公司签订《防水工程施工合同》，约定汇某公司为中某公司实施地下车库防水施工。之后因车库存在渗漏问题，龙某公司将汇某公司起诉至芝罘法院。

二、一审中，依据龙某公司的申请，法院委托鉴定机构对渗漏原因及各方责任进行鉴定。汇某公司提出对鉴定意见的异议，但法院并未要求鉴定机构进行回复。根据鉴定结论，法院判决汇某公司对龙某公司进行一定的赔偿。

三、汇某公司不服，向烟台中院上诉，认为一审法院不准许鉴定人回复程序违法。烟台中院认为该理由不能否定鉴定意见，驳回其上诉。

四、汇某公司不服，向山东高院申请再审，认为其多次提出异议，但鉴定人均未出庭，原审法院依据该鉴定意见作出判决违反法律规定。

五、山东高院认为，汇某公司对鉴定意见的异议集中在渗漏的原因、是否需要承担责任等问题上，均为案件基本认定事实，鉴定人未出庭作证违反法律规定。

律师评析

本案中，当事人以鉴定人未出庭向山东高院申请再审，山东高院支持其主张。

在检索案例的基础上，我们发现，实践中法院对当事人以鉴定人未出庭作为理由申请再审的案件支持率并不高。虽然法律中规定，当事人对鉴定意见提出异议，鉴定人应当出庭，但实践中法院对当事人申请鉴定人出庭的要求非常严格，往往会驳回当事人的再审请求。

在程序方面，当事人应当在法院指定期限内对鉴定意见书面提出异议，鉴定人应当回复解释。对鉴定人回复仍有异议的可以申请鉴定人出庭，之后须预交鉴定人出庭费用。需要注意的是，当事人以鉴定人未出庭为由申请再审的，对以上行为的发生承担证明责任。

在异议内容方面，法院要求该异议应为具体的、必要的、与专业性问题相关

[①] 案件来源：山东省高级人民法院，山东汇某建材集团工程有限公司、烟台龙某房地产开发有限公司等建设工程施工合同纠纷再审民事裁定书【（2021）鲁民申7191号】。

的，以及鉴定人未回复过的。但异议成立与否，决定权还是在法院。

另外，根据法律规定，经法院通知，鉴定人拒不出庭的，鉴定意见不得作为认定案件事实的依据。实践中，法院认为，若法院不认可当事人的异议及申请，未通知鉴定人出庭，则该鉴定意见可以被采纳。

在是否可以书面回复方面，2002年施行的《最高人民法院关于民事诉讼证据的若干规定》规定：鉴定人确因特殊原因无法出庭的，经人民法院准许，可以书面答复当事人的质询。因此，若该案件应当适用之前的法律，则鉴定人因特殊原因未出庭，进行书面回复的，当事人申请再审不会得到法院支持。在2019年修正的《最高人民法院关于民事诉讼证据的若干规定》中删去了该条规定，然而实践中适用该新施行的法律的案件审理中，仍有法院认为鉴定人已进行书面回复，当事人未出庭并无不当。

综上，以鉴定人未出庭为由申请再审，实践中较难获得法院支持。

实务经验总结

为防止鉴定人未出庭作证，鉴定意见最终不利于己方，我们建议当事人在收到鉴定意见后，应在法院指定期限内以书面形式向法院提出异议，且该异议应为具体的、有关鉴定意见中专业性问题的。在鉴定机构针对异议作出书面回复后，当事人若仍有异议，最好向法院提出与之前不同的异议，并申请鉴定人出庭，且谨记预交鉴定人出庭费用。

在此基础上，在鉴定意见影响到案件基本事实的认定且鉴定人对异议并未作出书面回复的情况下，当事人以鉴定人未出庭为由申请再审得到法院支持的可能性较高。

相关法律规定

《中华人民共和国民事诉讼法》（2021年修正）

第八十一条　当事人对鉴定意见有异议或者人民法院认为鉴定人有必要出庭的，鉴定人应当出庭作证。经人民法院通知，鉴定人拒不出庭作证的，鉴定意见不得作为认定事实的根据；支付鉴定费用的当事人可以要求返还鉴定费用。

第二百零七条　当事人的申请符合下列情形之一的，人民法院应当再审：

……

(二) 原判决、裁定认定的基本事实缺乏证据证明的；

……

(九) 违反法律规定，剥夺当事人辩论权利的；

……

《最高人民法院关于民事诉讼证据的若干规定》（2019年修正）

第三十七条 人民法院收到鉴定书后，应当及时将副本送交当事人。

当事人对鉴定书的内容有异议的，应当在人民法院指定期间内以书面方式提出。

对于当事人的异议，人民法院应当要求鉴定人作出解释、说明或者补充。人民法院认为有必要的，可以要求鉴定人对当事人未提出异议的内容进行解释、说明或者补充。

第三十八条 当事人在收到鉴定人的书面答复后仍有异议的，人民法院应当根据《诉讼费用交纳办法》第十一条的规定，通知有异议的当事人预交鉴定人出庭费用，并通知鉴定人出庭。有异议的当事人不预交鉴定人出庭费用的，视为放弃异议。

双方当事人对鉴定意见均有异议的，分摊预交鉴定人出庭费用。

《最高人民法院关于民事诉讼证据的若干规定》（2002年施行）

第五十九条 鉴定人应当出庭接受当事人质询。

鉴定人确因特殊原因无法出庭的，经人民法院准许，可以书面答复当事人的质询。

＊该条在最新的法规中已被删除。

法院判决

以下为该案在审查阶段，裁定书中"本院认为"部分就该问题的论述。

本院经审查认为，《中华人民共和国民事诉讼法》第七十八条[①]规定："当事人对鉴定意见有异议或者人民法院认为鉴定人有必要出庭的，鉴定人应当出庭作证。经人民法院通知，鉴定人拒不出庭作证的，鉴定意见不得作为认定事实的根据；支付鉴定费用的当事人可以要求返还鉴定费用。"《最高人民法院关于民事诉讼证据的若干规定》第三十七条第三款规定："对于当事人的异议，人民法院应当要求鉴定人作出解释、说明或者补充……"经查阅卷宗，汇某公司一审、二

[①] 现行有效《中华人民共和国民事诉讼法》第八十一条。

审中均对山东省某设计研究院有限公司出具的《烟台国际金融中心 B 区地下车库渗漏原因及相关责任鉴定报告》提出了异议，且这些异议均集中在涉案地下车库渗漏的原因、该原因是否由汇某公司造成、汇某公司是否应对渗漏承担责任等直接影响案件基本事实认定的内容，只有查清该部分内容方能查明案件基本事实。因此，原审法院应当通知鉴定人出庭作证，但一审、二审法院均未通知鉴定人出庭作出解释、说明或补充，即采信该鉴定意见书作为认定案件基本事实的依据，违反了前述法律规定，对此应予纠正。

延伸阅读

裁判规则一

根据法律规定，当事人对鉴定意见提出异议，则鉴定人应当出庭。但该异议应当是具体的、与鉴定结论的专业性问题相关的、之前未回复过的、鉴定人确有必要出庭的问题，且异议是否成立、是否通知鉴定人出庭，最终由法院决定。

案例 1：最高人民法院，郑州建某石油科技有限公司、河南唐某实业发展有限公司建设工程施工合同纠纷再审民事裁定书【（2019）最高法民申 1848 号】

关于二审判决以涉案鉴定意见作为认定工程价款的依据是否存在主要证据未经质证的情形。从一审中委托鉴定的过程看，建某公司一直未提供相关施工图纸，后唐某公司向鉴定机构提供了相关施工图纸，鉴定机构结合施工图纸、《钢结构工程施工合同》，通过实地勘验现场，与各方不断沟通与协调，得出了涉案鉴定结果。在一审中，双方在质证环节及庭审中对于《钢结构工程施工合同》及鉴定意见本身均进行了质证。建某公司并未对相关施工图纸提出异议，而是提出了鉴定意见依据的《钢结构工程施工合同》未实际履行，以及鉴定价格高于唐某公司承揽工程时提交的预算金额等意见，并没有具体提出涉及鉴定结论的专业性问题需要鉴定人出庭予以说明，因此虽然鉴定人未出庭作证，但对建某公司的诉讼权利和实体权利并未造成实质性影响。二审中建某公司就该图纸未经质证提出异议，二审法院也组织双方当事人对该证据进行了质证，亦对建某公司的诉讼权利予以了保障。因此，建某公司主张二审判决认定事实的主要证据未经质证的再审理由不能成立。

案例 2：最高人民法院，濮阳市远某建筑安装有限公司、中国移动通信集团河南有限公司濮阳分公司建设工程施工合同纠纷再审民事裁定书【（2019）最高法民申 1868 号】

远某公司主张科某公司鉴定程序违法的问题，一审法院在鉴定过程中组织双方进行了证据交换和质证，远某公司与中国移动濮阳分公司对科某公司出具的鉴定意见书征求意见稿分别提出了意见，科某公司在最终鉴定意见中针对双方的意见予以说明。在科某公司已对远某公司关于科某公司资质以及鉴定意见的异议作出了书面答复后，远某公司仍以鉴定人不具有鉴定资质，现场勘验流于形式，缺乏专业水准为由申请鉴定人出庭，鉴于远某公司的异议内容科某公司已经在开庭前予以回复，故一审法院对远某公司申请鉴定人员出庭的申请不予准许并无不当。

案例3：上海市高级人民法院，钱某德、陈某芳与中国人民解放军第二军医大学第二附属医院医疗损害责任纠纷再审民事裁定书【（2020）沪民申1102号】

关于钱某德、陈某芳所述鉴定人未出庭异议。首先，钱某德、陈某芳申请鉴定人出庭的理由并非鉴定人出庭的必要情形。其次，经核实原审经过，一审法院就钱某德、陈某芳对鉴定结论提出的异议向上海市浦东新区医学会（以下简称浦东医学会）进行了函询，浦东医学会亦回函答复。

案例4：福建省高级人民法院，魏某飞、包某树侵权责任纠纷再审民事裁定书【（2017）闽民申1575号】

魏某飞还主张根据《中华人民共和国民事诉讼法》第七十八条的规定，在其对鉴定意见有异议的情况下，鉴定人未出庭作证，故鉴定意见不得采信。本院分析认为，该条规定针对的是如果当事人对鉴定意见有异议的情况下，鉴定人有出庭作证的义务。如果拒不出庭作证，鉴定意见不得采用。而如上分析，魏某飞对该鉴定结论并无具体异议意见，也未申请鉴定人出庭作证，故该条规定并不适用本案情形。

案例5：浙江省高级人民法院，温州市大某房地产开发有限公司诉浙江廊某园林有限公司建设工程施工合同纠纷再审民事裁定书【（2015）浙民申字第1835号】

至于大某房开公司提出的鉴定人未出庭问题，因大某房开公司提出的异议理由明显不能成立，法院有权决定鉴定人不出庭。

裁判规则二

若须鉴定人出庭，需满足以下条件：当事人对鉴定意见提出异议、申请鉴定人出庭、预交鉴定人出庭费用。若当事人曾明确拒绝申请鉴定人出庭，或在法院询问中不选择申请鉴定人出庭，则之后的诉讼程序中不得再申请鉴定人出庭。当事人须举证证明其具备以上三项条件。

案例6：山西省高级人民法院，崔某社、晋城市医学会侵权责任纠纷再审民事裁定书【（2021）晋民申2610号】

全国人民代表大会常务委员会通过的《关于司法鉴定管理问题的决定》第十一条规定："在诉讼中，当事人对鉴定意见有异议的，经人民法院依法通知，鉴定人应当出庭作证。"《最高人民法院关于民事诉讼证据的若干规定》第三十七条第二款、第三款规定："当事人对鉴定书的内容有异议的，应当在人民法院指定期间内以书面方式提出。对于当事人的异议，人民法院应当要求鉴定人作出解释、说明或者补充……"第三十八条第一款规定："当事人在收到鉴定人的书面答复后仍有异议的，人民法院应当根据《诉讼费用交纳办法》第十一条的规定，通知有异议的当事人预交鉴定人出庭费用，并通知鉴定人出庭。有异议的当事人不预交鉴定人出庭费用的，视为放弃异议。"上述规定表明，当事人如对鉴定意见有异议，应首先提出书面意见，在鉴定人书面答复后仍有异议的，人民法院在有异议的当事人预交鉴定人出庭费用后，通知鉴定人出庭。本案中，崔某社如对鉴定意见有异议，应首先提出书面意见，在鉴定人书面答复后仍有异议的，人民法院在崔某社预交鉴定人出庭费用后，通知鉴定人出庭，而崔某社并未提出证据证明其具备了前述条件，因此，鉴定人未出庭并无不当。

案例7：山西省高级人民法院，华某广泰建工集团有限公司与屯留县吉某精细化工有限公司建设工程施工合同纠纷再审民事判决书【（2020）晋民再51号】

关于鉴定人员出庭的问题，华某公司称一审中口头申请鉴定人员出庭，经查阅卷宗，华某公司仅对鉴定结论提出异议，并没有申请鉴定人员出庭。

案例8：广东省高级人民法院，冯某弟诉广州市南沙区第一人民医院医疗损害责任纠纷再审民事裁定书【（2017）粤民申6059号】

对于是否需要申请鉴定人出庭及出庭费用的负担问题，一审法院在审理过程中已明确告知双方当事人，冯某弟选择提出书面异议且鉴定机构已作出书面答复。冯某弟在法庭辩论后又提出申请鉴定人出庭，一审法院未予通知鉴定人出庭在程序上并无不当。

案例9：黑龙江省高级人民法院，肇东市电业局与梁某恒、王某财产损害赔偿纠纷再审民事裁定书【（2016）黑民申2046号】

关于鉴定人未出庭作证，鉴定结论不能作为定案依据问题。虽然肇东市电业局要求绥化市价格认证中心鉴定人出庭接受质询，但因申请人在一审法院庭审时并未对该鉴定结论的具体内容提出异议仅要求鉴定人员出庭接受询问。故，在当事人没有足以反驳的相反证据和理由的情况下,人民法院对依法委托鉴定部门作出的鉴定结论可以认定其证据效力。因此申请人的此项申请再审理由亦不能成立。

案例 10:江苏省高级人民法院,王某慧诉无锡市妇幼保健院医疗损害责任纠纷再审民事判决书【(2016)苏民再 386 号】

关于鉴定人出庭作证问题,本院再审认为,《中华人民共和国民事诉讼法》第七十八条规定,当事人对鉴定意见有异议或者人民法院认为鉴定人有必要出庭的,鉴定人应当出庭作证。经人民法院通知,鉴定人拒不出庭作证的,鉴定意见不得作为认定事实的根据。本案一审中,王某慧对无锡市医学会的鉴定意见提出异议,一审法院已函询无锡市医学会,并询问王某慧是否申请鉴定人出庭接受质询,王某慧的委托诉讼代理人王某鸣明确表示待法庭辩论后再作决定。一审庭审法庭辩论终结前,一审法院再次询问王某慧是否申请无锡市医学会鉴定专家出庭作证,王某慧当庭表示不申请。故本案不存在经人民法院通知,无锡市医学会拒不出庭作证的情形。

案例 11:重庆市高级人民法院,龚某强与田某排除妨害纠纷再审民事裁定书【(2020)渝民申 2625 号】

关于鉴定意见,根据《中华人民共和国民事诉讼法》第六十三条、第七十八规定,鉴定意见是重要的民事诉讼证据,人民法院经过庭审质证、认证后可以结合其他证据使用。该案一审阶段,双方同意由人民法院委托专业机构鉴定并由败诉方承担鉴定费用。龚某强对鉴定意见提出异议并申请鉴定人出庭作证,但又未依法预付出庭费用致鉴定人未出庭。故鉴定人未出庭作证不构成本案程序错误,龚某强质疑鉴定程序的合法性缺乏正当理由和法律依据。原一审法院结合案件事实并综合其他证据依法对鉴定意见予以采信并无不当。

裁判规则三

根据法律规定,经法院通知鉴定人员拒不出庭作证的,鉴定意见不得作为认定案件事实的依据。那么,若法院并未通知鉴定人员出庭,鉴定人员未出庭则不影响该鉴定意见作为认定案件事实的依据。

案例 12:浙江省高级人民法院,浙江常山明某食品有限公司诉浙江顺某彩印有限公司定作合同纠纷再审民事裁定书【(2017)浙民申 967 号】

《中华人民共和国民事诉讼法》第七十八条规定:"当事人对鉴定意见有异议或者人民法院认为鉴定人有必要出庭的,鉴定人应当出庭作证。经人民法院通知，鉴定人拒不出庭作证的，鉴定意见不得作为认定事实的根据；支付鉴定费用的当事人可以要求返还鉴定费用。"名某公司在诉讼中对鉴定机构出具的审计报告提出书面异议，并要求鉴定人员出庭接受当事人的质询。鉴定机构未派员参加庭审接受当事人的质询是事实，而《中华人民共和国民事诉讼法》第七十八条规定，"经人民法院通知，鉴定人拒不出庭作证的，鉴定意见不得作为认定事实的根据"，但一审法院未通知鉴定人员出庭，鉴定人员不出庭的，法律未规定鉴定意见不得作为认定事实的依据。因此，鉴定人未出庭接受当事人的质询，并不当然导致鉴定意见不能作为认定事实的依据。

案例13：广东省高级人民法院，佛山市三水三某集团有限公司诉佛山市三水恒某房地产发展有限公司建设工程施工合同纠纷再审民事裁定书【（2017）粤民申3607号】

关于一审法院未通知鉴定人出庭是否导致2015年7月30日评估报告不能作为认定事实依据的问题。根据民事诉讼法的规定，当事人对鉴定意见有异议或者人民法院认为鉴定人有必要出庭的，鉴定人负有出庭作证的义务。在法院已通知鉴定人出庭作证而鉴定人拒不到庭的情况下，鉴定意见不得作为认定事实的依据。2015年7月30日的鉴定报告作出后，经过多轮质证，广州建某工程咨询有限公司也对相关问题逐一回复，且并不存在经法院通知拒不到庭的情况，不影响该份评估报告作为本案认定事实的根据。三某公司申请再审的理由不成立，本院不予采纳。

裁判规则四

《最高人民法院关于民事诉讼证据的若干规定》（2001年）规定：鉴定人确因特殊原因无法出庭的，经人民法院准许，可以书面答复当事人的质询。因此，若案件适用该法律，则鉴定人可以不出庭。

案例14：最高人民法院，汕头市茂某房地产开发管理有限公司与汕头市金平区东方街道龙某经济联合社土地转让合同纠纷再审民事裁定书【（2021）最高法民申64号】

根据本案一审期间施行的《最高人民法院关于民事诉讼证据的若干规定》（法释〔2001〕33号）第五十九条第二款的规定，鉴定人确因特殊原因无法出庭的，经人民法院准许，可以书面答复当事人的质询。本案一审期间，南某评估公司作出《土地评估书》后，一审法院于2016年10月12日召集双方当事人质证，并告知因鉴定人员在外地不方便出庭，故收集双方意见再发函给鉴定机构，之后再组织双方进行质证，经征询双方当事人意见，双方当事人均表示无异议。一审法院召集双方当事人进行质证后，南某评估公司针对茂某公司提出的意见也进行了书面答复。因此，鉴定人未出庭不影响鉴定结论的采纳。二审法院以《估价报告书》作为认定事实的依据，并无不当。茂某公司关于《估价报告书》不能作为认定事实依据的申请理由，不能成立。

裁判规则五

鉴定人已就当事人提出的异议作出书面解释，则当事人的诉讼权利未受损害。当事人以鉴定人未出庭为由申请再审的，不予支持。

案例15：最高人民法院，宜城市银某置业有限公司、长某建设集团有限公司等建设工程施工合同纠纷再审民事裁定书【（2021）最高法民申6122号】

银某公司主张鉴定程序违法的理由不能成立。备案的《湖北省建设工程施工合同》无效，且不是双方实际履行的合同，不能作为工程款结算依据，一审法院启动鉴定程序以查明案涉工程价款数额，并无不当。经查，银某公司全程参与了鉴定过程，并对鉴定意见进行了质证；针对银某公司一审中对鉴定意见提出的异议，鉴定机构湖北东方宏某工程咨询有限公司已经以书面形式逐一作出解释说明。银某公司的诉讼权利并未受到损害，其以鉴定人未出庭为由主张原审程序违法，依据不足。

028 二审认定法律关系错误，再审是否必须改判？

裁判要旨

二审判决认定法律关系错误的，符合"原判决、裁定认定的基本事实缺乏证据证明的"法定再审条件。再审法院认定二审判决的结果正确的，可以在对二审判决认定事实错误部分进行纠正的基础上维持二审判决。

案情简介[①]

一、1996年，岭某农场与陵某公司签订《土地转让协议书》，约定：岭某农

[①] 案件来源：最高人民法院，陵水陵某民政福利石化供应有限公司、海南省国营岭某农场确认合同无效纠纷再审审查与审判监督民事裁定书【（2017）最高法民申1534号】、【（2017）最高法民再276号】。

场将其一块荒地转让给陵某公司发展高效农业使用，土地转让金为人民币525000元（每亩1500元），土地转让期限为三十年。陵水县土地管理局于1999年2月26日向陵某公司颁发国土证。

二、岭某农场向海南省第一中级人民法院提起诉讼，请求确认《土地转让协议书》无效。

三、一审法院认为，案涉双方系土地转让关系，岭某农场在不符合国有划拨地转让条件的情形下向陵某公司转让土地违反法律规定，判决《土地转让协议书》无效。

四、二审海南高院认为，案涉双方应为土地承包关系，且双方签订的协议并不违反法律规定，因此《土地转让协议书》合法有效。

五、陵某公司向最高人民法院申请再审，最高人民法院认为二审法院认定的法律关系错误，属于"原判决、裁定认定的基本事实缺乏证据证明的"情形，据此作出裁定书，提审本案。

六、最高人民法院提审后最终认定，案涉双方应为土地转让关系，但《土地转让协议书》并不违反当时法律关于土地转让的禁止性规定，二审判决结果正确，因此最终在对二审判决认定事实错误部分进行纠正的基础上维持了二审判决。

律师评析

本案中，二审法院认定的法律关系错误，当事人据此申请再审，最高人民法院亦裁定提审本案，但经再审程序审理，最高人民法院更正二审法院认定的法律关系后，最终维持了二审的判决结果。我们认可最高人民法院的处理方式。

1. 再审事由是法定的，只要出现民事诉讼法所列举的再审情形，人民法院就应当予以再审。认定当事人之间的法律关系，是判断案件结果的重要前提，如果法律关系认定错误，必然没有对案件所涉相关法律事实予以准确认定，也必然导致难以适用正确的法律规则，因此对于认定法律关系错误的案件应当予以再审。

2. 进入再审程序后，再审法院对于法律关系的认定作出更正后，如依据新认定的法律关系所得出的裁判结论与原审法院依据更正前的法律关系所得出的裁判结论一致，应当纠正相应认定错误后维持原审判决。

实务经验总结

一、对于再审申请人而言，进入再审程序并不意味着万无一失。虽然再审法院认为原审判决存在错误、应当再审的，也可能在再审审理后维持原审判决。因此，案件进入再审程序后，仍然应当全力准备，不要误以为案件进入再审程序就必然会改判。

二、当事人申请再审时，除应当对原审判决存在民事诉讼法所列举的应予再审情形进行充分举证外，还应当对改判的必要性进行充分说明。例如，延伸阅读案例2中，二审法院认定案涉合同应予解除，再审法院认定案涉合同未生效（因未生效不存在解除的前提），但同时认为两种不同认定对当事人的债权债务关系未产生实质影响，据此驳回再审申请。本书作者团队在办理一起再审案件时，法官询问"如你方所阐述的原审认定错误之处确实存在，最终的结果会给你方造成何等实际影响"，我们建议当事人重视这一问题，在再审申请书中予以充分说明。

相关法律规定

《中华人民共和国民事诉讼法》（2021年修正）

第二百零七条　当事人的申请符合下列情形之一的，人民法院应当再审：

……

（二）原判决、裁定认定的基本事实缺乏证据证明的；

……

《最高人民法院关于适用〈中华人民共和国民事诉讼法〉的解释》（2022年修正）

第四百零五条　人民法院经再审审理认为，原判决、裁定认定事实清楚、适用法律正确的，应予维持；原判决、裁定认定事实、适用法律虽有瑕疵，但裁判结果正确的，应当在再审判决、裁定中纠正瑕疵后予以维持。

原判决、裁定认定事实、适用法律错误，导致裁判结果错误的，应当依法改判、撤销或者变更。

法院判决

以下为该案在法院审查阶段，裁定书中"本院认为"部分就该问题的论述。

综上所述，二审判决认定事实基本清楚，但将案涉《土地转让协议书》认定为承包法律关系错误，本院对此予以纠正，即该《土地转让协议书》是岭某农场与陵某公司之间的土地转让法律关系而非承包法律关系。因二审判决驳回岭某农场诉讼请求的裁判结果正确，故在对二审判决认定事实错误部分进行纠正的基础上仍可予以维持。依照《中华人民共和国民事诉讼法》第二百零七条第一款、第一百七十条第一款第一项，《最高人民法院关于适用〈中华人民共和国民事诉讼法〉的解释》第四百零五条第一款之规定，判决如下：维持海南省高级人民法院（2016）琼民终283号民事判决。

延伸阅读

裁判规则一

原审判决对于法律关系认定错误、未对部分基本事实进行过审理，应当予以再审。

案例1：四川省高级人民法院，中国工商银行股份有限公司宜某分行、成都中某海运物流有限公司保管合同纠纷再审民事裁定书【（2019）川民再544号】

根据再审庭审情况，双方对于事实认定的争议焦点在于2013年11月7日后最低质物数量及处置情况，上述事实直接影响到是否存在保管物毁损的事实认定，但原判对于上述基本事实并未进行审理和认定。综上，因原判对于本案基础法律关系认定错误，且原审人民法院未对部分基本事实进行过审理，故将本案发回重审。

裁判规则二

原审判决认定案涉合同应予解除，再审法院认定案涉合同未生效，两种不同认定对当事人的债权债务关系未产生实质影响，再审法院驳回再审申请。

案例2：最高人民法院，邯郸市广某物资有限公司、邯郸市广某房地产开发有限公司建设用地使用权转让合同纠纷再审审查与审判监督民事裁定书【（2017）最高法民申4627号】

本案一审、二审判决虽然对上述未生效协议予以解除的做法存在错误，但是认定该协议未生效和解除该协议，对广某物资公司与广某房地产公司之间的债权债务关系并未产生实质影响。换言之，无论是按照二审判决解除该未生效的合同，还是按照合同未生效来认定诉争协议的效力，都将使双方当事人之间的债权债务关系回归到二审判决判令广某物资公司偿还广某房地产公司欠款及利息的结果上来。而且，二审判决并未按照诉争协议的内容认定广某物资公司应当偿还的欠款数额，而是根据双方之间款项的实际支付、偿还时间，最高按照年利率24%标准计算欠款利息，支持了广某房地产公司的部分诉讼请求。因此，对本案进行再审不会对当事人之间权利义务的实质内容产生影响。参照《最高人民法院关于适用〈中华人民共和国民事诉讼法〉的解释》第四百零七条①第一款的规定，"原判决、裁定认定事实、适用法律虽有瑕疵，但裁判结果正确的，应当在再审判决、裁定中纠正瑕疵后予以维持"。为减少当事人诉累，本院对广某物资公司的再审申请予以驳回。

029 对司法机关另案认定的事实不予认定，是否构成"认定的基本事实缺乏证据证明"？

裁判要旨

1. 检察机关在其就另一刑事案件的审查、起诉过程中所查知和指控的事实，如未经法院最终认定，并不是经过法定程序认定的事实。

2. 当事人主张的事实缺乏证据证明，不足以使人民法院确信该事实存在，人民法院据此未对当事人主张的事实予以认定，不属于"认定的基本事实缺乏证据证明的"情形。当事人据此申请再审的，人民法院不予支持。

案情简介②

一、阳江市国土局委托土地交易中心公开挂牌出让某居住用地使用权，练某公司及陈某康报名参加竞投，但陈某康现场没有举牌竞投，练某公司竞得案涉土地。土地挂牌出让过程中，练某公司先后向案外人阮某、阮某秋支付20万元，向陈某康支付300万元。

二、就案外人阮某、阮某秋涉嫌犯罪问题，阳江市检察院在其公诉意见中指

---

① 现行有效《最高人民法院关于适用〈中华人民共和国民事诉讼法〉的解释》第四百零五条。
② 案件来源：最高人民法院，广东省阳江市国土资源局与阳江市练某房地产开发有限公司建设用地使用权出让合同纠纷申诉、申请民事裁定书【（2016）最高法民申1236号】。

控，练某公司老板的儿子得知陈某康等有意竞拍后，找来阮某、阮某秋等让对方退出竞拍，阮某、阮某秋使用跟踪、威胁恐吓、利诱等手段要求陈某康等人退出竞拍，但陈某康等人不同意。土地竞拍当日，练某公司再次找陈某康等商议，同意付给其300万元，让其放弃竞拍，事后阮某、阮某秋收取了20万元。对此，阳江市法院认定，虽有证据证明各被告人实施了非法干扰拍卖、恶意串通拍卖的违法行为，但没有证据证明这些违法行为的黑社会性质组织犯罪属性。

三、阳江市检察院向阳江市政府发出阳检函（2009）42号函件，称练某公司与其他竞买人恶意串通操控国有土地的拍卖，请市政府督促国土部门依法撤销拍卖成交确认书，重新拍卖。

四、广东省检察院于2011年5月向阳江市检察院发函，认为（2009）42号函件中认定的练某公司违法事实，一审判决对该事实没有认定为犯罪，终审判决对该事实亦没有述及，检察机关应尊重法院判决。该行为是否涉嫌行政违法，应由行政执法机关判断。此后，阳江市检察院也明确答复练某公司：对于该公司在竞拍案涉土地过程中的问题，应由相关行政执法机关作出判定和处理。

五、阳江市工商行政管理局进行立案调查后认为，练某公司和陈某康的违法事实不清、证据不足，违法事实不成立，应予销案。

六、阳江市国土局向广东高院提起诉讼，认为练某公司及陈某康在参与案涉土地拍卖过程中实施了恶意串通的行为，损害了国家利益，请求确认《国有土地使用权出让合同》无效。该案中，练某公司与陈某康均否认有恶意串通行为，练某公司主张系因受到黑恶势力的恐吓，以求"花钱免灾"，而陈某康在诉讼中亦否认其与练某公司进行过串通、共谋，并称其放弃最终竞价的原因是"对当地各方面的投资环境越来越没有信心"。

七、一审广东高院认为，虽然刑事判决中法院认定阮某、阮某秋不构成黑社会性质犯罪，但认定了其非法干扰案涉土地拍卖的违法事实，据此支持了阳江市国土局的诉讼请求。二审最高人民法院认为，本案中没有充分证据证明有关当事人有恶意串通行为，改判驳回阳江市国土局的诉讼请求。

八、阳江市国土局申请再审，主张二审判决认定的基本事实缺乏证据证明。最高人民法院认为，原审判决认为阳江市国土局所举证据不够充分，并认定其主张本案挂牌出让竞买人之间存在恶意串通行为不存在，属于当事人主张的事实缺乏证据证明，不足以使人民法院确信该事实能够存在的情形，而不属于原判决认定的基本事实缺乏证据证明的情形，裁定驳回阳江市国土局的再审申请。

律师评析

本案中，对司法机关在先文书中认定的有关"恶意串通"的事实，最高人民法院未予认定的原因如下。

刑事判决书，仅是针对该刑事案件的被告人阮某、阮某秋等人的违法行为作出的认定，至于阮某、阮某秋等人实施相关行为是否确系受练某公司指使或请托，或者系与练某公司人员共同实施，以及练某公司与陈某康等人是否存在恶意串通行为等情况，在该案判决中并未作出认定。

根据阳江市检察院（2009）42号函件，第一，该函件中所表述的上述情况只是检察机关在其就另一刑事案件的审查、起诉过程中所查知和指控的事实，并不是经过法定程序认定的事实；第二，其指控的根据即有关案涉人员的供述、陈述中，并未充分说明练某公司人员与阮某等人以及练某公司人员与陈某康等人曾经进行过沟通或共谋的情况；第三，该函件中的有关表述及其结论与工商行政执法部门的调查结果相反，阳江市工商行政管理局经调查认定"该违法事实不成立"；第四，在上级检察机关针对该函件的内容提出有关意见后，阳江市检察院也对该函件中表述的内容和意见进行了自我修正。

在此基础上，我们认为最高人民法院对于"恶意串通"等有关事实未予认定是正确的，阳江市国土局以"原审判决认定的基本事实缺乏证据证明"为由申请再审不应得到支持。

实务经验总结

一、只有仲裁机构的生效裁决或人民法院的生效裁判所确认的事实，才是当事人无须举证证明的事实。司法机关另案其他司法文书中所认定的事实，如本案中涉及的检察院公诉书所指控事实、检察机关向政府发出函件所载明事实等，并不是经过法定程序认定的事实。

二、对于前述法律文书所载明事实，如果当事人仅提交该等法律文书，法院可能会认定当事人的举证义务并未完成，尤其是如本案涉及待证事项为恶意串通等法定要求证明标准更高的事项。该等情况下，我们建议当事人积极向另案司法机关调取案卷，或者通过法院调取案卷，以将文书中所查明事实所依据的原始材料（如讯问笔录等）作为证据向法院提交。

相关法律规定

《中华人民共和国民事诉讼法》（2021年修正）

第二百零七条　当事人的申请符合下列情形之一的，人民法院应当再审：

……

（二）原判决、裁定认定的基本事实缺乏证据证明的；

……

《最高人民法院关于适用〈中华人民共和国民事诉讼法〉的解释》（2022年修正）

第一百零九条　当事人对欺诈、胁迫、恶意串通事实的证明，以及对口头遗嘱或者赠与事实的证明，人民法院确信该待证事实存在的可能性能够排除合理怀疑的，应当认定该事实存在。

《最高人民法院关于民事诉讼证据的若干规定》（2019年修正）

第十条　下列事实，当事人无须举证证明：

……

（六）已为人民法院发生法律效力的裁判所确认的基本事实；

（七）已为有效公证文书所证明的事实。

前款第二项至第五项事实，当事人有相反证据足以反驳的除外；第六项、第七项事实，当事人有相反证据足以推翻的除外。

法院判决

以下为该案在二审阶段，判决书中"本院认为"部分就该问题的论述。

本院认为，原审判决依据阳江市人民检察院向阳江市人民政府制发的阳检函（2009）42号《关于对高凉路北侧等三幅国有土地重新拍卖处理的意见函》和阳江市中级人民法院（2009）阳中法刑一初字第18号刑事案件中的公诉意见，认定本案挂牌出让竞买人之间存在恶意串通行为，证据不够充分。

（一）对于徐某向阮某、阮某秋支付20万元的事实，练某公司在接受有关机关调查时以及在本案诉讼中均辩解称系由于受到黑恶势力的恐吓、威胁所为。尽管阳江市中级人民法院在（2009）阳中法刑一初字第18号刑事案件中根据阳江市人民检察院的公诉意见，经审理认定"有证据证明各被告人实施非法干扰拍卖、恶意串通拍卖的违法行为"，但是，这一认定是对包括本案讼争土地在内的四项土地使用权挂牌出让活动中的行为一并作出的，并且仅是针对该刑事案件的被告人阮某、阮某秋等人的违法行为做出的认定，至于阮某、阮某秋等人实施相关行为是否确系受练某公司指使或请托，或者系与练某公司人员共同实施，以及练某公司与陈某康等人是否存在恶意串通行为等情况，在该案判决中并未作出认定。在此情况下，应当认为阳江市中级人民法院就（2009）阳中法刑一初字第18号刑事案件所作出的判决，尚不足以作为认定练某公司实施恶意串通行为或参与干扰拍卖之事实的证据采信。

（二）阳江市人民检察院阳检函（2009）42号《关于对高凉路北侧等三幅国有土地重新拍卖处理的意见函》中，载有练某公司在案涉土地使用权挂牌出让活动中"利用阮某、阮某秋等黑恶势力，威胁恐吓及利诱其他竞买人曹某威等人退出竞拍""徐某华找到曹某威等人商议，同意支付其300万元，条件是放弃竞拍"等内容。这些内容表明练某公司参与了阮某等人干扰挂牌出让活动的违法行为，以及练某公司与陈某康等人就其以300万元为条件退出挂牌竞价而进行串通、共谋的意思联络情况。然而，该函件内容所反映的这些情况是否能作为案件事实在本案中予以认定，仍需要有效证据予以证明。本院认为，根据现有证据，尚不能予以认定。第一，该函件中所表述的上述情况只是检察机关在其就另一刑事案件的审查、起诉过程中所查知和指控的事实，并不是经过法定程序认定的事实；第二，其指控的根据即有关案涉人员的供述、陈述中，并未充分说明练某公司人员与阮某等人以及练某公司人员与陈某康等人曾经进行过沟通或共谋的情况；第三，该函件中的有关表述及其结论与工商行政执法部门的调查结果相反，阳江市工商行政管理局经调查认定"该违法事实不成立"；第四，在上级检察机关针对该函件的内容提出有关意见后，阳江市人民检察院也对该函件中表述的内容和意见进行了自我修正，明确答复练某公司：对于该公司在竞拍案涉土地过程中的问题，应由相关行政执法机关作出判定和处理。故根据上述情况应当认为，对于阳江市人民检察院阳检函（2009）42号《关于对高凉路北侧等三幅国有土地重新拍卖处理的意见函》，不应作为认定本案争议事实的证据采信。

（三）在案涉土地使用权挂牌出让的过程中，练某公司先后向阮某、阮某秋支付20万元，向陈某康等人支付300万元。这些行为有可能是练某公司雇请阮某等人干扰土地使用权出让活动的共同行为，或者是基于利诱陈某康等人退出竞价的目的，与阮某及陈某康等人共谋实施的，但是，现有证据尚不足以证明练某公司确系出于如此目的或确实存在与陈某康等人串通、共谋的事实。第一，如上所述，生效的另案刑事判决中并没有认定相关事实，阳江市人民检察院阳检函（2009）42号函件也不能证明上述事实；第二，有关机关在侦查、调查过程中形成的讯问笔录内容，亦没有明确肯定有关串通、共谋的事实，本案当事人在诉讼中也未申请有关人员出庭作证；第三，对于支付上述款项的缘由和目的，练某公司一直主张系因受到黑恶势力的恐吓，以求"花钱免灾"，而陈某康等人在诉讼中亦否认其与练某公司进行过串通、共谋，并称其放弃最终竞价的原因是"对当地各方面的投资环境越来越没有信心"。由此应当认为，原审判决在没有足以证明练某公司与陈某康等人存在串通、共谋之事实的其他有效证据的情况下，针对"练某公司与陈某康在本案均辩称是受胁迫支付或收取相关款项"的主张，仅以其"并未对此提供足够的证据予以证明"为由，令双方承担举证不能的不利后果，进而认定其行为构成恶意串通，属于举证责任分配不当。

关于案涉土地使用权挂牌出让的行为后果，根据一、二审查明的事实，在案涉土地使用权挂牌出让前，练某公司为阳江市的市政工程建设投入了大量资金，阳江市人民政府一直承诺以向其出让案涉地块的土地使用权的方式对其投资进行补偿。后因土地使用权管理政策的调整，至政府落实补偿计划时，须改协议出让方式为招拍挂方式出让。在此背景下，阳江国土局将阳江市人民政府在上述文件中所指明的地块的土地使用权委托阳江市土地交易中心进行挂牌出让。在具体的挂牌出让活动过程中，除本案争议的事实外，该项挂牌出让的手续齐备，规则明晰，程序合法，并且其实际成交价格高于评估的总地价和出让底价。出让成交后，阳江国土局不但为练某公司核发了土地使用权证书，而且将土地交由该公司占有使用；而练某公司不但先行支付了补充耕地指标、迁坟等前期费用，而且在取得该地块后亦实施了填土工程和种植户拆迁遣散、青苗补偿等开发准备工作，投入了大量资金，对此当地政府包括有关行政管理部门始终没有异议。这些情况表明，将案涉地块以有偿出让的方式交由练某公司开发建设，符合阳江市人民政府有关当地经济建设的具体部署及其就该宗土地进行开发建设的合理预期，无损于国家、集体及第三人的利益。相反，如果仅因练某公司向陈某康等人给付钱款的事实而认定案涉《土地使用权交易成交确认书》《国有土地使用权出让合同》无效，那么双方须相互返还土地使用权和出让价款以及相关费用，不但其投入资金的具体金额难以确定，政府既定的建设计划以及对练某公司的投资补偿方案无法实现，而且，阳江市人民政府、阳江国土局以及各有关当事人须在收回案涉土地使用权后另行安排对练某公司的投资补偿方案、重新组织土地使用权出让活动、另循法律途径解决投资结算和有关抵押权问题等,势必使趋于平稳的多重社会关系再次陷于不定状态,土地资源长期不能合理、有效利用,徒然增加社会管理成本,无益于国家和社会公共利益。

综合以上事实,根据现有证据,本院不能作出本案有关当事人在案涉土地使用权挂牌出让过程中的行为及其出让结果存在损害国家、集体或者第三人利益之情况的认定。

总之,本案中没有充分证据证明有关当事人在案涉土地使用权挂牌出让过程中的行为构成恶意串通,其行为内容和结果也不损害国家、集体和第三人的利益;案涉《土地使用权交易成交确认书》《国有土地使用权出让合同》合乎当事人的真实意思表示,签订程序正当合法,不存在导致其无效的法定情形,故依法应当确认其合法有效。

以下为该案在再审审查阶段,裁定书中"本院认为"部分就该问题的论述。

本院认为,阳江市国土局申请再审的事由不成立。《中华人民共和国民事诉讼法》第二百条①第二项规定,原判决、裁定认定的基本事实缺乏证据证明的,人民法院应当再审。原审判决认为阳江市国土局所举证据不够充分,并认定其主张本案挂牌出让竞买人之间存在恶意串通行为不存在,属于当事人主张的事实缺乏证据证明,不足以使人民法院确信该事实能够存在的情形,而不属于前引规定所要求的原判决认定的基本事实缺乏证据证明的情形。

本院《关于适用〈中华人民共和国民事诉讼法〉的解释》第一百零九条规定:"当事人对欺诈、胁迫、恶意串通事实的证明,以及对口头遗嘱或者赠与事实的证明,人民法院确信该待证事实存在的可能性能够排除合理怀疑的,应当认定该事实存在。"人民法院确信本案恶意串通事实存在的可能性的证明标准为"能够排除合理怀疑",而不是前引司法解释第一百零八条第一款规定的"具有高度可能性"。本院原审判决关于阳江市国土局所主张的本案挂牌出让竞买人之间存在恶意串通行为这一节事实的认定,于法有据,并无不当。经审查,原审判决依法运用逻辑推理和日常生活经验法则,针对阳江市国土局所举证据证明力进行审核、判断,对该待证事实存在的可能性提出了合理怀疑,逐项阐明了理据,形成了不足以确信该待证事实存在的结论并公开了判断的理由和结果。原审判决对阳江市国土局所举证据的认定亦无违反前引司法解释第一百零五条关于认证问题的规定。

---

① 现行有效《中华人民共和国民事诉讼法》第二百零七条。

030 法院未围绕查明的新事实审理和裁判的，当事人是否可以申请再审？

裁判要旨

当事人的主体资格在诉讼中发生变化，属于对原判决、裁定的结果有实质性影响的新事实。法院虽然查明该等事实，但未围绕新事实进行审理和裁判的，也构成"原判决、裁定认定的基本事实缺乏证据证明的"应予再审之条件。

案情简介[①]

一、2014年11月，叶某春乘坐杨某建的轿车与蒋某明驾驶的摩托车发生碰撞，致叶某春受伤，《道路交通事故认定书》认定杨某建与蒋某明负事故同等责任，叶某春无责任。

二、2016年8月，叶某春起诉请求被告蒋某明赔偿医疗费、住院伙食补助费、误工费、护理费、交通费、残疾赔偿金等费用，一审垫江县人民法院支持叶某春的诉讼请求。

三、蒋某明上诉至重庆市第三中级人民法院。该案在二审审理过程中，叶某春于2016年12月死亡，叶某春继承人变更为该案当事人，二审仍判决蒋某明向叶某春继承人赔偿残疾赔偿金等费用。

四、叶某春继承人向重庆高院申请再审，重庆高院认为二审法院既未对叶某春死亡的损害后果进行审理，也未向当事人进行释明，而是继续围绕叶某春伤残的损害后果进行审理并作出裁判，属于认定的基本事实不清，裁定撤销原一审和二审判决，发回一审法院重审。

律师评析

本案中，因案涉交通事故致残的受害人叶某春在二审诉讼中死亡，必然导致当事人之间的民事权利义务内容发生变化，并对判决结果产生实质性影响，因此

[①] 案件来源：重庆市高级人民法院，叶某、叶某莲等与蒋某明机动车交通事故责任纠纷再审民事裁定书【（2018）渝民再340号】。

叶某春死亡这一事实属于二审中出现的新的基本事实。二审法院应当围绕新出现的事实进行查明和审理，但二审法院既未对叶某春死亡的损害后果进行审理，也未向当事人进行释明，而是继续围绕叶某春伤残的损害后果进行审理并作出裁判，其认定的损害事实与客观存在的事实显然不符。据此，再审法院认为二审判决"认定的基本事实不清"，并决定由一审法院对本案予以再审，是正确的。

实务经验总结

一、对于当事人和代理人而言，当事人的主体资格等事宜发生变化时（如本案出现当事人死亡，需要追加当事人），应该立即将出现的新事实向受理法院报告，否则必然影响判决结果的正确性和及时性。当此等变化还可能影响当事人所主张权利的事实基础时，还应及时变更诉讼请求。如本案中此前系按交通事故致残主张赔偿，当事人死亡后即应变更为按交通事故致死主张赔偿。

二、法院虽查明了诉讼中新出现的事实，但没有依据新出现的事实进行审理和裁判的，只要该等事实对裁判结果有实质性影响，当事人就可以根据"原判决、裁定认定的基本事实缺乏证据证明的"这一条款申请再审。该等情况下，法院应当再审。

相关法律规定

《中华人民共和国民事诉讼法》（2021年修正）
第二百零七条　当事人的申请符合下列情形之一的，人民法院应当再审：
……
（二）原判决、裁定认定的基本事实缺乏证据证明的；
……

《最高人民法院关于适用〈中华人民共和国民事诉讼法〉的解释》（2022年修正）
第三百三十三条　民事诉讼法第一百七十七条第一款第三项规定的基本事实，是指用以确定当事人主体资格、案件性质、民事权利义务等对原判决、裁定的结果有实质性影响的事实。

法院判决

以下为该案在再审审查阶段，裁定书中"本院认为"部分就该问题的论述。

本院再审认为，本案争议焦点是因案涉交通事故致残的受害人叶某春在二审诉讼中死亡，二审法院是否应当围绕该项事实进行审理和裁判。根据再审查明的案件事实，围绕当事人再审请求，综合评判如下：

首先，根据《最高人民法院关于适用〈中华人民共和国民事诉讼法〉的解释》第三百三十五条①的规定，基本事实是指用以确定当事人主体资格、案件性质、民事权利义务等对原判决、裁定的结果有实质性影响的事实。本案中，因案涉交通事故致残的受害人叶某春在二审诉讼过程中死亡，直接导致当事人之间的民事权利义务内容发生变化，并对判决结果产生实质性影响。因此，叶某春死亡这一事实属于二审中出现的新的基本事实。

其次，虽然同一侵权行为可能导致多个损害结果发生，但因本案系因交通事故导致的人身侵权损害赔偿案件，从法律对同一侵权案件的评价及从同一被侵权人的生命健康角度而言，死亡与残疾的损害结果无法同时存在。一审中，因案涉交通事故导致的直接损害后果为叶某春构成一级伤残，故一审法院按照案涉交通事故导致叶某春伤残的后果进行审理并无不当。但因在本案二审审理中，生效判决作出前，出现了叶某春死亡这一新的要件事实，导致一审判决认定的损害后果发生了变化，二审法院应当围绕该项新的要件事实进行审理并据此作出相应处理，但二审法院既未对叶某春死亡的损害后果进行审理，也未向当事人进行释明，而是继续围绕叶某春伤残的损害后果进行审理并作出裁判，其认定的损害事实与客观存在的事实显然不符。

最后，根据《最高人民法院关于适用〈中华人民共和国民事诉讼法〉的解释》第二百四十七条第一款"当事人就已经提起诉讼的事项在诉讼过程中或者裁判生效后再次起诉，同时符合下列条件的，构成重复起诉：（一）后诉与前诉的当事人相同；（二）后诉与前诉的诉讼标的相同；（三）后诉与前诉的诉讼请求相同，或者后诉的诉讼请求实质上否定前诉裁判结果"的规定，因二审判决已就交通事故导致叶某春的损害后果进行了裁判，故叶某春的继承人也无法以叶某春死亡为由再提起侵权之诉，客观上也导致叶某春继承人的权利无法通过另行诉讼获得救济。

综上所述，因本案二审未就可能对判决结果产生实质性影响的要件事实进行审理，导致本案基本事实不清。同时因该项新的事实系二审出现，一审法院客观上也未对该事实进行审理，再审若直接改判则损害了当事人的程序权利。故为便

---

① 现行有效《最高人民法院关于适用〈中华人民共和国民事诉讼法〉的解释》第三百三十三条。

于查清案件事实，正确处理矛盾纠纷，本案宜撤销原一审、二审判决，发回重庆市垫江县人民法院重审，重审中对当事人，特别是对叶某春的继承人做好围绕新的损害事实提出相应诉讼请求的释明工作。

031 对移送公安的驳回起诉裁定，可否以"认定的基本事实缺乏证据证明"为由申请再审？

裁判要旨

对于移送公安、驳回起诉的裁定，当事人以"原判决、裁定认定的基本事实缺乏证据证明"为由申请再审的，人民法院不予支持。

案情简介[①]

一、夏某与唐某平存在纠纷，唐某平以夏某为被告向法院提起证券返还纠纷诉讼。

二、该案诉讼中，上海市高级人民法院根据唐某平的申请，认为案件存在经济犯罪嫌疑，裁定：（一）驳回原告唐某平的起诉；（二）本案移送上海市公安局静安分局。

三、夏某对该裁定不服，向最高人民法院申请再审，申请理由为原审法院认定本案存在犯罪嫌疑的基本事实缺乏证据证明。

四、最高人民法院驳回夏某的再审申请。

律师评析

只有在原审法院对案件进行审理、认定了相关案件事实，并据此作出裁判的基础上，才有可能出现"原判决、裁定认定的基本事实缺乏证据证明"的应予再审情形。而本案中，原审法院仅是认为案件不属经济纠纷案件而有经济犯罪嫌疑，并未对案件进行实体审理，因此当事人以"原判决、裁定认定的基本事实缺乏证据证明"为由申请再审的，不会得到法院支持。

[①] 案件来源：最高人民法院，夏某、唐某平证券返还纠纷再审审查与审判监督民事裁定书【（2020）最高法民申 2409 号】。

实务经验总结

一、对于驳回起诉、移送公安的裁定，当事人可以申请再审。但再审事由切不可以引用"原判决、裁定认定的基本事实缺乏证据证明"，而应引用"原判决、裁定适用法律确有错误的"之条款。只有在后者情况下，再审法院可以对本案是否应当驳回起诉、移送公安进行重新审查。

二、原审法院进行实体审理和作出判决后，当事人对原审判决不服，认为应当驳回起诉、移送公安的，仍可通过上诉/申请再审之方式予以救济。二审/再审法院如认为本案不属于经济纠纷而有经济犯罪嫌疑的，可撤销原审判决，移送公安机关及驳回起诉。

相关法律规定

《中华人民共和国民事诉讼法》（2021年修正）

第二百零七条　当事人的申请符合下列情形之一的，人民法院应当再审：

……

（二）原判决、裁定认定的基本事实缺乏证据证明的；

……

《最高人民法院关于在审理经济纠纷案件中涉及经济犯罪嫌疑若干问题的规定》（2020年修正）

第十条　人民法院在审理经济纠纷案件中，发现与本案有牵连，但与本案不是同一法律关系的经济犯罪嫌疑线索、材料，应将犯罪嫌疑线索、材料移送有关公安机关或检察机关查处，经济纠纷案件继续审理。

第十一条　人民法院作为经济纠纷受理的案件，经审理认为不属经济纠纷案件而有经济犯罪嫌疑的，应当裁定驳回起诉，将有关材料移送公安机关或检察机关。

法院判决

以下为该案在再审审查阶段，裁定书中"本院认为"部分就该问题的论述。

本院经审查认为，夏某的申请再审事由不能成立。依照《最高人民法院关于在审理经济纠纷案件中涉及经济犯罪嫌疑若干问题的规定》第十一条的规定，原审法院在审理本案过程中,认为本案不属于经济纠纷而有经济犯罪嫌疑的,其有权裁定驳回起诉,将本案有关材料移送公安机关。夏某认为本案存在《中华人民共和国民事诉讼法》第二百条[①]第二项规定的原判决、裁定认定的基本事实缺乏证据证明的情形,而原审法院并未对本案进行实体审理,不存在原判决、裁定认定的基本事实缺乏证据证明的问题。

延伸阅读

裁判规则一

对移送公安机关、驳回起诉的裁定,当事人以"原审法院适用法律错误"为由申请再审的,再审法院应对案件是否符合移送公安机关的条件进行审查。

案例1:广东省高级人民法院,黄某、惠州市旺某乐享网络科技有限公司等确认合同效力纠纷民事申请再审审查民事裁定书【(2021)粤民申295号】

本院认为,本案审查的焦点问题是:本案是否属于《最高人民法院关于在审理经济纠纷案件中涉及经济犯罪嫌疑若干问题的规定》第十一条"人民法院作为经济纠纷受理的案件,经审理认为不属经济纠纷案件而有经济犯罪嫌疑的,应当裁定驳回起诉,将有关材料移送公安机关或检察机关"规定的情形。黄某是以案涉《协议》涉嫌"云联惠"的传销模式,相关管理人员均因涉嫌组织、领导传销活动罪被刑事处罚,故旺某乐享公司、旺某汽车公司、旺某集团公司、陈某卡、刘某珍通过相互串通,假借签订共享经济合同之名而与黄某签订的《协议》应属无效,并应连带返还尚欠的合同余款为由,而起诉本案。根据黄某起诉时主张的事由、申请再审时提交的证据并结合本案查明的事实,黄某与旺某乐享公司签订案涉《协议》的目的主要在于享受积分乐享金,双方并无实际房、车交易行为;黄某是向旺某汽车公司的账户汇入100万元,而根据陈某卡于40号刑案的供述,旺某汽车公司是"云联惠"的加盟商家之一,且陈某卡自认其在"云联惠"注册的公司有旺某汽车公司、旺某集团公司等多家公司,注册的目的主要是用于购买"云联惠"汽车库存积分。由此可见,案涉《协议》的签订是基于"云联惠"运作的商业模式和规则,本案纠纷的产生极可能是"云联惠"传销模式运作的结果。据此,鉴于"云联惠"因涉嫌传销已被公安机关立案侦查,公安机关也为此发布通告,一审法院以本案涉及的积分乐享金可能与"云联惠"传销活动存在关联为由,而依据《最高人民法院关于在审理经济纠纷案件中涉及

[①] 现行有效《中华人民共和国民事诉讼法》第二百零七条。

经济犯罪嫌疑若干问题的规定》第十一条的规定，裁定驳回黄某的起诉，并将本案移送公安机关处理并无不当，二审法院裁定予以维持正确。黄某请求撤销一、二审裁定的再审申请理由因理据不足，本院不予采纳。

案例2：上海市高级人民法院，李某璐与亿某粒子（上海）互联网金融信息服务有限公司借款合同纠纷民事申请再审审查民事裁定书【（2020）沪民申365号】

本院经审查认为，因亿某公司的行为涉嫌经济犯罪，原审法院依据《最高人民法院关于在审理经济纠纷案件中涉及经济犯罪嫌疑若干问题的规定》第十一条之规定，裁定驳回李某璐的起诉并将本案有关材料移送公安机关并无不当。李某璐主张原审法院适用法律错误，本案应按民商事案件予以受理，依据不足，本院不予采信。

裁判规则二

原审法院进行实体审理和作出判决后，二审/再审法院如认为本案不属于经济纠纷而有经济犯罪嫌疑的，仍可撤销原审判决，移送公安及驳回起诉。

案例3：贵州省贵阳市中级人民法院，王某云、付某高民间借贷纠纷再审民事裁定书【（2020）黔01民再180号】

本院认为：王某婷系北京捷某联合信息咨询有限公司的董事，其与包括付某高在内的其他借款人签订借款协议后，通过该公司支付借款，亦由该公司委托合作机构采取直接扣划借款人账户款项的方式收取还款，但北京捷某联合信息咨询有限公司并未取得开展金融借贷业务的许可，同时本案中王某婷借款资金来源不明，存在向不特定公众发放贷款等行为，本案可能涉嫌经济犯罪。根据《最高人民法院关于在审理经济纠纷案件中涉及经济犯罪嫌疑若干问题的规定》第十一条"人民法院作为经济纠纷受理的案件，经审理认为不属经济纠纷案件而有经济犯罪嫌疑的，应当裁定驳回起诉，将有关材料移送公安机关或检察机关"之规定，裁定如下：

一、撤销贵州省贵阳市南明区人民法院（2019）黔0102民再5号民事判决及贵州省贵阳市南明区人民法院（2017）黔0102民初6544号民事判决；

二、驳回王某婷的起诉；

三、将本案有关材料移送公安机关。

032 原审判决采信的评估报告缺少评估人员签字，是否属于"认定的事实缺乏证据证明"？

裁判要旨

评估报告上缺少评估人员的签字，并不足以否定评估报告的证明效力。在当事人未提供证据证明否定该报告的专业性和权威性的情况下，法院采纳报告并无不当，当事人以"认定的事实缺乏证据证明"为由申请再审的，再审法院不予支持。

案情简介①

一、2007年，通某建设公司与种苗场签订《种苗场沙坑治理及土地承包合同》。此后，通某建设公司投入资金回填了土地上的大量沙坑，平整恢复土地原貌。

二、2015年7月，通某建设公司承包的土地划入征迁范围，种苗场通知通某建设公司停止使用承包土地及设施。

三、双方遂产生争议，通某建设公司诉至法院，请求种苗场向其支付沙坑回填、修建道路等费用。

四、该诉讼中，通某建设公司主张其沙坑回填费用的依据是，其于2012年单方委托评估公司出具的《拟核实新疆通某建设工程有限公司单项资产项目资产评估报告》。种苗场对该份评估报告不予认可，认为评估报告上缺少评估专业人员的签字。

五、本案一审法院、二审法院均采信了上述评估报告，并据此判决种苗场向通某建设公司支付沙坑回填等费用。

六、种苗场向最高人民法院申请再审，主张原审判决采信缺少评估专业人员签字的评估报告属于"认定的事实缺乏证据证明"，最高人民法院驳回其再审申请。

律师评析

本案中，法院最终采信了通某建设公司单方委托的评估报告，主要是考虑了

---

① 案件来源：最高人民法院，乌鲁木齐高新技术产业开发区、新疆通某建设工程有限公司合同纠纷民事申请再审审查民事裁定书【（2021）最高法民申7490号】。

以下因素：

其一，出具该评估报告的机构拥有相应的测绘、评估资质。

其二，在双方出现争议前，评估报告的相应依据曾经过种苗场的确认。

其三，该评估报告的结论可以和其他在案证据相互印证。

其四，涉案土地已经被征迁，因此重新对此沙坑回填工程进行测绘、评估已客观不能。

其五，对于单方委托的评估报告，没有法律规定缺少评估人员签字的情形将导致评估结果无效的法律后果。

实务经验总结

一、本案中，通某建设公司在涉案土地被征迁前，及时委托有资质的评估机构，对其前期投入情况予以评估，并最终得到法院的采信。这一经验值得借鉴，即在争议可能发生且具备评估条件时，及时对争议事项进行评估，可以有效固定事实。当然，需要注意，单方委托的评估机构需要具备相应的资质，评估所依据的基本材料最好可以经过对方当事人的事先确认，评估结果应当尽量客观，并争取可以和其他证据相互印证。

二、对于当事人自行委托的评估/鉴定，并不会仅因为评估报告/鉴定报告上某些形式要件的缺失而径行导致无效。对该报告有异议的当事人，应当结合其他证据，推翻鉴定结果。

三、对于司法鉴定，由于有关法律对鉴定程序、鉴定报告的出具均有较为严格的要求，鉴定机构应当按相应要求执行。认可鉴定结果的当事人如发现鉴定报告有任何形式上的瑕疵，应及时联系鉴定机构或通过法院联系鉴定机构，请求予以补正。否则，法院可以不采信鉴定结论并重新委托鉴定，即使法院采信并据此作出判决，该案也面临着"认定事实不清"而被发回重审的重大风险。

相关法律规定

《中华人民共和国民事诉讼法》（2021年修正）

第八十条 鉴定人有权了解进行鉴定所需要的案件材料，必要时可以询问当事人、证人。

鉴定人应当提出书面鉴定意见，在鉴定书上签名或者盖章。

《司法鉴定程序通则》（2016 修订）

第三十七条　司法鉴定意见书应当由司法鉴定人签名。多人参加的鉴定，对鉴定意见有不同意见的，应当注明。

第四十一条　司法鉴定意见书出具后，发现有下列情形之一的，司法鉴定机构可以进行补正：

（一）图像、谱图、表格不清晰的；

（二）签名、盖章或者编号不符合制作要求的；

（三）文字表达有瑕疵或者错别字，但不影响司法鉴定意见的。

补正应当在原司法鉴定意见书上进行，由至少 1 名司法鉴定人在补正处签名。必要时，可以出具补正书。

对司法鉴定意见书进行补正，不得改变司法鉴定意见的原意。

法院判决

以下为该案在再审审查阶段，裁定书中"本院认为"部分就该问题的论述。

关于原判决认定事实是否缺乏证据证明的问题。审理民事案件应当根据证据所能证明的法律事实依法进行裁判，但并不要求证据达到排除合理怀疑的证明标准。《资产评估报告》上是否缺少评估人员的签字，并不足以否定其证明效力，亦无法律规定缺少上述形式要件的情形将导致评估结果无效的法律后果。该评估报告虽有相应期限，仅表示其准确性将随一定时间经过有所变化，鉴于本案所涉事实已无法另行查明，该评估报告在相当程度上可以反映待查事实，而种苗场未能举证证明该评估报告的结果与随后变动的事实已产生巨大差距，也未能否定公证的法律效力以及《资产评估报告》《计算成果报告》的专业性和权威性，故原审法院以前述具有专业资质的鉴定机构所作鉴定报告的内容为基础，结合本案查明的其他事实予以印证，并不存在所查明事实无证据支持的情形。

延伸阅读

裁判规则一

司法鉴定意见中缺少鉴定人的签字，当事人又无提出补正请求的，人民法院可以重新委托机构进行司法鉴定。

案例 1：最高人民法院，海南第三建设某有限公司建设工程施工合同纠纷再审审查与审判监督民事裁定书【（2020）最高法民申 1281 号】

根据原审法院查明的事实，重庆市明某建设咨询有限公司作出的两份结算审核报告，均没有注册造价工程师签字和盖章。因此，原审法院根据儋州双某公司的申请，重新委托机构进行司法鉴定，理据充分。海南三建公司虽主张根据《司法鉴定程序通则》，对签名、盖章不符合制作要求的可以进行补正，但该公司在原审中并没有提出补正请求。因此，原审法院采信南京永某工程咨询有限公司作出的鉴定意见，事实和法律依据充分，本院予以认可。

裁判规则二

司法鉴定意见中缺少鉴定人的签字，不符合司法鉴定程序要求，判决采信该鉴定意见的，属认定事实不清。

案例2：北京市第一中级人民法院，湖北省瑞某建筑劳务有限公司与北京恺某建筑工程有限公司建设工程分包合同纠纷二审民事裁定书【（2020）京01民终3798号】

司法鉴定机构对同一鉴定事项，应当指定或者选择二名司法鉴定人进行鉴定。司法鉴定意见书应当由司法鉴定人签名。一审法院委托北京双某工程咨询监理有限公司作出工程造价鉴定意见书并予以采信，但该鉴定意见书上仅有一名具有资质的鉴定人签字盖章，不符合司法鉴定程序要求，一审法院采信该鉴定意见书属认定事实不清。

裁判规则三

司法鉴定意见书上鉴定人的签字系伪造，原审依据该鉴定意见所作出的判决亦缺乏事实基础，法院可以据此撤销原判、发回重审。

案例3：黑龙江省哈尔滨市中级人民法院，蔺某利、哈尔滨某大学附属第一医院医疗损害责任纠纷再审民事裁定书【（2019）黑01民再67号之一】

原判决依据黑龙江民强司法鉴定中心出具的鉴定意见，认定蔺某利双眼目前状况与医方的医疗行为无因果关系，以此为由驳回蔺某利的诉讼请求。黑龙江省人民检察院司法鉴定中心作出的黑检技鉴字〔2018〕1号文件检验鉴定书，鉴定意见为：黑龙江民强司法鉴定中心司法鉴定意见书（黑民司临鉴字〔2016〕第325号）第6页落款处"孟某"可疑签名字迹与孟某样本字迹不是同一人书写。故黑龙江民强司法鉴定中心出具的鉴定意见不符合法律规定，原审依据该鉴定意见所作出的判决亦缺乏事实基础，综上所述，应当撤销原判，发回重审。

033 "本院查明"部分未对争议事实予以认定,径行在"本院认为"部分认定的,是否可以再审?

裁判要旨

原审判决未在"经审理查明"部分对案件争议事实予以认定,而仅载明当事人提交的证据名称、拟证明事项,也并未从"人民法院查明事实"的角度对上述当事人提交证据的采信情况作出认定,在此情况下,法院径行在"本院认为"部分对有关事实予以认定,属"原判决、裁定认定的基本事实缺乏证据证明的"情形,应予再审。

案情简介[①]

一、申请执行人金某富公司与被执行人企某公司执行案件中,执行法院查封企某公司名下37幢别墅。

二、黄某飞提起执行异议,主张其从企某公司处受让了其中的6幢别墅,并支付了相应价款,请求中止对6幢别墅的执行,深圳市中级人民法院支持了其请求。

三、金某富公司向深圳市中级人民法院提起执行异议之诉,请求撤销执行异议裁定。

四、该案中的核心争议问题是,黄某飞是否已经支付6幢别墅的全部价款。对此事实,一审深圳中院、二审广东高院并未在判决书中"经审理查明"部分予以认定,而径行在"本院认为"部分认定黄某飞已支付了全部购房款,并据此驳回了金某富公司的诉讼请求。

五、金某富公司不服广东高院二审判决,向最高人民法院申请再审。最高人民法院认为,原审判决未查明黄某飞是否付款的事实,且黄某飞提交的各项证据能否充分证明其已经支付全部价款有待进一步查证,据此认为原判决认定的基本

[①] 案件来源:最高人民法院,深圳市金某富投资发展有限公司;企某实业发展(深圳)有限公司;深圳市百某广场大厦开发有限公司;黄某飞申请执行人执行异议之诉申请再审民事裁定书【(2016)最高法民申2788号】。

事实缺乏证据证明，指令广东省高级人民法院再审本案。

律师评析

本案中，最高人民法院认为原审判决未对有关事实予以查清的原因是：

其一，原审判决"本院查明"部分并未对有关事实予以认定，而径行在"本院认为"部分认定。

其二，虽然原审判决"本院查明"部分载明黄某飞提交有关付款证据的名称及其拟证明的事项，但并未从"人民法院查明事实"的角度对上述当事人提交证据的采信情况作出认定，且有关证据能否充分证明相关事实有待进一步查证。

实务经验总结

一、严格意义上来说，判决书中的"本院查明"部分旨在对案件事实进行认定，"本院认为"部分主要是对案件法律适用问题予以评析。但实践中，经常出现法院在"本院认为"部分对案件重要事实径行予以认定的情况。我们认为，本案的裁判精神具有非常强的指引作用，有助于纠正此类错误做法。

二、民事诉讼裁判文书所确认的案件事实，是在诉讼各方当事人的参与下，人民法院通过开庭审理等诉讼活动，组织各方当事人围绕诉讼中的争议事项，通过举证、质证和认证活动依法作出认定的基本事实。根据最高人民法院审理的其他案件的裁判观点，"本院认为"部分所涉的相关事实，并非均是经过举证、质证和认证活动后有证据证明的案件事实，因此不能被认定为裁判文书所确认的案件事实，该等事实对其他案件也无拘束力和既判力。

相关法律规定

《中华人民共和国民事诉讼法》（2021年修正）

第二百零七条 当事人的申请符合下列情形之一的，人民法院应当再审：

……

（二）原判决、裁定认定的基本事实缺乏证据证明的；

……

《最高人民法院关于人民法院民事执行中查封、扣押、冻结财产的规定》（2020年修正）

第十五条 被执行人将其所有的需要办理过户登记的财产出卖给第三人，第三人已经支付部分或者全部价款并实际占有该财产，但尚未办理产权过户登记手续的，人民法院可以查封、扣押、冻结；第三人已经支付全部价款并实际占有，但未办理过户登记手续的，如果第三人对此没有过错，人民法院不得查封、扣押、冻结。

法院判决

以下为该案判决书中"本院认为"部分就该问题的论述。

黄某飞是否已经支付全部价款的事实，是各方当事人争议的主要事实和本案裁判的重要依据，但通观一审判决和原判决查明的事实部分，未看到载明任何有关付款事实的内容。一审判决第10页至第15页的"经审理查明"的所有内容，没有体现黄某飞付款的事实；原判决第24页至第25页"本院二审查明的事实"部分，除对一审判决查明的事实予以确认外，虽然在"本院另查明"中通过载明"黄某飞在原审时提供了如下证据：1.……"的方式，描述了黄某飞一审时提交了《财务凭证》《确认书》及《说明》等有关付款证据的名称及其拟证明的事项，但并未从"人民法院查明事实"的角度对上述当事人提交证据的采信情况作出认定。原判决在未查明黄某飞付款事实的情况下，径行在"本院认为"部分认定黄某飞已支付了全部购房款并以此下判，明显不当。

另，原判决在"另查明"中列举的有关付款的《财务凭证》《确认书》及《说明》等证据能否充分证明黄某飞已经支付全部价款的事实，有待进一步查证。例如，案涉《房地产转让协议书》系于2006年11月17日由企某公司与黄某飞和案外人万某公司签订，并由万某公司一并履行其和黄某飞的付款义务。黄某飞提供的证据显示，该合同签订之前，不仅万某公司已于2006年9月18日和10月17日共计支付了500万元，履行了主要付款义务，而且企某公司就该两次付款分别于9月19日和10月17日出具的《确认书》均载明："根据企某公司与陈某文先生签订的《房地产转让协议书》……"即企某公司出具《确认书》时，合同虽尚未签订，但该合同的名称"房地产转让协议书"已经出现在了《确认书》中，故《确认书》的真实性需要审查认定。又如，万某公司2006年9月18日支付140万元的银行转账凭证，收款人赵某鹏的身份不明确，且无企某公司的付款指示；2006年10月17日支付250万元给夏某来存折账户的转账凭证，并未显示付款的主体；2006年12月3日支付的50万元，黄某飞虽主张系万某公司通过银行转账支付，但并未出具相关的银行转账凭证……上述转账凭证如何证明相关款项系支付的案涉合同项下转让款，亦需审查认定。

延伸阅读

裁判规则

人民法院生效裁判文书中裁判理由的内容不能被认定为"已为人民法院发生法律效力的裁判所确认的事实"。

案例：最高人民法院，广州乾某房地产信息咨询有限公司与张家港市滨江新某投资发展有限公司财产损害赔偿纠纷民事裁定书【（2021）最高法民申7088号】

关于人民法院生效裁判文书中裁判理由内容能否被认定为"已为人民法院发生法律效力的裁判所确认的事实"。乾某公司主张，广东高院（2017）粤执复281号复议决定书中"本院经审查认为"部分应被理解为《最高人民法院关于适用〈中华人民共和国民事诉讼法〉的解释》（以下简称民诉法解释）第九十三条第一款第五项中规定的"已为人民法院发生法律效力的裁判所确认的事实"。本院认为，人民法院生效裁判文书中裁判理由的内容不能被认定为"已为人民法院发生法律效力的裁判所确认的事实"。民事诉讼裁判文书所确认的案件事实，是在诉讼各方当事人的参与下，人民法院通过开庭审理等诉讼活动，组织各方当事人围绕诉讼中的争议事项，通过举证、质证和认证活动依法作出认定的基本事实。一般来说，经人民法院确认的案件事实应在裁判文书中有明确无误的记载或表述。而裁判文书中的裁判理由，则是人民法院对当事人之间的争议焦点或其他争议事项作出评判的理由，以表明人民法院对当事人之间的争议焦点或其他争议事项的裁判观点。裁判理由的内容，既可能包括案件所涉的相关事实阐述，也可能包括对法律条文的解释适用，或者事实认定与法律适用二者之间的联系。但裁判理由部分所涉的相关事实，并非均是经过举证、质证和认证活动后有证据证明的案件事实，因此不能被认定为裁判文书所确认的案件事实。一般来说，裁判文书中裁判理由的内容无论在事实认定还是裁判结果上对于其他案件均不产生拘束力和既判力。

034 原审判决认定合同效力错误的，可否通过再审纠正？

裁判要旨

违反行政规章一般不影响合同效力，但违反行政规章签订租赁合同危及不特定公众人身及财产安全，属于损害社会公共利益、违背公序良俗的行为，应当认定租赁合同无效。原审判决关于合同未违反法律规定应属有效的认定，系适用法律不当，应予再审。

案情简介[①]

一、2007年6月，某物资供应站所有的某办公楼被江西省建设业安全生产监督管理站作出的《房屋安全鉴定意见》划分为"无加固维修价值的，应拆除重建"的D级危房。

二、饶某礼系个体工商户业主。2011年8月，饶某礼经营的晶某酒店与某物资供应站签订《租赁合同》，承租某物资供应站办公楼用于酒店经营。承租前，晶某酒店出具《承诺书》，承诺将对租赁房屋进行加固后使用。

三、2011年10月，晶某酒店委托第三方对租赁的房屋实施加固改造。2012年1月，在加固施工过程中，案涉建筑物大部分垮塌。

四、饶某礼向法院提起诉讼，请求解除《租赁合同》，并要求某物资供应站向其返还保证金、赔偿经济损失。本案南昌中院一审、江西高院二审，均认定《租赁合同》合法有效，并在此基础上判决解除《租赁合同》，并按照双方过错程度对其各自应承担的责任进行划分。

五、饶某礼、某物资供应站均不服二审判决，分别向最高人民法院申请再审。再审中，最高人民法院认为案涉《租赁合同》应属无效，并对双方当事人进行释明。经释明，饶某礼将请求解除合同的诉讼请求变更为请求确认无效。最高人民法院最终判决《租赁合同》无效，并在此基础上对双方各自应当承担的责任进行了重新认定。

---

① 案件来源：最高人民法院，饶某礼诉某物资供应站房屋租赁合同纠纷案再审民事判决书【(2019)最高法民再97号】。

律师评析

本案中，最高人民法院推翻原审法院关于《租赁合同》有效的认定，以违背公序良俗为由认定《租赁合同》无效，其原因是：

首先，经有权鉴定机构鉴定，案涉房屋已被确定属于存在严重结构隐患，或将造成重大安全事故的应当尽快拆除的 D 级危房。

其次，《商品房屋租赁管理办法》第六条第二项规定，不符合安全、防灾等工程建设强制性标准的房屋不得出租。《商品房屋租赁管理办法》虽在效力等级上属部门规章，但是，该办法第六条规定体现的是对社会公共安全的保护以及对公序良俗的维护。本案中，双方约定将该房屋出租用于经营可能危及不特定公众人身及财产安全的商务酒店，明显损害了社会公共利益、违背了公序良俗，应认定合同无效。

实务经验总结

一、合同效力问题是合同纠纷诉讼中首先应当解决的问题，也是判断合同履行、合同解除、各方责任的前提和基础。因此，如原审判决对合同效力问题作出错误认定，必将根本影响当事人的权利义务关系。在此情况下，当事人可以通过申请再审的方式予以救济。

二、公序良俗是指民事主体的行为应当遵守公共秩序，符合善良风俗，不得违反国家的公共秩序和社会的一般道德。《中华人民共和国民法典》第一百五十三条第二款明确规定，"违背公序良俗的民事法律行为无效"。法律之所以对公序良俗原则作出规定，是因为立法时不可能预见一切损害公共秩序和道德秩序的行为而作出详尽的禁止性规定，故设立公序良俗原则，以弥补禁止性规定之不足。因此，当事人在处理合同纠纷的效力问题时，不仅应考虑合同内容有无违反法律、行政法规的强制性规定，还应考虑在法律、行政法规无相应强制性规定的情况下，合同行为是否违背了公序良俗。一般认为，如合同中存在危害公共秩序、公共安全、公平竞争、侵犯人权和人格尊严等内容，均可依据公序良俗原则确认相应合同无效。

相关法律规定

《中华人民共和国民事诉讼法》（2021年修正）

第二百零七条 当事人的申请符合下列情形之一的，人民法院应当再审：

……

（六）原判决、裁定适用法律确有错误的；

……

《中华人民共和国民法典》（2021年施行）

第一百五十三条 违反法律、行政法规的强制性规定的民事法律行为无效。但是，该强制性规定不导致该民事法律行为无效的除外。

违背公序良俗的民事法律行为无效。

《商品房屋租赁管理办法》（2011年施行）

第六条 有下列情形之一的房屋不得出租：

（一）属于违法建筑的；

（二）不符合安全、防灾等工程建设强制性标准的；

（三）违反规定改变房屋使用性质的；

（四）法律、法规规定禁止出租的其他情形。

《最高人民法院关于民事诉讼证据的若干规定》（2019年修正）

第五十三条 诉讼过程中，当事人主张的法律关系性质或者民事行为效力与人民法院根据案件事实作出的认定不一致的，人民法院应当将法律关系性质或者民事行为效力作为焦点问题进行审理。但法律关系性质对裁判理由及结果没有影响，或者有关问题已经当事人充分辩论的除外。

存在前款情形，当事人根据法庭审理情况变更诉讼请求的，人民法院应当准许并可以根据案件的具体情况重新指定举证期限。

《全国法院民商事审判工作会议纪要》（2019年施行）

31. 违反规章一般情况下不影响合同效力，但该规章的内容涉及金融安全、市场秩序、国家宏观政策等公序良俗的，应当认定合同无效。人民法院在认定规章是否涉及公序良俗时，要在考察规范对象基础上，兼顾监管强度、交易安全保护以及社会影响等方面进行慎重考量，并在裁判文书中进行充分说理。

法院判决

以下为该案在再审审查阶段，裁定书中"本院认为"部分就该问题的论述。

关于案涉《租赁合同》的效力问题。本院认为，根据江西省建设业安全生产监督管理站于 2007 年 6 月 18 日出具的《房屋安全鉴定意见》，案涉《租赁合同》签订前，该合同项下的房屋存在以下安全隐患：一是主要结构受力构件设计与施工均不能满足现行国家设计和施工规范的要求，其强度不能满足上部结构承载力的要求，存在较严重的结构隐患；二是该房屋未进行抗震设计，没有抗震构造措施，不符合《建筑抗震设计规范》国家标准，遇有地震或其他意外情况发生，将造成重大安全事故。《房屋安全鉴定意见》同时就此前当地发生的地震对案涉房屋的结构造成了一定破坏，应引起业主及其上级部门足够重视等提出了警示。在上述认定基础上，江西省建设业安全生产监督管理站对案涉房屋的鉴定结果和建议是，案涉租赁房屋属于应尽快拆除全部结构的 D 级危房。据此，经有权鉴定机构鉴定，案涉房屋已被确定属于存在严重结构隐患，或将造成重大安全事故的应当尽快拆除的 D 级危房。

根据住房和城乡建设部《危险房屋鉴定标准》（2016 年 12 月 1 日实施）第 6.1 条规定，房屋危险性鉴定属 D 级危房的，系指承重结构已不能满足安全使用要求，房屋整体处于危险状态，构成整幢危房。尽管《危险房屋鉴定标准》第 7.0.5 条规定，对评定为局部危房或整幢危房的房屋可按下列方式进行处理：1. 观察使用；2. 处理使用；3. 停止使用；4. 整体拆除；5. 按相关规定处理。但本案中，有权鉴定机构已经明确案涉房屋应予拆除，并建议尽快拆除该危房的全部结构。因此，案涉危房并不具有可在加固后继续使用的情形。《商品房屋租赁管理办法》第六条第二项规定，不符合安全、防灾等工程建设强制性标准的房屋不得出租。

《商品房屋租赁管理办法》虽在效力等级上属部门规章，但是，该办法第六条规定体现的是对社会公共安全的保护以及对公序良俗的维护。结合本案事实，在案涉房屋已被确定属于存在严重结构隐患，或将造成重大安全事故的应当尽快拆除的 D 级危房的情形下，双方当事人仍签订《租赁合同》，约定将该房屋出租用于经营可能危及不特定公众人身及财产安全的商务酒店，明显损害了社会公共利益、违背了公序良俗。从维护公共安全及确立正确的社会价值导向的角度出发，对本案情形下合同效力的认定应从严把握，司法不应支持、鼓励这种为追求经济利益而忽视公共安全的有违社会公共利益和公序良俗的行为。故依照《中华人民共和国民法总则》第一百五十三条第二款关于违背公序良俗的民事法律行为无效的规定，以及《中华人民共和国合同法》第五十二条第四项关于损害社会公共利益的合同无效的规定，本院确认案涉《租赁合同》无效。原审判决关于《租赁合同》不违反法律规定应属有效的认定，系适用法律不当，本院予以纠正。

035 调解书可否再审，应符合哪些条件？

裁判要旨

只有在调解违反自愿原则或者调解协议的内容违反法律的情况下，人民法院才可对民事调解书予以再审。当事人以"诉讼主体不适格"等其他理由申请对调解书再审的，人民法院不予支持。

案情简介[①]

一、2003年11月，中某银行沈河支行与辽宁某商场借款合同纠纷，双方达成调解协议，辽宁某商场向中某银行沈河支行偿还借款本息，法院据此出具调解书。此后，经多次债权转让，该笔债权转让给汇某公司。

二、2015年11月，沈阳市沈河区人民法院作出再审裁定，决定再审本案。该院再审认为，无法确认辽宁某宾馆商场在工商管理部门办理登记，依法成立，不能证明辽宁某宾馆商场真实存在，属于原审被告主体不适格。在此情况下，原审作出确认由辽宁某宾馆商场借款，辽宁某商场还款的调解协议，系认定事实错误，适用法律不当，应予纠正，裁定撤销原调解书。

三、汇某公司提起上诉，二审沈阳市中级人民法院维持一审判决。

四、汇某公司不服，向辽宁省人民检察院申诉，该院提出抗诉，辽宁省高级人民法院提审本案。辽宁省高级人民法院再审认为，本案调解书并不存在违反调解自愿原则和违反法律规定的情形，判决撤销一审、二审判决，维持原调解书。

律师评析

本案中，辽宁省高级人民法院认为不得以"被告主体不适格为由"对原调解书进行再审，其原因是：

[①] 案件来源：辽宁省高级人民法院，辽宁汇某投资管理有限公司、辽宁某商场金融借款合同纠纷再审民事判决书【（2020）辽民再531号】。

其一，民事诉讼法对调解书进行再审的前提条件只有两个，一个是调解违反自愿原则，另一个是违反法律规定。本案中不存在上述两项情形，以主体不适格为由撤销调解书缺乏充分的法律依据。

其二，被告主体是否适格应当遵从原告的意愿且与原告具有法律关系。本案中，中某银行沈河支行以辽宁某商场为被告提起诉讼，并在诉讼中达成调解，说明中某银行沈河支行对被告辽宁某商场主体身份的认可，本案不能得出辽宁某商场与中某银行沈河支行不具有利害关系，从而不具备起诉条件的结论。

实务经验总结

一、鉴于法院出具的调解书系以双方自愿达成的调解协议为基础，因此法律虽赋予当事人对民事调解书予以救济的权利，但行使条件极为严格。一方面，不得针对调解书提起上诉，而只得申请再审；另一方面，对调解书的再审也有严格限制，只有在违反调解自愿原则的情况下，或者在调解协议内容违反法律规定的情况下，人民法院才可启动再审程序，并且当事人对上述情形具有证明责任。

二、对于在仲裁程序中达成的调解协议，当事人可以通过申请撤销仲裁调解书的形式予以救济。

相关法律规定

《中华人民共和国民事诉讼法》（2021年修正）

第二百零八条 当事人对已经发生法律效力的调解书，提出证据证明调解违反自愿原则或者调解协议的内容违反法律的，可以申请再审。经人民法院审查属实的，应当再审。

法院判决

以下为该案在再审审查阶段，裁定书中"本院认为"部分就该问题的论述。

关于本案调解书是否存在主体不适格的问题，本案是否属于法律规定调解书应予再审的情形的问题。《中华人民共和国民事诉讼法》第二百零一条规定，当事人对已经发生法律效力的调解书，提出证据证明调解违反自愿原则或者调解协议的内容违反法律的，可以申请再审。经人民法院审查属实的，应当再审。即民事诉讼法对调解书进行再审的前提条件只有两个：一个是调解违反自愿原则；另一个是违反法律规定。

本案原再审后的处理结果实质上是否认了辽宁某商场主体资格。而辽宁某商场主体资格是否合适的问题，在原一审 2003 年 10 月 28 日中某银行沈河支行起诉时，起诉所列被告主体是辽宁某宾馆商场，被告提供的法定代表人身份证明落款是辽宁某宾馆商场的盖章，其上载明马某和是辽宁某商场经理，是法定代表人，盖章与证明的主体存在不一致。在一审审理中既有辽宁某宾馆商场相关证照，又有辽宁某商场的相关证照。在双方达成的调解协议书中确定的主体是辽宁某商场，中某银行沈河支行代理人在该调解协议上签字，最后的调解书列明的主体亦是辽宁某商场。被告主体是否适格应当遵从原告的意愿且与原告具有法律关系，根据以上情况，中某银行沈河支行对被告的主体情况应当知晓，中某银行沈河支行在调解协议书上签字应当视为对被告辽宁某商场主体身份的认可，且从本案双方提交的证据看，辽宁某宾馆商场与辽宁某商场具有一定的关联性，本案不能得出辽宁某商场与中某银行沈河支行不具有利害关系，从而不具备起诉条件的结论。

从调解书进入再审的条件看，本案并不存在《中华人民共和国民事诉讼法》第二百零一条规定违反调解自愿原则和违反法律规定的情形。以主体不适格为由撤销原一审调解书缺乏充分的法律依据。

延伸阅读

裁判规则：当事人认为仲裁调解协议违反自愿原则或者调解协议的内容违反法律，以及损害当事人、案外人利益甚至社会公共利益的，可以向法院申请撤销仲裁调解书。

案例：最高人民法院，李某欣申请撤销仲裁裁决再审民事裁定书【（2020）最高法民再 118 号】

关于仲裁当事人申请撤销仲裁调解书是否属于法院受案范围问题。《中华人民共和国仲裁法》第五十八条规定，当事人提出证据证明裁决有下列情形之一的，可以向仲裁委员会所在地的中级人民法院申请撤销裁决：（一）没有仲裁协议的；（二）裁决的事项不属于仲裁协议的范围或者仲裁委员会无权仲裁的；（三）仲裁庭的组成或者仲裁的程序违反法定程序的；（四）裁决所根据的证据是伪造的；（五）对方当事人隐瞒了足以影响公正裁决的证据的；（六）仲裁员在仲裁该案时有索贿受贿，徇私舞弊，枉法裁决行为的。人民法院经组成合议庭审查核实裁决有前款规定情形之一的，应当裁定撤销。人民法院认定该裁决违背社会公共利益的，应当裁定撤销。第五十一条第二款规定，调解书与裁决书具有同等法律效力。基于仲裁调解与仲裁裁决均是通过仲裁方式解决民事纠纷，具有同等法律效力，都具有强制执行力。为保障仲裁当事人获得平等司法救济的权利，制度设计上，法律赋予司法对仲裁进行监督，不应狭义地理解为仅是对仲裁裁决的监督，还应包含对仲裁调解的监督。《中华人民共和国民事诉讼法》第二百零一条①规定，当事人对已经发生法律效力的调解书，提出证据证明调解违反自愿原则或者调解协议的内容违反法律的，可以申请再审。经人民法院审查属实的，应当再审。民事诉讼法对诉讼调解规定了当事人可以向人民法院申请再审，而无论是诉讼调解还是仲裁调解，都存在违反自愿原则或者调解协议的内容违反法律，以及损害当事人、案外人利益甚至社会公共利益的可能。故有必要赋予仲裁调解当事人申请撤销仲裁调解书，获得司法救济的权利。

第三节 原判决、裁定认定事实的主要证据是伪造的

036 伪造的证据未作为认定案件事实主要证据的，人民法院不支持申请人的再审申请

裁判要旨

原审法院虽然采纳了伪造的证据，但该证据未作为认定案件事实主要依据的，人民法院不支持申请人的再审申请。

案情简介②

一、2016年6月15日，静某公司与毕某海签订《购车合同》，约定毕某海向静某公司购买一辆牵引汽车和一辆挂车，其中合同第一条约定牵引汽车的价款是380000元，挂车的价款是118300元，总计498300元。

---

① 现行有效《中华人民共和国民事诉讼法》第二百零八条。
② 案件来源：河南省高级人民法院，毕某海、民某金融租赁股份有限公司等融资租赁合同纠纷再审审查与审判监督民事裁定书【（2021）豫民申211号】。

二、为支付前述购车款，同日，毕某海与民某公司签订的《融资租赁合同（售后回租）》，约定毕某海将前述车辆出售给民某公司，之后毕某海租赁民某公司所有的牵引车和挂车。前述融资租赁合同的附件二中明确地约定了牵引车、挂车的总价、首付款、融资期限、每期租金等。

三、因毕某海未如期支付租金，民某公司将毕某海诉至法院。诉讼中，为证明《融资租赁合同（售后回租）》项下的融资金额为498300元，民某公司向法院提交了前述融资租赁合同、两张发票、静某公司与毕某海签订的《购车合同》。二审河南省周口市中级人民法院采信了前述三份证据，并支持了民某公司的诉讼请求。

四、之后，毕某海向国家税务机关查询发现：民某公司提交的两张发票系伪造的，毕某海遂以"原判决认定事实的主要证据是伪造的"为由向河南省高级人民法院申请再审。

五、河南高院认为二审法院主要依据《融资租赁合同（售后回租）》附件二认定融资金额为498300元，并非单独依据两张购车发票确认融资金额，毕某海申请再审不符合"原判决、裁定认定事实的主要证据是伪造的"的情形，并最终裁定驳回其再审申请。

律师评析

一、《中华人民共和国民事诉讼法》第二百零七条第三项明确规定在"原判决、裁定认定事实的主要证据是伪造的"情况下，人民法院应当再审。该规定意味着，对于人民法院认定事实依据的补强证据，如其确系伪造，人民法院不予再审。

二、主要证据是指认定案件基本事实必不可少、具有足够证明力的证据，没有该主要证据，案件基本事实就不能认定，或者有和该证据证明内容相反的证据，案件事实就会相反，裁判结果也会不同。补强证据是指不能单独作为认定案件事实的依据，用于补充主要证据以加强和确认其证明力的证据。正是因为补强证据不会直接影响裁判的结果，因此认定案件事实的补强证据系伪造的情况下，人民法院不予再审。

三、本案中，发票系认定融资金额的补强证据而非主要证据，具体而言：发票载明的金额印证了《融资租赁合同（售后回租）》附件二认定融资金额为498300元，其存在仅增强了后者的证明力。即便发票载明的金额不是498300元，原则上也不影响融资金额为 498300 元的认定。

实务经验总结

再审申请人发现原审法院认定案件事实依据的证据系伪造的后，应进一步判断该伪造的证据属于认定案件事实的主要证据还是补强证据，只有属于前者的情况下，人民法院才会裁定再审。

相关法律规定

《中华人民共和国民事诉讼法》（2021 年修正）

第二百零七条 当事人的申请符合下列情形之一的，人民法院应当再审：

（一）有新的证据，足以推翻原判决、裁定的；

（二）原判决、裁定认定的基本事实缺乏证据证明的；

（三）原判决、裁定认定事实的主要证据是伪造的；

（四）原判决、裁定认定事实的主要证据未经质证的；

（五）对审理案件需要的主要证据，当事人因客观原因不能自行收集，书面申请人民法院调查收集，人民法院未调查收集的；

（六）原判决、裁定适用法律确有错误的；

（七）审判组织的组成不合法或者依法应当回避的审判人员没有回避的；

（八）无诉讼行为能力人未经法定代理人代为诉讼或者应当参加诉讼的当事人，因不能归责于本人或者其诉讼代理人的事由，未参加诉讼的；

（九）违反法律规定，剥夺当事人辩论权利的；

（十）未经传票传唤，缺席判决的；

（十一）原判决、裁定遗漏或者超出诉讼请求的；

（十二）据以作出原判决、裁定的法律文书被撤销或者变更的；

（十三）审判人员审理该案件时有贪污受贿，徇私舞弊，枉法裁判行为的。

法院判决

以下为该案在法院审理阶段，判决书中"本院认为"部分就该问题的论述。

本院经审查认为，毕某海申请再审主张一审法院以两张购车发票认定贷款金额，但该两张购车发票是伪造的，故以《中华人民共和国民事诉讼法》第二百条第三项"原判决、裁定认定事实的主要证据是伪造的"为理由申请再审。经审查，本案中，由毕某海签字确认的《融资租赁合同（售后回租）》附件二中明确约定了牵引车、挂车的总价、首付款、融资期限、每期租金等，在2018年6月15日前，毕某海均按该约定支付租金。此外，静某公司、毕某海签订的《购车合同》第一条产品名称、规格型号、金额中明确约定牵引汽车的价款是380000元，挂车的价款是118300元，总计498300元，《购车合同》中所列的车辆价款与两张发票的金额一致。综合上述情况，原审判决主要依据民某公司、毕某海签订的《融资租赁合同（售后回租）》附件二中的约定确定贷款金额，并非单独依据两张购车发票确认贷款金额，不能证明原审判决认定事实错误。申请人如果发现伪造发票行为，可以向相关行政部门反映。综上，毕某海、宋某梅、杨某全的再审申请不符合《中华人民共和国民事诉讼法》第二百条[①]第三项规定的情形。

延伸阅读

裁判规则一

原审认定案件基本事实的主要证据系伪造的，当事人据此申请再审的，人民法院应当再审。

案例1：北京市高级人民法院，马某与马某普合同纠纷再审审查与审判监督民事裁定书【（2021）京民申4083号】

本院经审查认为，原判决、裁定认定事实的主要证据是伪造的，人民法院应当再审。经本院审查，案涉相关合同涉嫌伪造，直接影响本案事实的认定，因此，对其效力应当重新予以审查。马某的再审申请符合《中华人民共和国民事诉讼法》第二百条第三项的规定。

裁判规则二

伪造的证据不影响案件事实认定的，人民法院不予再审。（与主文案例裁判观点一致）

案例2：江苏省常州市中级人民法院，安徽省华某矿业有限公司与溧阳市银某农村小额贷款有限公司、钱某英等民间借贷纠纷申诉、申请民事裁定书【（2020）苏04民申93号】

关于原审认定事实的证据是否系伪造的问题。华某公司认为，史某坤签署催款函的时间在2015年10月，而非原审认定的2014年9月28日，银某公司与钱

---

① 现行有效《中华人民共和国民事诉讼法》第二百零七条。

某英存在伪造证据的事实，原审法院根据该证据错误作出银某公司在保证期间主张权利的认定。本院认为，《中华人民共和国民事诉讼法》第二百条第三项规定"原判决、裁定认定事实的主要证据是伪造的"属应当再审的情形。根据该规定，本案进入再审的前提是原判决认定事实的主要证据系伪造。原判决认定银某公司、钱某英在保证期间向华某公司主张权利的主要证据，是2013年8月29日银某公司、钱某英与华某公司法定代表人袁某平就案涉借款签订的还款协议，而非史某坤签署的催款函。史某坤签署的催款函是否系伪造，并不影响银某公司、钱某英在保证期间向华某公司主张权利事实的认定。故华某公司关于原判决认定银某公司与钱某英在保证期间主张权利错误的再审理由，不能成立。

案例3：福建省漳州市中级人民法院，梁某宝、成某凯等承揽合同纠纷民事申请再审审查民事裁定书【（2021）闽06民申26号】

成某建以《中华人民共和国民事诉讼法》第二百条第三项规定的情形主张再审，但其认为的加工协议记载的"注本协议一式三份各一份，如有纠纷于漳州龙文法院处理"没有证据证明该内容系伪造；而且根据《中华人民共和国民事诉讼法》第二百条第三项规定"原判决、裁定认定事实的主要证据是伪造的"，但加工协议记载的"注本协议一式三份各一份，如有纠纷于漳州龙文法院处理"不构成主要证据，不影响案件事实的认定，而成某建对加工协议记载的其他内容及其本人签名也无异议。

案例4：福建省龙岩市中级人民法院，林某华、游某英民间借贷纠纷民事申请再审审查民事裁定书【（2021）闽08民申13号】

游某英主张林某华二审提交的疾病证明书系伪造的，经调查，该疾病证明书中的医生签名确系伪造，二审判决虽采纳该证据，但该证据并非二审判决据以认定事实的主要证据，亦未作为林某华向游某英交付17万元借款的依据。因此，本案不存在《中华人民共和国民事诉讼法》第二百条第三项规定的"原判决、裁定认定事实的主要证据是伪造的"情形。但林某华伪造证据妨害了民事诉讼，妨碍了本院对本案件的审理，本院另案对其进行处罚。

裁判规则三

原审中，伪造的证据经质证程序后未被采信的，申请人根据该伪造的证据申请再审的，人民法院不予支持。

案例5：浙江省绍兴市中级人民法院刘某凤诉金某夫房屋买卖合同纠纷再审民事裁定书【（2017）浙06民申39号】

本案中，再审申请人提出的伪造证据系一审期间被申请人提交的通话录音光盘，该证据经组织庭审质证并未予以采信，故该证据不属于认定案件基本事实的证据，再审申请人提出的认定案件基本事实的证据系伪造的理由不能成立。

037 被申请人虚假陈述的，是否属于伪造证据？

裁判要旨

当事人虚假陈述并不属于伪造证据的范畴，其他当事人以此为由申请再审的，人民法院不予支持。

案情简介[①]

一、王某果以自有砼车挂靠在程某公司名下经营，挂靠协议约定的结算方式为，程某公司在收到富某公司结算的运输费后，扣除管理费等费用后将剩余款项全部结算给王某果。

二、2018年7月27日，王某果驾驶砼车装一车C30混凝土本应到北大资源二期63某楼浇筑12—15米层梁板，但王某果到现场后将该车砼运到了71某楼浇入3—6米层C60混凝土中，导致富某公司重大质量事故。

三、事故发生后，富某公司遭受经济损失30万元。2018年11月20日，富某公司向程某公司出具《索赔通知》，要求程某公司承担此次事故70%的责任，由程某公司赔偿富某公司21万元，并由富某公司从程某公司运费中分四次扣除21万元，具体系从王某果绩效工资中扣除，因此程某公司未收到富某公司本应支付的王某果砼车运输费。

四、之后王某果起诉程某公司，要求其支付运输费25万元（其中包含前述21万元）。一审、二审审理过程中，程某公司称富某公司未向其结算这部分运输费，王某果无权要求程某公司进行结算。法院认可了程某公司的前述主张，并以此为由判决驳回了王某果的诉讼请求。

五、在发动前述诉讼外，王某果另案起诉富某公司，后案判决书载明："程

[①] 案件来源：重庆市高级人民法院，王某果与重庆程某物流有限公司运输合同纠纷申请再审民事裁定书【（2020）渝民申1403号】。

某公司的法定代表人刘某在扣款说明和运费结算表中签字确认，同意扣除运费210000元，富某公司已经将结算的剩余运费支付完毕。"王某果以后案判决为据，主张程某公司在前案中虚假陈述，属于伪造证据，前案应当再审。

六、再审重庆高院认为当事人虚假陈述的，不属于伪造证据，并裁定驳回了王某果的再审申请。

律师评析

《中华人民共和国民事诉讼法》第六十六条规定，当事人的陈述和证人证言均属于证据的范畴，但为何当事人、证人虚假陈述，不属于伪造证据呢？我们理解法院之所以否认虚假陈述属于伪造证据的范畴，系基于如下理由：

1. 《最高人民法院、最高人民检察院关于办理虚假诉讼刑事案件适用法律若干问题的解释》第一条规定，"采取伪造证据、虚假陈述等手段，实施下列行为之一，捏造民事法律关系，虚构民事纠纷，向人民法院提起民事诉讼的，应当认定为刑法第三百零七条之一第一款规定的'以捏造的事实提起民事诉讼'"，将伪造证据和虚假陈述两种行为采取并列的方式列举，表明两者不能等同。

2. 根据《最高人民法院关于人民法院办理仲裁裁决执行案件若干问题的规定》第十五条的规定可知，伪造证据一般是指通过捏造、变造、提供虚假证明等非法方式形成或者获取的证据。当事人或者证人虚假陈述，明显不符合前述伪造证据的定义。

3. 鉴于民事诉讼领域，虚假陈述情形屡禁不止，实践中法院基本不单纯以当事人陈述或证人证言等言词证据作为认定事实的主要证据，基于维护生效判决的严肃性，《中华人民共和国民事诉讼法》第二百零七条第三项规定的"认定事实的主要证据"中的"证据"应作限缩解释，即伪造证据中的证据系指证据材料，伪造证据是指故意制造虚假的证据材料的行为，而虚假陈述则是指当事人故意对案件事实作虚假、误导性陈述的行为，不涉及证据材料，不属于伪造证据。

实务经验总结

诉讼当事人发现对方、对方代理人、证人进行虚假陈述的，往往以《中华人民共和国民事诉讼法》第二百零七条第三项"原判决、裁定认定事实的主要证据是伪造的"申请再审，但实践中法院普遍认为当事人或证人虚假陈述不属于伪造证据的范畴，并裁定驳回再审申请人的再审请求。因此，再审申请人单纯以此为由申请再审的，成功的概率微乎其微。

相关法律规定

《中华人民共和国民事诉讼法》（2021年修正）

第二百零七条　当事人的申请符合下列情形之一的，人民法院应当再审：

（一）有新的证据，足以推翻原判决、裁定的；

（二）原判决、裁定认定的基本事实缺乏证据证明的；

（三）原判决、裁定认定事实的主要证据是伪造的；

（四）原判决、裁定认定事实的主要证据未经质证的；

（五）对审理案件需要的主要证据，当事人因客观原因不能自行收集，书面申请人民法院调查收集，人民法院未调查收集的；

（六）原判决、裁定适用法律确有错误的；

（七）审判组织的组成不合法或者依法应当回避的审判人员没有回避的；

（八）无诉讼行为能力人未经法定代理人代为诉讼或者应当参加诉讼的当事人，因不能归责于本人或者其诉讼代理人的事由，未参加诉讼的；

（九）违反法律规定，剥夺当事人辩论权利的；

（十）未经传票传唤，缺席判决的；

（十一）原判决、裁定遗漏或者超出诉讼请求的；

（十二）据以作出原判决、裁定的法律文书被撤销或者变更的；

（十三）审判人员审理该案件时有贪污受贿，徇私舞弊，枉法裁判行为的。

法院判决

以下为该案在法院审理阶段，判决书中"本院认为"部分就该问题的论述。

伪造证据与隐瞒事实属于不同的行为，即使程某公司在本案中隐瞒了与富某公司已就王某果运费进行结算和支付的事实，也只能说明程某公司作了虚假陈述，而不能认定为伪造证据，不符合《中华人民共和国民事诉讼法》第二百条第三项规定的应当再审的情形，故王某果的申请再审理由亦不能成立。

延伸阅读

裁判规则一

诉讼当事人虚假陈述的，不属于伪造证据。（与主文案例裁判观点一致）

案例1：上海市第一中级人民法院，上海纪某造船科技发展有限公司与沪东中某造船（集团）有限公司申请撤销仲裁裁决一案一审民事裁定书【（2019）沪01民特553号】

申请人以被申请人作虚假陈述为由主张被申请人存在伪造证据的行为。本院认为，所谓伪造证据是指故意制造虚假的证据材料的行为，而虚假陈述则是指当事人故意对案件事实作虚假、误导性陈述的行为，两者属于不同的法律概念，申请人将虚假陈述等同于伪造证据，缺乏依据。

案例2：山东省济南市中级人民法院，济南建某总承包集团有限公司租赁合同纠纷民事决定书【（2018）鲁01司惩复5号】

本院经审查认为，建某公司在平阴县人民法院审理的（2017）鲁0124民初1940号租赁合同纠纷案件中提交的施工管理合同虽然未注明签订时间，但无证据证明该施工管理合同系伪造的证据，且该证据已被（2016）鲁0124民初667号、（2017）鲁0124民初1579号生效民事判决采信。建某公司委托诉讼代理人在庭审中陈述该施工管理合同签订时间为2013年9月不属实，属于虚假陈述，不属于伪造证据。而建某公司委托诉讼代理人的虚假陈述尚未严重到必须对建某公司予以罚款的程度。故平阴县人民法院对建某公司作出罚款二十万元的决定不当，应予撤销。

裁判规则二

证人证言虚假陈述的，不属于伪造证据。

案例3：广东省广州市中级人民法院，谢某鹏、刘某茹申请撤销仲裁裁决特别程序民事裁定书【（2020）粤01民特1416号】

关于涉案裁决所依据的证据是否伪造的问题。谢某鹏主张在仲裁过程中刘某茹的陈述及谭某的证人证言的陈述是伪造的，不符合事实，且其在仲裁过程中已经向仲裁庭提出异议，但仲裁庭未予采纳。由此可见，谢某鹏实际上是对刘某茹的陈述及证人证言的真实性、合法性及关联性有异议，认为他们的陈述与事实不符，属于虚假陈述，该问题实际上涉及的是他们的陈述的证明力问题及仲裁庭的认定问题。根据《最高人民法院关于人民法院办理仲裁裁决执行案件若干问题的规定》第十五条的规定可知，伪造证据一般是指通过捏造、变造、提供虚假证明等非法方式形成或者获取的证据，显然上述刘某茹的陈述及证人证言并不属于伪造证据的情形。至于上述当事人陈述及证人证言是否被采纳、证明力如何认定等问题，均属于仲裁庭对案件的实体审理范畴，并不属于本院的审查内容。据此，谢某鹏主张涉案裁决所依据的证据系伪造的理由不成立，本院不予采纳。

038 原审中未对证据的真实性提出异议，是否影响当事人申请再审？

裁判要旨

再审申请人在原审中认可证据的真实性，且未提供充分证据证明被申请人伪造证据的，人民法院不予支持申请人的再审申请。

案情简介[①]

一、刘某兴与陈某钦系夫妻关系。2006年刘某兴欲转让登记于自身名下的地块建设用地使用权，地块使用权类型为出让。同年7月13日，以刘某兴为甲方，以叶某为乙方签订的《商品房宅基地转让移交协议书》约定，甲方收地价款合计壹拾柒万捌仟元整；甲方必须及时协助办理土地及建筑所需有关移户手续。

二、后以刘某兴、陈某钦为甲方，以叶某为乙方签订《补充协议》，该《补充协议》约定，甲方积极协助完成该宗地块的承建及房屋的办证、移户等手续；甲方协助办理手续，使房屋移户到乙方（叶某）名下。

三、前述两份协议签订之后，叶某如约支付了合同价款，案外人陈某凯承建案涉地块的房屋。2017年7月7日，案涉地块上的房屋建设竣工。2017年7月19日，平潭综合实验区不动产登记中心出具《不动产权籍调查成果确认单》，载明已对案涉房屋的不动产完成权籍调查，权籍调查成果已经审核确认，刘某兴可持该确认单办理不动产登记手续。

[①] 案件来源：福建省福州市中级人民法院，叶某、刘某兴、陈某钦建设用地使用权合同纠纷再审审查与审判监督民事裁定书【（2020）闽01民申279号】。

四、之后，因合同履行陷入停滞，叶某将刘某兴、陈某钦诉至法院。诉讼中叶某向法院提交了前述两份协议书和《不动产权籍调查成果确认单》，以证明案涉房屋已具备办理不动产权证书的条件，但刘某兴、陈某钦拒不办理，且拒不履行约定的协助办理案涉房屋过户登记的义务。

五、一审和二审审理过程中，刘某兴、陈某钦对叶某提交的前述三份证据的真实性未提出任何异议，两级法院均采信了该三份证据及叶某主张的证明目的，并判决刘某兴、陈某钦办理案涉房屋产权证书，协助叶某办理过户登记。

六、之后，刘某兴、陈某钦主张叶某提交的《补充协议》《不动产权籍调查成果确认单》系伪造，并以"原审判决认定事实的主要证据系伪造"为由申请再审。再审法院福州中院认为刘某兴、陈某钦在一审和二审程序中均认可前述两份证据的真实性，且未提供充分证据证明前述两份证据系伪造的，最终裁定驳回了刘某兴、陈某钦的再审申请。

律师评析

再审申请人以"原判决、裁定认定事实的主要证据是伪造的"为由申请再审，人民法院不会仅以"原审中申请人未对证据的真实性提出异议"为由驳回申请人的再审申请，但法院会将之作为裁驳的理由之一。即"原审中申请人未质疑证据的真实性"的事实会促使再审法官形成"再审申请人所谓的伪造的证据系真实的、再审申请人不诚信"的心证，此等情况下，再审申请人只有提供更加充分的证据证明"认定案件事实的主要证据系伪造"的，才有可能动摇再审法官此前形成的心证，这也就意味着再审申请人须承担更重的举证责任。

当然，我们认为再审法官将"原审中申请人未质疑证据的真实性"作为裁驳的理由之一是欠妥当的。因为申请人完全有可能在一审、二审程序中未发现相关证据系伪造的，在原审程序结束后才发现对方当事人伪造证据的事实，并获得相关证据。此等情况下，法院便不能苛责申请人未卜先知、在原审程序中就对相关证据真实性提出异议。需要强调的是，前述情形在司法实践中系客观存在且相当普遍的，正因如此，《中华人民共和国民事诉讼法》第二百一十二条才规定当事人以"原判决、裁定认定事实的主要证据是伪造的"申请再审的期限自当事人知道或者应当知道之日起计算六个月，而非自判决或裁定生效之日起算。

实务经验总结

诉讼当事人应审慎评价对方当事人提交证据的三性，除百分之百确定对方提交的证据系真实的外，我们建议一律否认对方提交的证据的真实性。

相关法律规定

《中华人民共和国民事诉讼法》（2021年修正）

第二百零七条 当事人的申请符合下列情形之一的，人民法院应当再审：

（一）有新的证据，足以推翻原判决、裁定的；

（二）原判决、裁定认定的基本事实缺乏证据证明的；

（三）原判决、裁定认定事实的主要证据是伪造的；

（四）原判决、裁定认定事实的主要证据未经质证的；

（五）对审理案件需要的主要证据，当事人因客观原因不能自行收集，书面申请人民法院调查收集，人民法院未调查收集的；

（六）原判决、裁定适用法律确有错误的；

（七）审判组织的组成不合法或者依法应当回避的审判人员没有回避的；

（八）无诉讼行为能力人未经法定代理人代为诉讼或者应当参加诉讼的当事人，因不能归责于本人或者其诉讼代理人的事由，未参加诉讼的；

（九）违反法律规定，剥夺当事人辩论权利的；

（十）未经传票传唤，缺席判决的；

（十一）原判决、裁定遗漏或者超出诉讼请求的；

（十二）据以作出原判决、裁定的法律文书被撤销或者变更的；

（十三）审判人员审理该案件时有贪污受贿，徇私舞弊，枉法裁判行为的。

法院判决

以下为该案在法院审理阶段，判决书中"本院认为"部分就该问题的论述。

1.关于证据三《补充协议》是否伪造的问题。首先，在本案一审庭审质证时，刘某兴、陈某钦的委托诉讼代理人明确表示"对证据三真实性无异议"；其次，在本案二审过程中，无论是在上诉状中还是在二审调查时，刘某兴、陈某钦均未对《补充协议》的真实性提出异议；最后，叶某与刘某兴、陈某钦分别提交的《补充协议》的内容完全一致，仅是叶某提交的《补充协议》复印件中，"签约时间：2016年11月21日"部分缺失。因此，刘某兴、陈某钦关于《补充协议》是伪造的主张，本院不予采纳……3. 关于证据五《不动产权籍调查成果确认单》是否伪造的问题。在本案一审庭审质证时，刘某兴、陈某钦的委托诉讼代理人明确表示"对证据四、证据五真实性无异议"。此外，在本案二审过程中，无论是在上诉状中还是在二审调查时，刘某兴、陈某钦均未对《不动产权籍调查成果确认单》的真实性提出异议。因此，刘某兴、陈某钦关于《不动产权籍调查成果确认单》是伪造的主张，本院不予采纳。综上，再审申请人刘某兴、陈某钦关于"原判决、裁定认定事实的主要证据是伪造的"申请再审理由不能成立，本院不予支持。

延伸阅读

裁判规则

申请人在原审中未质疑证据的真实性会对其以"原判决、裁定认定事实的主要证据是伪造的"为由申请再审造成不利影响。（与主文案例裁判观点一致）

案例1：广东省佛山市南海市（区）人民法院，钟某凤、佛山市南海区狮山怡某幼儿园服务合同纠纷民事申请再审审查民事裁定书【（2022）粤0605民申37号】

本院认为，民事再审审查属于"事由审查"，应围绕当事人提出的法定事由进行。对于申请人钟某凤认为原审认定事实的主要证据缴费通知是伪造的意见。经查，申请人在原审开庭中对被申请人出示的证据缴费通知的真实性没有异议，且确认通知上"钟某凤"的签名是其本人所签。申请人主张该通知上的签名是受欺骗所签，亦缺乏证据证明。因此，现有的证据不足以反映缴费通知为伪造证据，申请人的上述再审事由不成立，不符合《中华人民共和国民事诉讼法》第二百零七条第三项规定的情形，本院不予支持。

案例2：山东省章丘市人民法院，赵某敬、孟某芸等民间借贷纠纷民事申请再审审查民事裁定书【（2021）鲁0114民申38号】

关于原判决是否存在认定事实的主要证据是伪造的情形。当事人对自己提出的主张，有责任提供证据。赵某敬、孟某芸在原审中对借条的真实性不持异议，赵某敬认可"利息2分"是自己书写，现未提供证据证明"利息2分"不是自己书写，其主张"利息2分"系伪造的理由不成立，原判决不存在认定事实的主要证据是伪造的情形。

案例3：湖北省孝感市中级人民法院，李某平、武汉新某基工程建设有限公司等建设工程施工合同纠纷民事申请再审审查民事裁定书【（2021）鄂09民申29号】

李某平并没有证据表明原审判决认定事实的主要证据是伪造的，李某平认为案涉《消防施工合同》落款的甲方处盖章印文样式与《欠条》《结算单》上加盖的印章明显不一致，《消防工程合同补充协议》（2015年5月16日）是伪造的，因其没有相应的证据来否认原审认定的事实，且原审审理时湖北泰某伟业房地产开发有限公司金某世家项目部作为被告应诉时并没有对上述印章真实性提出异议，故再审申请人李某平以原审认定的《欠条》《结算单》系伪造而申请再审的理由不能成立。

案例4：山东省济南市中级人民法院，武汉福某泰克科技有限公司、山东输某电设备有限公司等买卖合同纠纷民事申请再审审查民事裁定书【（2021）鲁01民申687号】

原审中，输某电公司提交的《补充协议》上盖有福某泰克公司、输某电公司的公章，且根据原审庭审笔录记载，福某泰克公司对上述《补充协议》的真实性并无异议，故其申请再审称"原判决认定事实的主要证据是伪造的"理由不能成立，本院不予支持。

案例5：四川省内江市中级人民法院，代某会、兰某峰等民事申请再审审查民事裁定书【（2021）川10民申41号】

根据《最高人民法院关于适用〈中华人民共和国民事诉讼法〉的解释》第三百九十九条[①]"审查再审申请期间，再审申请人申请人民法院委托鉴定、勘验的，人民法院不予准许"之规定，在本案再审审查期间，代某会提出对原审法院采信的黄某松书写的该份借条原件进行笔迹和指纹鉴定的申请，本院依法不予准许。另，案涉借条在原审庭审已进行质证，且当时黄某松本人、代某会本人参与庭审均未对该借条的真实性提出异议。故，代某会主张案涉借条系伪造的理由不能成立，本院不予支持。

[①] 现行有效《最高人民法院关于适用〈中华人民共和国民事诉讼法〉的解释》第三百九十六条。

第四节　原判决、裁定认定事实的主要证据未经质证的

039　原审证据未经质证的，一定可以申请再审吗？

裁判要旨

未经质证的证据不是原审判决认定案件事实的依据，当事人以原审证据未经质证为由申请再审的，人民法院不予支持。

案情简介①

一、2010年，普某铭公司向聚某公司借款800万元，并以其开发的芙某小区1栋、2栋向聚某公司提供抵押担保，双方签订了《抵押合同》。

二、2011年，丁某生与普某铭公司签订《商品房买卖合同》，约定购买芙某小区58-1号商铺，之后交纳房款并实际占有。

三、2014年，乌鲁木齐市第二公证处依据聚某公司的申请，签发《执行证书》，载明聚某公司可持本证书及合同向法院申请强制执行。后因普某铭公司未按约定偿还借款，聚某公司向克拉玛依中院申请强制执行，人民法院依法作出《执行裁定书》，查封案涉房产。

四、案外人丁某生对上述《执行裁定书》提出书面异议，称其为房产实际所有人，请求中止执行。克拉玛依中院经审查作出（2016）新02执异字3号执行裁定书，裁定中止对克拉玛依市白碱滩区芙某小区58-1号商铺的执行。

五、聚某公司不服该执行裁定，向克拉玛依中院起诉，请求撤销该执行裁定书并继续执行。克拉玛依中院认为丁某生享有排除强制执行的权益，判决驳回诉讼请求。聚某公司不服，向新疆高院上诉，新疆高院经审理判决驳回上诉，维持原判。

六、聚某公司向最高院申请再审，并主张一审法院在庭审结束后与普某铭公

---

① 案件来源：最高人民法院，新疆聚某典当有限责任公司与丁某生等申请执行人执行异议之诉再审民事裁定书【（2017）最高法民申2274号】。

司代理人谈话，该谈话未经质证，程序不当。最高院认为，该谈话并不是认定案件事实的依据，并无不当，最终判决驳回再审申请。

律师评析

本案中，再审申请人主张原审证据未经质证，但法院认为其并非认定案件事实的主要证据并予以驳回。

质证是庭审的必经程序，在庭审过程中，双方当事人均应当出示证据，并互相质证，未经质证的证据，不得作为认定案件事实的根据。而审判监督程序是对原生效判决是否存在错误进行监督，若仅为程序上存在部分瑕疵，并不影响实体公正的追求，则不进入再审程序。再审申请情形中规定：认定案件事实的主要证据未经质证的应当再审。因此若原审证据未经质证，但该证据并非认定案件事实的主要证据，则不符合申请再审的条件。

实务经验总结

一、认定案件事实的主要证据在原审中未经质证的，当事人可以申请再审，但若未经质证的证据并非认定本案事实的主要证据，人民法院将不支持当事人的再审申请。因此，当事人根据"原判决、裁定认定事实的主要证据未经质证的"这一情形申请再审时，除证明该证据未经质证外，还应证明该证据与本案事实之间的关系，即证明其为认定本案事实的主要证据。

二、若原审证据与事实均已经过质证，但法院未予认证，当事人可以根据"原判决、裁定认定的基本事实缺乏证据证明的"这一情形申请再审。

相关法律规定

《中华人民共和国民事诉讼法》（2021年修正）

第二百零七条　当事人的申请符合下列情形之一的，人民法院应当再审：

……

（二）原判决、裁定认定的基本事实缺乏证据证明的；

……

（四）原判决、裁定认定事实的主要证据未经质证的；

……

法院判决

以下为该案在法院审理阶段,裁定书中"本院认为"部分就该问题的论述:

再审申请人提出的其他申请再审事由,均不影响二审法院的判决结果。再审申请人提出,一审法院在庭审结束后与普某铭公司代理人谈话,该谈话笔录未经质证,二审法院对该程序问题未予纠正。对此问题,经查,二审法院并没有将该谈话笔录作为认定案件基本事实的依据,再审申请人的该项申请再审理由不能成立。

延伸阅读

裁判规则一

原审中虽存在证据未经质证,但该证据并非认定案件事实的主要证据,则不构成申请再审的理由。(与主文案例裁判观点一致)

案例1:最高人民法院,哈尔滨龙某房地产开发有限公司与黑龙江省金某龙贸建筑工程有限公司建设工程施工合同纠纷再审民事裁定书【(2019)最高法民申2204号】

2012年12月8日签订的《建设工程施工合同》不是原审法院据以认定事实的主要证据,亦未作为本案当事人之间工程价款结算的依据,故本案中不存在《中华人民共和国民事诉讼法》第二百条[1]第四项规定的"原判决、裁定认定事实的主要证据未经质证的"情形,龙某公司关于原审法院未对该份合同进行质证构成程序违法的此项申请再审理由,本院不予采信。

裁判规则二

原审相关证据经过质证,但法院未予认证,导致判决所依据事实缺乏证据证明的,符合再审条件。

案例2:最高人民法院,江苏华某房地产开发有限公司与南通四某集团有限公司建设施工合同纠纷再审民事裁定书【(2014)民申字第2191号】

本院认为,江苏高院二审判决在对华某公司与南通四某公司施工合同关系解除后的损失事实和责任认定上,对华某公司在二审中提供的部分证据和事实虽经庭审质证,但未予认证,判决所依据的事实缺乏充分证据证明,华某公司的再审申请符合《中华人民共和国民事诉讼法》第二百条第二项规定的情形。

---

[1] 现行有效《中华人民共和国民事诉讼法》第二百零七条。

040 当事人以原审法院未对生效法律文书组织质证申请再审的，人民法院不予支持

裁判要旨

生效法律文书所确认的事实属于免证事实，当事人举证生效法律文书或者其他证据证明免证事实的，人民法院无须对该等法律文书或其他证据组织质证。当事人以原判决、裁定认定事实的主要证据未经质证申请再审的，人民法院不予支持。

案情简介[①]

一、在山东鑫某公司、邹某开发公司和第三人鲁某集团公司建设工程合同纠纷案中，山东鑫某公司作为原告起诉邹某开发公司，请求法院判令邹某开发公司清偿拖欠的工程款。

二、一审审理过程中，邹某开发公司主张淄博中院已经受理了对山东鑫某公司的破产申请，山东鑫某公司无权以自身名义提起诉讼，而应以破产管理人的名义提起诉讼。

三、为证明自身具有参与诉讼的主体资格，山东鑫某公司向一审桓台县人民法院提交了一份人民法院作出的生效的裁定书即（2018）鲁03破6、7、9号之二民事裁定书，该裁定书载明：裁定延长山东鑫某公路工程有限公司、山东鑫某市政工程有限公司、山东绿某市政园林绿化工程有限公司合并重整计划的执行期限和监督期限至2020年12月27日。

四、一审法院认为：在本案诉讼阶段，山东鑫某公司处于执行合并重整计划期间和重整计划执行监督期内。而按照合并重整计划的相关内容，在重整计划执行监督期内，有关山东鑫某公司的涉诉事项由重整投资人具体处理，管理人只负责相关建议工作。故，本案中，山东鑫某公司以其公司名义作为原告并出具相关授权委托手续并无不当。一审法院最终判决支持了山东鑫某公司的诉讼请求。

[①] 案件来源：山东省高级人民法院，邹某市城镇化建设开发有限公司、山东鑫某公路工程有限公司、鲁某集团股份有限公司建设工程合同纠纷再审审查与审判监督民事裁定书【（2021）鲁民申1734号】。

五、之后，邹某开发公司不服一审判决并向淄博市中级人民法院提起上诉，淄博中院判决驳回上诉，维持原判；邹某开发公司不服二审生效判决，向山东省高级人民法院申请再审并主张原审法院未对证实山东鑫某公司具有原告主体资格的证据组织法庭质证。

六、山东高院认为：虽一审法院未组织质证，但人民法院作出的生效法律文书所确认的事实属于当事人无须举证的事实，原审依据上述裁定书认定被申请人的主体资格具有充分的法律依据，并裁定驳回邹某开发公司提出的再审申请。

律师评析

一、关于生效的仲裁裁决确认的事实

1. 在对方当事人无相反的证据证明生效的仲裁裁决确认的事实处于真伪不明状态的情况下，裁决确认的事实就属于免证事实，人民法院无须对当事人举证的裁决书或其他证据（证明免证事实的证据）组织质证；

2. 关于反证的证明标准：当事人提出的反证不必达到推翻该事实的程度，只需要动摇免证事实对法官的心证基础，使其处于真伪不明状态即可。

二、关于人民法院发生法律效力的裁判确认的事实

在对方当事人无相反的证据足以推翻生效的裁判确认的事实的情况下，裁判确认的事实就属于免证事实，人民法院无须对当事人举证的裁判文书或其他证据（证明免证事实的证据）组织质证。

三、之所以民事证据规则规定生效法律文书确认的事实属于免证事实，我们认为可能是基于如下考量：

1. 根据民事证据证明标准，只有在当事人对其主张的事实举证达到高度盖然性（某些特殊情形须达到排除合理怀疑的程度）的情况下，人民法院才会确认该事实。因此，通常情况下，生效的法律文书确认的事实的真实性是具有保障的；

2. 如生效法律文书确认的事实尚须当事人重新举证，鉴于不同案件的承办人员很大概率不同，不同的承办人员认定某项/些证据是否足以证明某项待证事实的裁量尺度很难保障完全一致。因此，将此前生效的法律文书确认的事实直接规定为免证事实，可有效避免出现"同证据不同证明力"的尴尬局面。

实务经验总结

一、对于生效仲裁裁决和法院裁判确认的事实，当事人无须再向法院提交证据予以证明，直接提交生效法律文书即可；

二、在对方当事人不能提供充分的反证反驳裁决/推翻裁判确认的事实的情况下，其嗣后以"原审法院未对裁决/裁判/证明免证事实的证据组织质证"申请再审的，人民法院不予支持。

相关法律规定

《中华人民共和国民事诉讼法》（2021年修正）

第二百零七条 当事人的申请符合下列情形之一的，人民法院应当再审：

（一）有新的证据，足以推翻原判决、裁定的；

（二）原判决、裁定认定的基本事实缺乏证据证明的；

（三）原判决、裁定认定事实的主要证据是伪造的；

（四）原判决、裁定认定事实的主要证据未经质证的；

（五）对审理案件需要的主要证据，当事人因客观原因不能自行收集，书面申请人民法院调查收集，人民法院未调查收集的；

（六）原判决、裁定适用法律确有错误的；

（七）审判组织的组成不合法或者依法应当回避的审判人员没有回避的；

（八）无诉讼行为能力人未经法定代理人代为诉讼或者应当参加诉讼的当事人，因不能归责于本人或者其诉讼代理人的事由，未参加诉讼的；

（九）违反法律规定，剥夺当事人辩论权利的；

（十）未经传票传唤，缺席判决的；

（十一）原判决、裁定遗漏或者超出诉讼请求的；

（十二）据以作出原判决、裁定的法律文书被撤销或者变更的；

（十三）审判人员审理该案件时有贪污受贿，徇私舞弊，枉法裁判行为的。

《最高人民法院关于民事诉讼证据的若干规定》（2019年修正）

第十条 下列事实，当事人无须举证证明：

（一）自然规律以及定理、定律；

（二）众所周知的事实；

（三）根据法律规定推定的事实；

（四）根据已知的事实和日常生活经验法则推定出的另一事实；

（五）已为仲裁机构的生效裁决所确认的事实；

（六）已为人民法院发生法律效力的裁判所确认的基本事实；

（七）已为有效公证文书所证明的事实。

前款第二项至第五项事实，当事人有相反证据足以反驳的除外；第六项、第七项事实，当事人有相反证据足以推翻的除外。

法院判决

以下为该案在法院审理阶段，判决书中"本院认为"部分就该问题的论述：

关于申请人所提证明被申请人主体资格的淄博市中级人民法院（2018）鲁03破6、7、9号之二民事裁定书未经质证的再审事由。本院认为，上述裁定书系二审法院所作出的生效法律文书，虽一审法院未组织质证，但人民法院作出的生效法律文书所确认的事实属于当事人无须举证的事实，原审依据上述裁定书认定被申请人的主体资格具有充分的法律依据。

延伸阅读

裁判规则：当事人无须举证证明人民法院和仲裁机构作出的生效法律文书确认的事实，人民法院自然无须对证明前述免证事实的证据组织质证。（与主文案例的裁判观点一致）

参考案例1：湖南省常德市中级人民法院，覃某望与澧县鸿某人力资源服务有限公司服务合同纠纷再审民事判决书【（2018）湘07民再9号】

原审法院依法组织了质证与辩论，覃某望与海南福某钢厂之间是否存在劳动关系已有生效法律文书予以确认，覃某望有关原审法院剥夺了其辩论权且未经质证即错误认定覃某望与原来工作单位没有劳动关系的理由无证据证明，不能成立。

参考案例2：河北省高级人民法院，刘某会、遵化市城市建设投资有限责任公司房屋拆迁安置补偿合同纠纷再审审查与审判监督民事裁定书【（2019）冀民申10014号】

刘某智以建投公司、征收办为被告提起的房屋拆迁安置补偿合同纠纷诉讼，刘某智与刘某会确认赠与合同效力纠纷诉讼有法院生效法律文书为证，法院生效法律文书依法属于免证事项，刘某会以相关证据未经质证为由主张本案应予再审于法无据。

参考案例 3：湖北省宜昌市中级人民法院，王某与湖北长阳农村商业银行股份有限公司等金融借款合同纠纷上诉案【（2017）鄂 05 民终 2887 号】

对于王某一审庭审后提交的（2016）鄂 0528 民初字第 316 号民事调解书，系已生效法律文书，根据《最高人民法院关于民事诉讼证据的若干规定》第九条第一款第四项之规定，已为人民法院发生法律效力的裁判所确认的事实，可以不经当事人举证质证，一审法院只是确认王某与柳某明就本案所涉被抵押房屋另有纠纷的事实，并不违反法定程序。

041 谈话笔录未经质证的，当事人是否可以此为由申请再审？

裁判要旨

法院对当事人询问形成的谈话笔录，非当事人提供的证据或法院收集的证据。因其本就不属于证据的范畴，故法院无须对该谈话笔录组织质证。当事人以谈话笔录未经质证申请再审的，人民法院不予支持。

案情简介[①]

一、郑某诉张某民间借贷纠纷一案，一审上海市静安区人民法院判决张某向郑某归还借款 200 万元，并支付逾期还款利息。张某不服一审判决，向上海市第二中级人民法院提起上诉，上海二中院判决驳回上诉，维持原判。

二、张某不服二审生效判决，并向上海市高级人民法院申请再审。张某诉称：原审法院程序严重违法。对 2020 年 1 月 8 日与郑某所作的谈话笔录，没有向张某出示并经张某质证与答辩。张某向二审法院提出过该程序问题，二审判决以"一审法院未将郑某在询问过程中的陈述作为认定本案事实的根据"为由，驳回了张某的主张。但张某认为，对双方提供的所有案件证据进行质证与辩论，是法律赋予案件当事人的诉讼权利，也是二审程序的目的所在。因此，二审法院

[①] 案件来源：上海市高级人民法院，张某与郑某民间借贷纠纷民事申请再审审查案件民事裁定书【（2021）沪民申 1700 号】。

的前述处理手段严重违法，认定事实的主要证据未经质证，上海高院应当予以再审。

三、上海高院认为，法院对郑某进行询问形成的谈话笔录，不属于证据的范畴，无须质证，张某以该谈话笔录未经质证为由申请再审，不符合《中华人民共和国民事诉讼法》第二百零七条第四项之规定，人民法院应驳回张某的再审申请。

律师评析

本案中，上海高院认为，人民法院对当事人询问形成的谈话笔录不属于证据，因此无须质证。我们不认可法院的此等观点，我们认为，人民法院对当事人询问形成的谈话笔录属于当事人陈述，是证据的一种表现形式，人民法院应当组织质证，且当事人的陈述不具备独立的证据效力。

一、从功能上而言，我国的当事人陈述分为三个层次：（1）当事人为了支持其诉讼请求而向法院陈述的事实根据，即关于主要事实的主张；（2）当事人对不利于自己的事实的真实性的认可，即自认；（3）当事人作为证据方法而就其经历所知向法院陈述有关案件事实，以作为证据资料供法院参考。

第三层证据方法意义上的当事人陈述，即《中华人民共和国民事诉讼法》规定的证据类型中的当事人陈述。

二、当事人陈述尽管被立法规定为一种单独的证据形式，但根据《最高人民法院关于民事诉讼证据的若干规定》第九十条第一项"下列证据不能单独作为认定案件事实的根据：（一）当事人的陈述"之规定，其地位仍然是辅助性的，需要与其他证据结合起来进行综合判断才能确定是否作为认定案件事实的依据。

三、关于人民法院是否应当对当事人陈述组织质证的问题，鉴于《最高人民法院关于民事诉讼证据的若干规定》第四章"质证"项下就当事人陈述的基本原则、人民法院依法有权询问当事人、当事人不接受人民法院询问的后果进行了明确规定，根据体系解释规则，我国立法并未将当事人陈述排除在须质证的证据范畴。

四、鉴于《最高人民法院关于民事诉讼证据的若干规定》明确规定当事人陈述不能单独作为定案根据，因此通常在没有其他类型的证据相印证的情况下，人民法院不会直接以当事人的陈述认定案件事实，当事人陈述一般属于补强证据，而非认定案件事实的主要证据。进而，如原审法院确实未对"法院对当事人询问形成的谈话笔录"组织质证，往往也不会影响案件事实的认定，当事人以此为由申请再审的，再审法院不予支持。

实务经验总结

实践中以"原审法院未对谈话笔录组织质证"为由申请再审能获得再审法院支持的概率极低，通常情况下再审法院会以"谈话笔录不属于证据，无须质证"或者"谈话笔录未作为认定案件事实的主要证据"裁定驳回再审申请。

相关法律规定

《中华人民共和国民事诉讼法》（2021年修正）

第二百零七条 当事人的申请符合下列情形之一的，人民法院应当再审：

（一）有新的证据，足以推翻原判决、裁定的；

（二）原判决、裁定认定的基本事实缺乏证据证明的；

（三）原判决、裁定认定事实的主要证据是伪造的；

（四）原判决、裁定认定事实的主要证据未经质证的；

（五）对审理案件需要的主要证据，当事人因客观原因不能自行收集，书面申请人民法院调查收集，人民法院未调查收集的；

（六）原判决、裁定适用法律确有错误的；

（七）审判组织的组成不合法或者依法应当回避的审判人员没有回避的；

（八）无诉讼行为能力人未经法定代理人代为诉讼或者应当参加诉讼的当事人，因不能归责于本人或者其诉讼代理人的事由，未参加诉讼的；

（九）违反法律规定，剥夺当事人辩论权利的；

（十）未经传票传唤，缺席判决的；

（十一）原判决、裁定遗漏或者超出诉讼请求的；

（十二）据以作出原判决、裁定的法律文书被撤销或者变更的；

（十三）审判人员审理该案件时有贪污受贿，徇私舞弊，枉法裁判行为的。

法院判决

以下为该案在法院审理阶段，判决书中"本院认为"部分就该问题的论述：

第二组证据是指2018年11月1日至11月30日的微信聊天记录，除借款前后的微信聊天记录已作为证据提供,且经过质证外,其余的材料郑某没有作为证据使用。第三组证据是指 2020 年 1 月 8 日郑某的谈话笔录,是法院对当事人的询问,并非当事人提供的证据,也非法院收集的证据。因质证制度的目的在于,"未经质证的证据不允许作为认定事实的根据",后两组材料并非证据故无质证必要,张某据此认为"认定事实的主要证据未经质证应予再审"的主张,不能成立。且并非证据,也不存在作为再审申请新证据的可能。

延伸阅读

裁判规则一

第三人系案件的当事人,人民法院对第三人询问形成的谈话笔录不是民事诉讼法意义上的证据,无须经过质证程序。(与主文案例的裁判观点一致)

案例 1:江苏省南京市中级人民法院,上诉人陈某 1 与被上诉人陈某 2、陈某 3 继承纠纷案民事判决书【(2020)苏 01 民终 8531 号】

由于陈某 3 在本案中是有独立请求权的第三人,亦是本案当事人,其在一审庭审后在法院所做谈话笔录并非证据。陈某 1 主张一审法院未将陈某 3 的谈话笔录交给其质证,剥夺了其质证和辩论的权利,程序违法的上诉意见,缺乏法律依据,本院不予采纳。

案例 2:甘肃省庆阳市中级人民法院,陕西建工第七建设集团有限公司与强某栋劳务合同纠纷上诉案民事判决书【(2017)甘 10 民终 825 号】

关于一审法院对强某栋的谈话笔录,系案件当事人的相关陈述,不属应予质证的证据范畴,一审卷宗亦无多次通知开庭未果的记载,故陕西七建公司所提一审判决程序违法的理由不能成立。

裁判规则二

人民法院对当事人询问形成的谈话笔录,须经过质证程序,才能作为定案根据,但如原审法院未将未经质证的谈话笔录作为认定案件事实的主要证据的,则当事人不得以此为由申请再审。(与主文案例的裁判观点相反)

案例 3:陕西省西安市中级人民法院,严某与龚某合同纠纷申诉、申请再审民事裁定书【(2021)陕 01 民申 358 号】

关于原判决认定事实的主要证据是否未经质证及辩论的问题。原审法院在 2020 年 5 月 14 日就有关案件事实对严某(案件当事人)进行了询问,并形成谈话笔录。对严某的谈话笔录仅作为法院审理案件的参考,起到补强证据的作用,该谈话笔录并不属于认定案件事实的主要证据，原审法院结合被申请人提供的其他证据综合认定本案的基本事实；且经本院查阅原审案卷，在庭审中，严某已就案件事实发表了辩论意见。故原审法院对谈话笔录未经质证并不违反法律规定，严某的该两项再审事由不能成立，本院依法不予支持。

裁判规则三

人民法院对证人询问形成的谈话笔录属于证据的范畴，是证人证言，非经质证不得作为定案依据。但如原审法院未将未经质证的谈话笔录作为主要定案依据的，当事人不得以此为由申请再审。

案例4：陕西省渭南市中级人民法院，吉某民与王某设委托合同纠纷申诉、申请再审民事裁定书【（2022）陕05民申43号】

本院经审查认为，原判决认定的基本事实有当事人提交的证据、庭审笔录、谈话笔录等在卷佐证，认定事实清楚。关于申请人提出原判决认定事实的主要证据未经质证的问题，申请人认为二审法院2019年9月11日与证人王某平的谈话笔录未经质证，不能作为定案依据。关于对王某平证言的认定，王某平曾多次出庭做证，原判决结合申请人与被申请人另案中临渭区人民法院2014年7月1日、2014年10月23日开庭笔录中王某平的证人证言，2015年4月27日渭南市中级人民法院庭审中王某平的证人证言等综合认定案件事实，2019年9月11日的谈话笔录并非本案的主要证据，虽未经质证，但不能作为提起再审的依据。

案例5：江西省高级人民法院，元某红、周某欣民间借贷纠纷再审审查与审判监督民事裁定书【（2018）赣民申991号】

关于元某红提出一审法院自行收集的证人余某4、金某4的证人证言未经质证的问题。经查，一审法院本案承办法官和书记员询问了证人余某4、金某4，并制作了《谈话笔录》，余某4、金某4在《谈话笔录》上签字。该《谈话笔录》虽未经质证，但该《谈话笔录》不是认定本案事实的主要证据，不影响对本案基本事实的认定。故元某红的该项再审事由不成立。

案例6：新疆维吾尔自治区高级人民法院，新疆双某起重设备制造有限公司与克拉玛依科某环保科技有限公司债权人代位权纠纷民事再审裁定书【（2021）新民申3122号】

原审中时某虎并未以证人身份出庭做证，原审法院为查明案件事实询问时某虎，未通知当事人对时某虎的谈话笔录进行质证不违反法定程序。故原审法院认定双某公司在本案中不符合行使债权人代位权的条件并无不当。

裁判规则四

人民法院对鉴定机构人员询问形成的谈话笔录，须经过质证程序方可作为定案根据，但如原审法院未将未经质证的谈话笔录作为主要定案依据的，当事人不得以此为由申请再审。

案例7：江苏省高级人民法院，宿迁市洋某建筑安装工程有限公司等诉何某平等建设工程施工合同纠纷案再审民事裁定书【（2017）苏民申2508号】

关于是否未经质证以及剥夺辩论权利的问题。当事人申请再审除应当通过再审申请书阐明申请再审的法定情形外，还应当说明具体事实、理由。洋某建安公司、华某房产公司虽称一审中大量的证据未经举证、质证和认证，但未说明未经质证的具体证据，对其该项申请理由本院碍难理涉、采纳；洋某建安公司、华某房产公司所称《谈话笔录》未经质证，经审查，该项证据是二审法院征询鉴定机构人员意见的笔录。该项证据未经质证，审理程序存在瑕疵，但其内容并不影响本案基本事实的认定，故洋某建安公司、华某房产公司的该项申请，本院不予支持。

第五节　对审理案件需要的主要证据，当事人因客观原因不能自行收集，书面申请人民法院调查收集，人民法院未调查收集的

042 当事人向法院申请调取证据而法院未调取，以此为由申请再审会得到支持吗？

裁判要旨

《中华人民共和国民事诉讼法》第二百零七条第五项规定的证据，指的是与待证事实具有关联性、当事人无法自行收集，且当事人提供了初步的线索材料证明其存在的证据。仅凭当事人主观推断未出示初步线索材料就向法院申请调查收集证据而法院未予调查的，当事人不能以此为由申请再审。

案情简介[①]

一、2009年，双台子区政府与巨某公司签订《项目合同》，约定双台子区政府同意巨某公司投资建设文化城。之后，巨某公司与飞某利公司、嘉某利公司签订《转让协议》，约定将《项目合同》中的权利义务转让给飞某利公司与嘉某利公司。

二、因转让款纠纷，巨某公司将飞某利、嘉某利公司诉至辽宁高院，请求法院判令其支付转让款。一审中，巨某公司向法院提交《调查取证申请书》，申请法院向双台子区政府调查《项目合同》履行情况，双台子区政府未予答复。法院认为被告公司是通过公开竞买获得该项目的，未支持其诉讼请求。

三、巨某公司不服，上诉至最高院，最高院驳回上诉。

四、巨某公司向最高院申请再审，主张一审期间申请法院调查取证，法院未作进一步调查。最高院认为，巨某公司申请调查取证的主张仅为主观推断，缺乏证据证明，未支持其再审申请。

律师评析

本案中，当事人在原审中向法院申请调查收集证据，但并未出示任何初步证据材料，仅凭主观推断，再审法院认为原审法院未予准许并无不当。

民事诉讼中，当事人因客观原因无法自行收集的证据，可以申请由法院收集。但根据本案观点，当事人向法院申请调查收集证据，应当出示初步线索材料，证明该证据是与本案有关联的、对待证事实有意义以及确有必要收集的。若仅仅是当事人认为该证据有关联、有重大意义却无法证明的，法院不予准许并无不当。

实务经验总结

当事人在原审中向法院申请调查收集证据，法院未调查收集的，当事人可以申请再审，同时在原审中申请调查收集证据应当注意以下几点：

一、当事人应当在举证期限内，书面向法院提出申请。

[①] 案件来源：最高人民法院，中山市巨某古玩城发展有限公司、珠海飞某利投资有限公司项目转让合同纠纷再审民事裁定书【（2020）最高法民申6259号】。

二、该证据应当与待证事实相关、对证明待证事实有意义或确有必要调查收集，且该证据应当客观存在，若是无法收集的证据或尚未明确的问题，法院不予准许并无不当，应当注意的是，鉴定意见并不属于可以向法院调查收集的证据类型。

三、该证据应当确因客观原因无法自行收集，同时应当符合《最高人民法院关于适用〈中华人民共和国民事诉讼法〉的解释》第九十四条对法院调查收集证据类型的规定。

四、当事人申请法院调查收集该证据的理由应当有客观材料支持，不能仅凭个人主观推测。

相关法律规定

《中华人民共和国民事诉讼法》（2021年修正）

第六十七条第二款　当事人及其诉讼代理人因客观原因不能自行收集的证据，或者人民法院认为审理案件需要的证据，人民法院应当调查收集。

第二百零七条　当事人的申请符合下列情形之一的，人民法院应当再审：

……

（五）对审理案件需要的主要证据，当事人因客观原因不能自行收集，书面申请人民法院调查收集，人民法院未调查收集的；

……

《最高人民法院关于适用〈中华人民共和国民事诉讼法〉的解释》（2022年修正）

第九十四条　民事诉讼法第六十七条第二款规定的当事人及其诉讼代理人因客观原因不能自行收集的证据包括：

（一）证据由国家有关部门保存，当事人及其诉讼代理人无权查阅调取的；

（二）涉及国家秘密、商业秘密或者个人隐私的；

（三）当事人及其诉讼代理人因客观原因不能自行收集的其他证据。

当事人及其诉讼代理人因客观原因不能自行收集的证据，可以在举证期限届满前书面申请人民法院调查收集。

第九十五条　当事人申请调查收集的证据，与待证事实无关联、对证明待证事实无意义或者其他无调查收集必要的，人民法院不予准许。

法院判决

以下为该案在法院审查阶段,裁定书中"本院认为"部分就该问题的论述。

关于一、二审法院未支持巨某公司调查收集证据的申请是否正确的问题。根据《中华人民共和国民事诉讼法》第六十四条[①]第二款的规定,当事人及其诉讼代理人因客观原因不能自行收集的证据,或者人民法院认为审理案件需要的证据,人民法院应当调查收集。《最高人民法院关于适用〈中华人民共和国民事诉讼法〉的解释》第九十五条的规定,当事人申请调查收集的证据,与待证事实无关联、对证明待证事实无意义或者其他无调查收集必要的,人民法院不予准许。本案中,巨某公司提出了调查收集永某公司、海某公司预交土地保证金、土地保证金变更为土地预交款以及实际成交价格与每亩16.1万元差额是否被实际补偿或减免等证据的申请,其申请调查上述证据的目的在于证明政府通过其他方式变相负担了超过16.1万元/亩价格部分的成本。经审查,巨某公司调查收集证据的申请不能成立。首先,永某公司、海某公司实际取得的土地使用权单价与《转让协议》约定的数额差异较大。原审查明,永某公司、海某公司通过公开招拍挂方式,取得案涉土地使用权面积合计995130.3平方米(约1492.71亩),成交总价款为117925万元,成交单价79万余元,且永某公司、海某公司均另缴了相关税费。而《转让协议》约定巨某公司确保案涉土地出让价格不高于《项目合同》中16.1万元/亩的价格。其次,巨某公司申请调取证据的主张仅为主观推断,缺乏证据证明,也未提供初步线索材料。一审中,人民法院依据巨某公司的申请,已进行了两次调查,但未得出其主张客观性的结论。二审中,巨某公司虽称已向政府有关工作人员了解,但在仍无客观证据的情况下,要求人民法院启动程序调取案外人财务往来账目,缺乏合理性依据。最后,民事诉讼对人民法院依职权调查取证的情形有明确规定,本案中巨某公司申请调查收集的证据不属于人民法院依职权调查取证的范围。

延伸阅读

裁判规则一

当事人仅以个人观点与判断作为理由申请人民法院调查收集证据的,法律依据不足,法院不予准许。(与主文案例裁判观点一致)

[①] 现行有效《中华人民共和国民事诉讼法》第六十七条。

案例1：最高人民法院，苏某某、广州银行股份有限公司中山分行金融借款合同纠纷再审民事裁定书【（2020）最高法民申979号】

《中华人民共和国民事诉讼法》第六十四条规定，当事人对自己提出的主张，有责任提供证据。当事人因客观原因不能自行收集的证据，或者人民法院认为审理案件需要的证据，人民法院应当调查收集。黄某、高某虽因涉嫌损害国家金融管理制度被立案调查，但苏某某在明知检察机关最终处理意见是不起诉，刑事诉讼程序已经终结的情况下，仍主张检察机关案卷材料将直接影响本案的处理结果，并以此为由申请人民法院调查收集，缺乏事实依据；特别是，苏某某并未明确指出刑事卷宗中的哪份材料系本案审理需要的证据，其仅以个人观点与判断作为理由申请人民法院调取检察机关案卷材料，法律依据不足。因此，原审法院以苏某某申请调取的证据不影响本案的处理结果为由，不准许其调查收集证据的申请，并无不当。

裁判规则二

当事人向法院申请调查收集的证据应当是已经客观存在的证据，而不能是尚不明确的或已无法查询的证据。

案例2：最高人民法院，吐某石油勘探开发指挥部诉乌鲁木齐市新某园林有限公司等建设工程施工合同纠纷再审民事裁定书【（2016）最高法民申140号】

一审、二审法院是否存在对审理案件需要的主要证据未调查收集的情形。《中华人民共和国民事诉讼法》第二百条①第五项所规定之情形是指"对审理案件需要的主要证据，当事人因客观原因不能自行收集，书面申请人民法院调查收集，人民法院未调查收集的"，其中"审理案件需要的主要证据"是指已经客观存在的证据。吐某指挥部所称其对苗木种类、数量与设计图纸是否相符以及苗木成活率进行鉴定的申请，属于就专门性问题进行鉴定的申请，最终是否进行鉴定尚不确定，鉴定意见尚不存在，因此，吐某指挥部所称情形不属于《中华人民共和国民事诉讼法》第二百条第五项所规定之情形，其关于此点申请再审的理由不成立。

案例3：最高人民法院，王某生与青岛耀某集团有限公司等第三人撤销之诉再审民事裁定书【（2020）最高法民申3789号】

国某公司申请调取37份银行进账单对应的合同、发票等交易文件，由于在(2012)青民再初字第2号案件审理过程中，该案审理法院已到相关银行进行查

---

① 现行有效《中华人民共和国民事诉讼法》第二百零七条。

询，但原始凭证已过保存期限被销毁导致无法查询，二审法院据此对国某公司调查取证申请不予支持，并不属于《中华人民共和国民事诉讼法》第二百条第五项规定的情形。

043 对方控制的证据是否属于当事人无法自行收集的证据？

裁判要旨

《中华人民共和国民事诉讼法》第六十七条第二款规定，当事人由于客观原因不能自行收集的证据，法院应当代为调取。但处于对方当事人控制之下的证据不属于民诉法解释规定的"因客观原因不能自行收集的证据"。法院未依当事人申请调取上述证据，当事人以此为由申请再审的，法院不予支持。

案情简介[①]

一、内蒙古万某机械加工股份有限公司（以下简称万某公司）系一种采煤巷道电缆支架车（以下简称案涉设备）的专利权人。2020年，万某公司认为鄂尔多斯市乌某煤炭（集团）有限责任公司温某塔煤矿（以下简称温某塔煤矿）未经许可使用案涉设备，侵害其发明专利权，因此将温某塔煤矿诉至包头市中级人民法院，要求对方停止侵权并赔偿损失。

二、一审中，法院认为万某公司提供的案涉产品照片真实性无法确认，且照片无法体现案涉设备的具体技术特征。万某公司以案涉设备相关证据被温某塔煤矿控制，其无法自行收集为由申请法院调取，一审法院未予调取，最终判决驳回万某公司诉讼请求。

三、万某公司不服一审判决，向最高人民法院提起上诉。最高法院维持了一审判决。

律师评析

《中华人民共和国民事诉讼法》第二百零七条第五项规定，当事人申请法院

[①] 案件来源：最高人民法院，内蒙古万某机械加工股份有限公司、鄂尔多斯市乌某煤炭（集团）有限责任公司温某塔煤矿侵害发明专利权纠纷民事二审民事判决书【（2021）最高法知民终420号】。

调取因客观原因自身无法调取的案件主要证据，法院未予调取的，当事人可以申请再审。因此，当事人往往存在一种误解，就是凡是申请法院调取证据的，法院都应该同意。事实上，在实践中说服法院同意调取证据往往是非常困难的。

本案中案涉主要证据处于对方当事人控制是实践中非常典型的情况，由于民事活动中法院处于居中裁判的地位，因此通常会谨守中立。如果法院仅凭一方申请就强制对方提供证据，尤其是于己不利的证据，显然就偏离了中立立场，违反了法律的公平原则。例如，本案系侵权之诉，在原告无法证明侵权事实存在的情况下，法院认为原告申请调取证据缺乏法律上的必要性，笔者对此表示认同。

实务经验总结

1. 案件的主要证据处于对方当事人控制是实践中很常见的情况。如果想要说服法院调取这部分证据，首先要收集初步的证据证明所主张的案件事实存在，并且进一步向法院说明对方所掌握证据与案件事实以及自身诉求的关联性。

2. 作为掌握证据的一方，如果对方已经初步证明案件事实存在，以及自身所掌握的证据与对方诉求具有关联性，则应当配合提供。这是因为，法律规定了举证妨碍的推定原则，即当一方当事人已被证明持有证据但无正当理由拒不提供时，法院会推定该证据存在且不利于持有人（延伸阅读案例）。

3. 对于某些特定的证据，可以通过其他法律程序调取。如小股东需要查阅公司账簿可以通过股东知情权诉讼，对于有证据证明存在的书证可以通过"书证提出命令"制度通过法院要求持有人提供等。

相关法律规定

《中华人民共和国民事诉讼法》（2021年修正）

第六十七条第二款 当事人及其诉讼代理人因客观原因不能自行收集的证据，或者人民法院认为审理案件需要的证据，人民法院应当调查收集。

第二百零七条 当事人的申请符合下列情形之一的，人民法院应当再审：

......

（五）对审理案件需要的主要证据，当事人因客观原因不能自行收集，书面申请人民法院调查收集，人民法院未调查收集的；

......

《最高人民法院关于适用〈中华人民共和国民事诉讼法〉的解释》（2022年修正）

第九十四条 民事诉讼法第六十七条第二款规定的当事人及其诉讼代理人因客观原因不能自行收集的证据包括：

（一）证据由国家有关部门保存，当事人及其诉讼代理人无权查阅调取的；

（二）涉及国家秘密、商业秘密或者个人隐私的；

（三）当事人及其诉讼代理人因客观原因不能自行收集的其他证据。

当事人及其诉讼代理人因客观原因不能自行收集的证据，可以在举证期限届满前书面申请人民法院调查收集。

第一百一十二条 书证在对方当事人控制之下的，承担举证证明责任的当事人可以在举证期限届满前书面申请人民法院责令对方当事人提交。

申请理由成立的，人民法院应当责令对方当事人提交，因提交书证所产生的费用，由申请人负担。对方当事人无正当理由拒不提交的，人民法院可以认定申请人所主张的书证内容为真实。

法院判决

以下为该案在法院审理阶段，判决书中"本院认为"部分就该问题的论述。

本院认为：本案为侵害发明专利权纠纷，根据万某公司的上诉请求和理由，本案二审焦点问题是，原审法院对万某公司调取证据的申请不予准许是否构成程序违法。

《中华人民共和国民事诉讼法》第六十四条[①]第一款、第二款规定："当事人对自己提出的主张，有责任提供证据。当事人及其诉讼代理人因客观原因不能自行收集的证据，或者人民法院认为审理案件需要的证据，人民法院应当调查收集。"《最高人民法院关于适用〈中华人民共和国民事诉讼法〉的解释》（以下简称《民事诉讼法解释》）第九十四条规定："民事诉讼法第六十四条第二款规定的当事人及其诉讼代理人因客观原因不能自行收集的证据包括：（一）证据由国家有关部门保存，当事人及其诉讼代理人无权查阅调取的；（二）涉及国家秘密、商业秘密或者个人隐私的；（三）当事人及其诉讼代理人因客观原因不能自行收集的其他证据。当事人及其诉讼代理人因客观原因不能自行收集的证据，可以在举证期限届满前书面申请人民法院调查收集。"为保障司法的公平、公正，

---

① 现行有效《中华人民共和国民事诉讼法》第六十七条。

人民法院在民事诉讼活动中应恪守居中裁判之地位，不能随意调查收集证据，否则，受该证据影响处于不利地位的当事人就会质疑裁判的公正性。因此，"谁主张，谁举证"是民事诉讼活动所应当遵循的基本举证原则。

不过，根据民事诉讼法以及民事诉讼法解释的上述规定，在特定情形下，当事人因客观原因不能自行收集的证据，人民法院可以依当事人申请调查收集。此时应当注意把握如下要点：1. 人民法院对当事人调查取证申请的审查，应当遵循法定原则和必要性原则，以免损害司法的公平、公正。2. 人民法院根据当事人申请对证据进行必要的调查收集，仅是弥补当事人调查能力不足的重要手段，而非替代当事人承担举证责任。3. 人民法院依当事人申请调查收集的证据，其性质并未发生变化，仍然是作为提出申请的一方当事人提供的证据，应由提出申请的当事人与对方当事人、第三人进行质证。4. 当事人因客观原因不能自行收集而申请人民法院调查收集证据的情形，主要包括《民事诉讼法解释》第九十四条规定的第一项、第二项两种情形，第三项规定是兜底条款，对该兜底情形的掌握，必须仅限于确因客观原因不能自行收集的其他材料。证据在对方当事人控制之下，不属于可以申请人民法院调查收集证据的情形。为解决这一情形下当事人调查取证困难的问题，《民事诉讼法解释》第一百一十二条规定了"书证提出命令"制度，即"书证在对方当事人控制之下的，承担举证证明责任的当事人可以在举证期限届满前书面申请人民法院责令对方当事人提交。申请理由成立的，人民法院应当责令对方当事人提交，因提交书证所产生的费用，由申请人负担。对方当事人无正当理由拒不提交的，人民法院可以认定申请人所主张的书证内容为真实"。

此外，法律还规定了举证妨碍推定制度、证据保全制度等以解决权利人的"维权难"问题，但上述制度并不意味着只要证据在对方当事人的控制之下，法院就可责令对方当事人提交或采取其他强制性措施、作出不利推定等，而是应依据法定原则和必要性原则进行审查。本案中，万某公司主张温某塔煤矿侵害涉案专利权，应承担停止侵权、赔偿损失等民事责任。根据《中华人民共和国民事诉讼法》第六十四条第一款的规定，万某公司应当提供证据证明温某塔煤矿存在侵害涉案专利权的行为。现万某公司申请原审法院调查收集的被诉侵权产品的技术特征等证据，既不属于由国家有关部门保存的证据，也不涉及国家秘密、商业秘密或者个人隐私。关于万某公司申请原审法院调查收集的证据是否属于《民事诉讼法解释》第九十四条第一款第三项规定的情形"当事人及其诉讼代理人因客观原因不能自行收集的其他证据",可以从以下两个方面进行审查:其一,申请人是否提供了初步证据证明侵权事实的客观存在;其二,申请调查收集的证据是否确因客观原因不能自行收集。就第一个审查因素而言,万某公司提交了一组照片,包括两张温某塔煤矿的门脸照片和数张无标识的设备局部照片。从这些初步证据来看,一是整组照片的拍摄时间无法确认;二是设备照片的拍摄地点无法确认;三是设备照片不清晰,设备的大部分技术特征无法辨认;四是照片中的设备无任何指向温某塔煤矿的标识信息。因此,万某公司向原审法院提交的初步证据,并不能初步证明其所指控的被诉侵权事实客观存在。就第二个审查因素而言,万某公司仅以被诉侵权产品在对方当事人控制之下为由申请人民法院调查收集证据,该情形不属于《民事诉讼法解释》第九十四条第一款第三项规定的情形。综上,万某公司申请原审法院调查收集被诉侵权产品的技术特征等证据,不符合《民事诉讼法解释》第九十四条第一款的规定,原审法院对该申请不予准许并无不当。万某公司该项上诉理由不能成立,本院不予支持。

延伸阅读

裁判规则:当事人申请法院责令对方当事人提供处于其控制下的证据,法院同意后对方当事人不提供的,法院可以认定申请人所主张书证内容是真实的。(举证妨碍的推定)

案例:最高人民法院,吉某投资有限公司、河南鹰某集团有限公司股权转让纠纷二审民事判决书【(2017)最高法民终651号】

关于张某上诉提出的案涉股权转让未经鹰某房地产公司的合营股东华某集团同意的问题。张某作为华某集团的法定代表人在鹰某房地产公司合同、章程修改协议以及同意吉某公司向鹰某集团转让股权的董事会决议上签字,其行为系法定代表人的职务行为,法律后果应由华某集团承担。故《股权转让合同》不存在侵害其他股东同意权及优先购买权的应予撤销情形。鹰某房地产公司董事会决议及合同、章程修改协议虽系复印件,但上述原件曾提交过平顶山商务局,现为鹰某房地产公司持有,经河南高院释明,鹰某房地产公司未予提交,一审判决依据《最高人民法院关于适用〈中华人民共和国民事诉讼法〉的解释》第一百一十二条的规定认定复印件书证内容真实,符合法律规定。

044 向法院申请调取证据，范围越全面越好吗？

裁判要旨

当事人申请法院调取的证据，需要有基础的事实依据证明调取证据的必要性。具体而言，调取的证据应足以影响案件裁判结果。如果申请调取的证据范围过于宽泛，法院可能认定当事人申请取证的目的在于发现线索，从而不予许可。

案情简介[①]

一、原告李某锋因借款合同纠纷将被告袁某翔、王某、成都市顺某典当行有限责任公司（以下简称顺某公司）、成都联某信安融资担保有限公司（以下简称联某公司）、成都西某置业开发有限责任公司（以下简称西某公司）、成都汇某医药科技有限公司（以下简称汇某公司）诉至法院。

二、一审中，西某公司认为原告涉嫌通过案外人美某高公司骗取银行贷款进行转贷，并以其交易往来的资金虚构本案借款担保关系，以诈骗西某公司财产。因此向法院申请调取 2013 年 1 月至 2015 年 1 月李某锋尾号为 "5596" "8186" "4512" "1682" 账号，袁某翔尾号为 "6573" 账号的银行交易凭证；2013 年 1 月至 2015 年 1 月美某高公司与李某锋之间发生的涉案款项银行往来凭证及会计账簿凭证；2013 年 10 月至 2014 年 10 月万某公司与美某高公司之间发生的银行往来凭证及相关会计账簿凭证、合同；成都市高新区人民法院（2016）川 091 执字 2456 号执行案件所涉（2016）大川证字第 2023 号执行证书、高新民初字第 3708 号民事判决书等相关证据，法院未予准许。

三、一审法院以案涉担保合同加盖印章系公安部门已公示销毁的印章为由，判决西某公司不承担担保责任。但对西某公司调取证据及将全案移交公安部门的诉请未予支持。二审法院维持了一审判决。

四、西某公司不服，以法院未依申请调取证据为由向最高院申请再审，最高院裁定驳回。

[①] 案件来源：最高人民法院，成都西某置业开发有限责任公司、成都市顺某典当行有限责任公司企业借贷纠纷再审审查与审判监督民事裁定书【（2019）最高法民申 6905 号】。

律师评析

西某公司认为，案涉资金系原告李某锋从案外人美某高公司处借得，而美某高公司又是从银行进行贷款取得，以此反推原告系恶意做局骗取西某公司土地资产。但西某公司的上述意见仅为其推测，缺乏必要的证据证明其主张的事实存在。西某公司申请法院调取对方当事人多个银行账户往来凭证以及案外人账目等如此宽泛的证据，目的在于从中发现线索。因此，笔者认为法院对其申请不予许可并无不当。

实务经验总结

对于向法院申请调查收集的证据，应当有基础事实依据来证明其必要性。具体而言至少要达到以下标准即申请调取的证据足以影响裁判结果。就本案而言，西某公司的主张是原告涉嫌诈骗应当移送公安机关立案侦查。而即使法院同意了西某公司的请求，调取原告与案外人银行流水等，至多也只能证明原告借贷资金来源不合规，对西某公司的主张成立与否及本案裁判结果并无实质性影响，因此缺乏调取的必要性。

相关法律规定

《中华人民共和国民事诉讼法》（2021年修正）

第二百零七条 当事人的申请符合下列情形之一的，人民法院应当再审：

……

（五）对审理案件需要的主要证据，当事人因客观原因不能自行收集，书面申请人民法院调查收集，人民法院未调查收集的；

……

法院判决

以下为该案在法院审理阶段，裁定书中"本院认为"部分就该问题的论述。

本院经审查认为：本案尚无证据证明李某锋与袁某翔构成恶意串通、虚假诉讼。西某公司认为李某锋没有资金出借能力，涉案借款有1253.6万元系美某高公司的资金，而美某高公司作为被执行人尚欠成都银行内江分行贷款1961万元至今未能归还，因而怀疑李某锋、袁某翔通过美某高公司骗取内江分行信贷资金高利转贷他人，并以其交易往来的资金虚构本案借款担保关系。故申请调取美某高公司、万某公司与袁某翔之间多个银行账户往来凭证及公司会计账簿，并对相关借款及担保协议、收条等书证的形成时间均申请进行鉴定。但西某公司申请如此宽泛的证据调查收集，目的在于从中发现线索，对于调查收集上述证据的必要性缺乏有力的基础事实依据；且西某公司并未因李某锋向袁某翔主张还款而受到损失，故原审法院不予准许其调查证据及鉴定申请并无不当。

延伸阅读

裁判规则

申请人无法证明申请法院调取的证据与其主张或与案件事实具有关联性，人民法院不予准许调证申请。

案例1：最高人民法院，张某玲与苏州领某先进智能装备有限公司、苏州领某激光贸易有限公司等损害公司利益责任纠纷再审民事裁定书【（2021）最高法民申7784号】

关于张某玲提出的原审法院对其调查取证申请、追加第三人申请未予准许的问题。张某玲申请法院调查普某宝公司受让股权的谈判合作过程、最初谈判方案、谈判意向书等相关材料及苏州领某装备公司、苏州领某贸易公司、苏州领某科技公司经营状况、开票金额及员工社保情况，原审法院考虑张某玲申请调查收集的材料不属于人民法院调查取证范围且与张某玲的诉讼请求无直接关联，对其申请未予准许，并无不当。关于张某玲提出的原审法院未准许其调查取证申请但未向其送达通知书系程序违法，以及原审法院未追加普某宝公司为第三人错误的主张，因不属于《中华人民共和国民事诉讼法》第二百条[①]规定的再审事由，本院不予审查。

案例2：最高人民法院，湖南省第四工程有限公司与步某高商业连锁股份有限公司、沈某伏建设工程施工合同纠纷再审民事裁定书【（2021）最高法民申3784号】

省四公司主张，一审法院未对索赔部分予以审计，未准许其调取证据以及北京建某公司派员出庭的申请，在其提供担保后未准许其保全财产，均属于程序违法。首先，省四公司申请调取的证据并非其因客观原因不能自行收集的证据，亦

[①] 现行有效《中华人民共和国民事诉讼法》第二百零七条。

不是审理本案需要的主要证据,而且案涉工程价款总额及已付工程款的数额已确定,故一审法院对其调查取证申请未予准许,不属于违反法定程序的情形。其次,省四公司主张的其他程序违法事项不属于《中华人民共和国民事诉讼法》第二百条规定的人民法院应当再审的情形,本院不予审查。

第六节　原判决、裁定适用法律确有错误的

045 原审未中止审理,当事人以适用法律确有错误申请再审可以吗?

裁判要旨

《中华人民共和国民事诉讼法》第二百零七条第六项规定的再审事由"适用法律确有错误的",这里的"法律"指实体法,不包括程序性法律问题。

案情简介[①]

一、2014年,厚某公司与中某银行赤峰分行签订《最高额抵押合同》,约定以其采矿权为青某公司的借款作抵押担保。2015年,厚某公司以同样的采矿权为抵押物,与光某银行呼和浩特分行签订了《最高额抵押合同》。

二、2015年,由于厚某公司未能归还借款,光某银行呼和浩特分行将其诉至法院,法院判决光某银行呼和浩特分行对采矿权享有优先受偿权。

三、2016年,由于青某公司未能归还借款,中某银行赤峰分行将其诉至内蒙古高院,法院判决中某银行赤峰分行对采矿权享有优先受偿权。

四、2017年,光某银行呼和浩特分行向内蒙古高院提起第三人撤销之诉,请求撤销上述内蒙古高院判决,主张中某银行赤峰分行已不享有优先受偿权。内蒙古高院审理发现,内蒙古国土资源厅出具的《抵押情况》显示,中某银行赤峰分行对该采矿权的抵押权已于2014年年底解除,故支持光某银行呼和浩特分行的请求。

[①] 案件来源:最高人民法院,中某银行股份有限公司赤峰分行、内蒙古青某矿业有限公司第三人撤销之诉再审民事裁定书【(2020)最高法民申973号】。

五、中某银行赤峰分行不服，向最高院提起上诉，主张其已提起行政诉讼，请求撤销解押的行政行为，本案应中止审理。最高院认为该行政诉讼与本案系不同性质，不影响本案审理，最终维持原判。

六、中某银行赤峰分行不服，向最高院申请再审，主张原审应中止审理而未中止，存在重大程序瑕疵。最高院审查认为不中止审理是否合法不属于法定再审事由，驳回中某银行赤峰分行的再审申请。

律师评析

本案中，中某银行赤峰分行以原审法院未中止审理为由申请再审，最高院却认为该事项为程序性法律问题，不在"适用法律确有错误的"事由范围内。

最高人民法院从体系解释、立法精神角度进行了解释：诉讼中可能导致裁判出现错误的程序性法律问题有成千上万种，但《中华人民共和国民事诉讼法》第二百零七条仅列出了第七项至第十三项共七项，仅包括可能严重损害当事人权益、严重影响司法公正的事项，且十分明晰、具体，有利于规范实践中的再审案件，也有利于指导当事人申请再审。而若认为"适用法律确有错误的"同样包括程序法，则表述明显笼统，与第七项至第十三项的立法精神明显背道而驰，因此，应当认为"适用法律确有错误的"不包括程序性法律问题。

实务经验总结

一、"适用法律确有错误的"事由仅包括实体法，不包括程序性法律问题，因此当事人依据该事由申请再审时，应注意主张的问题应为实体性法律问题，如主文案例中原审未中止审理是否正确这一问题便不包括在内。

二、若原审判决确有程序性法律问题，当事人应当审查该问题是否可以归于《中华人民共和国民事诉讼法》第二百零七条第七项至第十三项再审事由，选择正确的再审事由申请再审。

三、若原审适用程序法不当，应适用实体法，当事人可以"适用法律确有错误的"为由申请再审，但若原审裁判没有错误，将很难获得再审法院的支持。（延伸阅读案例）

相关法律规定

《中华人民共和国民事诉讼法》（2021年修正）

第二百零七条 当事人的申请符合下列情形之一的，人民法院应当再审：

……

（六）原判决、裁定适用法律确有错误的；

……

《最高人民法院关于适用〈中华人民共和国民事诉讼法〉的解释》（2022年修正）

第三百八十八条 有下列情形之一，导致判决、裁定结果错误的，应当认定为民事诉讼法第二百零七条第六项规定的原判决、裁定适用法律确有错误：

（一）适用的法律与案件性质明显不符的；

（二）确定民事责任明显违背当事人约定或者法律规定的；

（三）适用已经失效或者尚未施行的法律的；

（四）违反法律溯及力规定的；

（五）违反法律适用规则的；

（六）明显违背立法原意的。

法院判决

以下为该案在审理阶段，裁定书中"本院认为"部分对该问题的论述。

原审不中止审理是否合法不属于法定再审事由。人民法院应当围绕当事人主张的在法律规定范围内的再审事由进行再审审查。《中华人民共和国民事诉讼法》第二百条[1]规定了十三项再审事由，其中第六项为原审"适用法律确有错误的"，第七项至第十三项为程序类事由。可见，尽管程序问题在某些情形下也可被认为属于法律适用问题，但在上述法律明确将"适用法律确有错误"与七项程序类事由并列的情形下，该处的"法律"显然指向实体法，不应包括程序性法律问题。再审事由法定化、明晰化是审判监督程序的应有之义，也是近年来民事诉讼法修改相关内容所追求的立法价值。面对原审诉讼中可能存在的远多于上述七类事由的程序问题，法律并未一概将其作为再审事由，而是只将其中的严重损害当事人诉讼权利的程序问题明确为再审事由。如果将原审"适用法律确有错

---

[1] 现行有效《中华人民共和国民事诉讼法》第二百零七条。

误"理解为其后七项程序类事由的兜底条款,将导致对程序类事由的具体列举失去再审事由法定化、明晰化的意义。因此,作为再审事由的"适用法律确有错误"中的"法律"应指向实体法,而不应包括程序法,《最高人民法院关于适用〈中华人民共和国民事诉讼法〉的解释》第三百九十条①对该再审事由的解释也印证了这一点。故本案中某银行赤峰分行关于原审应当中止审理而未中止,故应予以再审的主张,本院不予认同。另外,中某银行赤峰分行所主张的两件行政诉讼案件至今尚未有结果,若该两案件生效裁判结果足以导致本案原审裁判结果失去主要裁判依据,中某银行赤峰分行仍可依法予以救济。

延伸阅读

裁判规则

原审案件争议不能仅根据程序法作出判决,法院裁判依据仅有程序法确有不当,但若裁判结果并无错误,当事人申请再审的,人民法院不予支持。

案例:山西省高级人民法院,赵某平、山西天某重工机械有限公司劳动争议再审民事裁定书【(2021)晋民申784号】

关于原判决适用法律是否有误的问题。《最高人民法院关于适用〈中华人民共和国民事诉讼法〉的解释》第三百九十条规定,"有下列情形之一,导致判决、裁定结果错误的,应当认定为民事诉讼法第二百条第六项规定的原判决、裁定适用法律确有错误:(一)适用的法律与案件性质明显不符的;(二)确定民事责任明显违背当事人约定或者法律规定的;(三)适用已经失效或者尚未施行的法律的;(四)违反法律溯及力规定的;(五)违反法律适用规则的;(六)明显违背立法原意的"。即适用法律导致判决、裁定结果错误的,才属于适用法律确有错误。本案原判决未援引实体法律规定确有不当,但判决结果并无错误,不属于司法解释规定的适用法律错误的情形。

---

① 现行有效《最高人民法院关于适用〈中华人民共和国民事诉讼法〉的解释》第三百八十八条。

046 原审法院未适用人民法院内部通知属于适用法律确有错误吗?

裁判要旨

人民法院内部实施的通知不具有司法解释的效力,原审法院未依据内部通知适用法律的,不属于再审事由中适用法律确有错误的情形。

案情简介[①]

一、2013年,党某煜向刘某新借款1000万元,双方签订借款合同。

二、2014年,由于党某煜未能按时归还剩余欠款,刘某新向陇南中院起诉请求判令党某煜返还剩余钱款。陇南中院经审理判令党某煜归还刘某新469万余元。

三、党某煜不服,向甘肃高院上诉。甘肃高院依照《最高人民法院关于审理民间借贷案件适用法律若干问题的规定》确定案涉借款本金及利息,变更判决党某煜归还刘某新453万余元。

四、党某煜不服,向最高院申请再审,其主张根据《最高人民法院关于认真学习贯彻适用〈最高人民法院关于审理民间借贷案件适用法律若干问题的规定〉的通知》(以下简称《规定》),本《规定》施行后,尚未审结的一审、二审、再审案件,适用《规定》施行前的司法解释进行审理。《规定》于2015年9月1日起施行。党某煜于2015年4月27日上诉,原判决于2015年11月24日作出,属于上述规定施行后尚未审结的二审案件,应适用该规定施行前的司法解释进行审理,原审适用《规定》作出判决错误。

五、最高院认为,该《规定》为内部通知,不适用该通知不属于适用法律确有错误的情形,党某煜该项主张不能成立。

---

① 案件来源:最高人民法院,党某煜诉刘某新公司民间借贷合同纠纷再审民事裁定书【(2017)最高法民申2626号】。

律师评析

本案的争议焦点为，原审法院依据《最高人民法院关于认真学习贯彻适用〈最高人民法院关于审理民间借贷案件适用法律若干问题的规定〉的通知》适用法律，是否属于法律适用确有错误。

根据《最高人民法院关于裁判文书引用法律、法规等规范性法律文件的规定》，裁判文书中应当依法引用相关法律、法规等规范性法律文件作为裁判依据，包括法律及法律解释、行政法规、地方性法规、自治条例或者单行条例、司法解释。因此笔者认为"适用法律确有错误"中的"法律"应当指的是法律及法律解释、行政法规、地方性法规、自治条例或单行条例、司法解释。若法院未适用以上形式之外的法律文件，则不属于适用法律错误。

因此，本案中的《规定》为人民法院内部通知，在效力上属于司法解释性质文件，并不在上述文件范围内，原审法院未适用该《规定》并不属于适用法律错误。

实务经验总结

一、当事人认为原审遗漏适用法律，以适用法律确有错误申请再审的，应注意该"法律"仅限于法律及法律解释、行政法规、地方性法规、自治条例或单行条例、司法解释，人民法院内部通知、最高院复函等司法解释性质文件并不包括在内。

二、司法解释通常在名称上表现为"解释""规定""指导意见""批复""答复""会议纪要"等，当事人须注意辨别与区分。

相关法律规定

《中华人民共和国民事诉讼法》（2021年修正）

第二百零七条 当事人的申请符合下列情形之一的，人民法院应当再审：

……

（六）原判决、裁定适用法律确有错误的；

……

《最高人民法院关于适用〈中华人民共和国民事诉讼法〉的解释》（2022年修正）

第三百八十八条 有下列情形之一，导致判决、裁定结果错误的，应当认定为民事诉讼法第二百零七条第六项规定的原判决、裁定适用法律确有错误：

（一）适用的法律与案件性质明显不符的；

（二）确定民事责任明显违背当事人约定或者法律规定的；

（三）适用已经失效或者尚未施行的法律的；

（四）违反法律溯及力规定的；

（五）违反法律适用规则的；

（六）明显违背立法原意的。

法院判决

以下为该案在法院审理阶段，裁定书中"本院认为"部分对该问题的论述。

《最高人民法院关于适用〈中华人民共和国民事诉讼法〉的解释》第三百九十条①规定，有下列情形之一，导致判决、裁定结果错误的，应当认定为民事诉讼法第二百条②第六项规定的原判决、裁定适用法律确有错误：（一）适用的法律与案件性质明显不符的；（二）确定民事责任明显违背当事人约定或者法律规定的；（三）适用已经失效或者尚未施行的法律的；（四）违反法律溯及力规定的；（五）违反法律适用规则的；（六）明显违背立法原意的。再审申请人根据《最高人民法院关于认真学习贯彻适用〈最高人民法院关于审理民间借贷案件适用法律若干问题的规定〉的通知》关于"在本《规定》施行后，尚未审结的一审、二审、再审案件，适用《规定》施行前的司法解释进行审理"的规定主张原审适用法律错误。本院认为，该通知针对的主体系各省、自治区、直辖市高级人民法院，解放军军事法院，新疆维吾尔自治区高级人民法院生产建设兵团分院，属于内部通知；且不是"解释""规定""批复""决定"中的一种，不具有司法解释的效力。原审法院审理本案虽未依据上述通知适用法律，但不属于适用尚未施行的法律，也不属于违反法律溯及力规定和违反法律适用规则，故不属于适用法律确有错误的情形。再审申请人该项再审事由不能成立。

---

① 现行有效《最高人民法院关于适用〈中华人民共和国民事诉讼法〉的解释》第三百八十八条。

② 现行有效《中华人民共和国民事诉讼法》第二百零七条。

延伸阅读

裁判规则

非规范性法律文件并不属于再审事由中的适用法律确有错误所指的"法律"。当事人再审主张原审法院未适用某非规范性法律文件，构成适用法律错误的，人民法院不予支持。

案例1：最高人民法院，汉中市人民政府、汉中市旅游发展委员会建设工程施工合同纠纷再审民事裁定书【（2018）最高法民申5607号】

汉中市政府、汉中市旅发委认为，其在二审审理期间，提交指导案例作为抗辩理由的情况下，根据《〈最高人民法院关于案例指导工作的规定〉实施细则》第十一条的规定，未在裁判理由中回应是否参照了该指导性案例，也未说明理由，法律适用错误。经查，二审法院虽然未在裁判理由中回应是否参照了该指导性案例并说明理由，但该实施细则并非法律亦非司法解释，未适用该实施细则，不属于适用法律错误。

案例2：最高人民法院，南昌市红谷滩新区博某小额贷款有限公司诉徐某等借款合同纠纷再审民事裁定书【（2021）最高法民申1049号】

博某小贷公司申请再审称：一、按照《最高人民法院关于债权人在保证期间以特快专递向保证人发出逾期贷款催收通知书但缺乏保证人对邮件签收或拒收的证据能否认定债权人向保证人主张权利的请示的复函》的规定，应当认定博某小贷公司向滕某伟、占某仙、万某公司主张了权利，二审判决以该复函不属于司法解释为由未予适用，属适用法律错误。二、《最高人民法院关于统一法律适用加强类案检索的指导意见（试行）》第九条规定：检索到的类案为指导性案例的，人民法院应当参照作出裁判……检索到其他类案的，人民法院可以作为裁判的参考。本案中，博某小贷公司已经提供了相关证据，滕某伟、占某仙、万某公司未提供任何相反证据，二审判决未按照类案检索规定裁判，属适用法律错误。

法院认为，《最高人民法院关于债权人在保证期间以特快专递向保证人发出逾期贷款催收通知书但缺乏保证人对邮件签收或拒收的证据能否认定债权人向保证人主张权利的请示的复函》系最高人民法院就个案请示所作的答复意见，并不具有普遍适用性。关于类案检索的规定，系就相类似案件作统一裁判尺度的参考，并非适用法律的强制性规范。

047 当事人以原审案由认定错误申请再审会得到法院支持吗?

裁判要旨

人民法院可以根据查明的法律关系性质变更案件的案由，案由变更不属于法律适用错误，当事人以此为由申请再审的，人民法院不予支持。

案情简介[①]

一、2013年，东某公司与海某公司签订《框架协议》，约定海某公司向东某公司转让金某大厦。事后，海某公司向东某公司发出《解除框架协议函》，提出解除该协议，双方协商无果后，东某公司诉至法院，请求确认《解除框架协议函》无效。法院驳回其起诉。

二、之后，东某公司反复以同一事由起诉、撤诉、再起诉，且均采取了保全措施。王某焕作为东某公司的法定代表人、实际控制人，以及诉讼的最终受益人之一，主导诉讼的进行。

三、2018年，海某公司向上海一中院起诉，请求判令东某公司赔偿因恶意诉讼造成的损失，东某公司与王某焕连带赔偿律师费。一审法院认定本案案由为财产损害赔偿纠纷并支持海某公司诉讼请求。

四、王某焕不服，向上海高院上诉。上海高院认定本案案由为申请诉中财产保全损害责任纠纷，并最终维持一审判决。

五、王某焕不服，向最高院申请再审，主张一、二审法院反复更改案由，自相矛盾，属于适用法律错误。最高院认为变更案由并不等同于法律适用错误，驳回王某焕的再审申请。

律师评析

本案的争议焦点为：当事人能否以原审案由认定错误属于法律适用错误为由申请再审。对该问题，实务中法院有以下两种处理方式。

[①] 案件来源：最高人民法院，王某焕与上海海某置业有限公司等因申请诉中财产保全损害责任纠纷再审民事裁定书【(2021)最高法民申2982号】。

一部分法官对以案由认定错误申请再审的，不予支持。该部分法官认为民事案件案由是人民法院进行民事案件管理的手段，其功能更倾向于规范法院的案件管理，并不能以此判断原审适用法律是否正确以及原审裁判是否正当。因此当事人以原审案由认定错误属于适用法律确有错误申请再审的，法院不予支持。其中部分法官更进一步地认为，根据法律规定，案由定性错误本身并不是法定再审事由，以案由定性错误申请再审的不予审查。

另一部分法官则更侧重对案件实体部分审查。该部分法官虽然没有强调案由与适用法律之间的关系，但同样认为不能仅凭案由认定错误否定案件的实体审理。如案由适用确有不当应予纠正，但不会仅仅因此而支持当事人的再审申请。

以上两种处理方式虽有不同，但我们可以看出，不论哪一种处理方式，当事人以原审案由认定错误申请再审的，再审请求均不会得到支持。

实务经验总结

以原审案由认定错误申请再审的，人民法院不予支持。即当事人在申请再审时仅提出原审案由认定错误这一个理由，无法得到法院的支持。我们建议，若确实认为原审案由认定错误，并且导致原审裁判错误的，当事人可以一并提出原审实体审理方面的错误并以这部分为重点展开阐述。

相关法律规定

《中华人民共和国民事诉讼法》（2021年修正）

第二百零七条 当事人的申请符合下列情形之一的，人民法院应当再审：

……

（六）原判决、裁定适用法律确有错误的；

……

法院判决

以下为该案在法院审理阶段，裁定书中"本院认为"部分就该问题的论述：

根据《民事案件案由规定》（法〔2011〕42号）相关规定，民事案由是将诉讼争议所包含的法律关系进行的概括，是人民法院进行民事案件管理的重要手段，人民法院可以根据法庭查明的当事人之间实际存在的法律关系的性质相应变更案件的案由。由此,案由主要体现了法院对案件法律关系的认知,而非对案件作出实体处理的依据,案由的变更不等于法律适用有误。一、二审法院认定王某焕、东某公司构成共同侵权,依照《中华人民共和国侵权责任法》相关规定作出实体判决,结果并无不当。一审法院将本案案由确定为财产损害赔偿纠纷,与其认定的本案法律关系及处理结果一致。二审法院将案由变更为申请诉中财产保全损害责任纠纷,值得商榷,但不属于法律适用错误。

延伸阅读

裁判规则一

不能以案由定性是否准确直接评价法律适用是否正确。退一步讲,原审确定的案由错误并不属于法定再审事由,当事人以此申请再审的,法院不予审查。

案例1:最高人民法院,杨某山、深圳市佳家某投资发展有限公司股权转让纠纷再审民事裁定书【(2021)最高法民申4455号】

关于本案案由的问题。民事案件的案由应当依据当事人主张的法律关系的性质确定。案由是全案法律关系的总结与归纳,属于司法统计和审判管理范畴。案由定性准确与否,并非评价判决实体裁决结果及法律适用正确与否的直接依据。故杨某山再审认为原判决所确定的案由错误,不属于法定的再审事由,本院不予审查。

案例2:最高人民法院,平安银行股份有限公司广州东某中路支行、广州金某利经贸有限公司金融借款合同纠纷再审民事裁定书【(2018)最高法民申5076号】

本院认为,根据《最高人民法院关于印发修改后的〈民事案件案由规定〉的通知》(法〔2011〕42号)的规定,民事案件的案由应当依据当事人主张的法律关系的性质来确定。人民法院在立案时,应当根据当事人诉争法律关系的性质,首先适用修改后的《民事案件案由规定》列出的第四级案由;第四级案由没有规定的,适用相应的第三级案由;第三级案由没有规定的,适用相应的第二级案由;第二级案由没有规定的,适用相应的第一级案由。就本案而言,平安银行的诉讼请求除诉讼费用分担外,还包括要求金某利公司偿还平安银行垫款本息及龙某公司、谭某对金某利公司应付垫款本息承担连带清偿责任,龙某公司支付违约金。从平安银行的诉讼请求、事由及本案已查明的事实看,本案系因金某利公司未按合同约定及时向平安银行履行垫款偿付义务而引起的纠纷,平安银行明确认可其与金某利公司之间是金融借款法律关系,且平安银行主张龙某公司对案涉债务承担连带清偿责任的依据是龙某公司在收到银行承兑汇票或相关款项后未履行发货义务，表明平安银行明确龙某公司对案涉债务承担连带清偿责任的前提即金某利公司未按合同约定及时向平安银行履行垫款偿付义务。根据本院2011年修订后的《民事案件案由规定》的规定，金融借款合同纠纷是合同纠纷的下级案由。在本案诉争法律关系性质有合同纠纷下级案由可明确与之对应的情况下，二审判决将本案案由从一审判决确定的合同纠纷变更为金融借款合同纠纷，具有事实和法律依据，且更能与本案诉争法律关系相对应。况且，案由定性准确与否并非评价原判决实体裁决结果及法律适用正确与否的直接依据。退言之，即便原判决对案由定性存有不当，亦不属于法定的再审事由。平安银行以二审判决对本案案由定性及适用法律错误为由请求再审本案的主张，缺乏事实和法律依据，不能成立。

裁判规则二

原审案由认定确有不当，再审中法院可以予以纠正，但案件实体审理并无不当的，不足以启动再审。

案例3：最高人民法院，黑龙江北某荒投资担保股份有限公司与黑龙江省建三江农垦七某粮油工贸有限责任公司、黑龙江省建三江农垦宏某粮油工贸有限公司等担保合同纠纷再审民事裁定书【（2017）最高法民申925号】

关于本案案由应为追偿权纠纷还是担保合同纠纷的问题，民事案件的案由应当依据当事人主张的法律关系的性质来确定，同一诉讼中涉及两个以上法律关系的，应当依据当事人诉争的法律关系的性质确定案由，均为诉争法律关系的，则按诉争的两个以上法律关系确定并列的两个案由。本案存在多个法律关系：主法律关系为三某缘公司与中国建设银行股份有限公司哈尔滨农某支行（以下简称农某建行）的借款合同关系；从法律关系是北某荒担保公司与农某建行的保证合同关系，北某荒担保公司为上述借款提供连带责任保证；同时，本案还存在反担保合同关系，即债务人三某缘公司以机器设备抵押和4560吨水稻质押为北某荒担保公司提供反担保，三某缘公司法定代表人邵某玲及其夫徐某军以房产抵押和股权质押方式提供反担保，七某公司、宏某公司、华某公司、稻某公司在1000万元借款范围内为北某荒担保公司提供连带责任保证。本案系主债务的连带保证人北某荒担保公司在代为清偿三某缘公司的借款债务后，基于法定追偿权诉请债务人三某缘公司偿还代偿款，基于反担保合同关系诉请反担保人承担反担保责任，故本案案由应确定为追偿权纠纷和担保合同纠纷。本案一审法院将案由确定为追偿权纠纷，二审法院调整为担保合同纠纷，在案由的确定上均不完整，但因本案一、二审法院对诉争的法律关系均进行了审理，原审案由确定上的瑕疵对本案的实体审理未产生影响，故该问题不足以对本案启动再审。

案例4：湖南省高级人民法院，文某艳、永州市鑫某置业有限责任公司盈余分配纠纷再审民事裁定书【（2020）湘民申3671号】

本院经审查认为，文某艳作为鑫某置业公司股东要求公司按约向其分配房屋，根据其诉讼请求和本案事实，本案案由应为公司盈余分配纠纷，原审认定为所有权确认纠纷错误，予以纠正……综上，原审法院对本案案由认定错误，但处理并无不当，再审申请人的再审理由不能成立。

048 原审适用法律不当，能否认定为适用法律确有错误而启动再审？

裁判要旨

原审法院对法律理解有偏差，适用法律确有不当，但案件判决结果并无不当的，不认定为再审事由中的"适用法律确有错误"。

案情简介[1]

一、2014年，某美公司与某润公司约定由某美公司建设租赁物业后租赁给某润公司。2016年，某润公司通知某美公司解除合同。

二、双方解约赔偿事宜协商未果，某美公司起诉至丹东中院，请求判令某润公司支付违约金并赔偿损失。丹东中院支持了某美公司的诉讼请求。

三、某润公司不服，向辽宁高院上诉。辽宁高院认定某美公司损失为19231029.14元，判令某润公司支付1000万元违约金并赔偿损失19231029.14万元。

四、某润公司仍不服，向最高院申请再审，主张原审法院同时支持违约金和损失赔偿的违约责任，为适用法律错误。最高院经审理认为，某润公司主张违约

---

[1] 案件来源：最高人民法院，辽宁某润万家生活超市有限公司、丹东某美房地产开发有限公司租赁合同纠纷再审民事裁定书【（2020）最高法民申2309号】。

金和损失赔偿不能同时支持的理由不成立。但违约金和损失赔偿额之和不应超过违约所导致的损失总额,二审法院适用法律确有不当。但损失总额为 2982 万元,与二审法院判决某润公司应支付的数额相差不大,原审判决总体适当,因此驳回某润公司的再审申请。

律师评析

本案中,最高人民法院认定原审法院适用法律确有不当,但判决结果适当,因此不认为构成适用法律确有错误,驳回了某润公司的再审申请。

根据司法解释对于"适用法律确有错误"这一再审申请事由的规定,当事人根据该条申请再审的前提是原审判决、裁定结果确有错误。若裁判结果并无不当,则出于节约当事人诉讼成本的考虑,不再启动再审。

实务经验总结

原审虽适用法律不当,但裁判结果正当,人民法院将不再启动再审。但是当事人很难自行判断裁判结果是否正确,因此若确实存在法律适用错误的情况,我们建议当事人请律师事先就该问题作出判断后再申请再审。

相关法律规定

《中华人民共和国民事诉讼法》(2021 年修正)

第二百零七条 当事人的申请符合下列情形之一的,人民法院应当再审:

……

(六)原判决、裁定适用法律确有错误的;

……

《最高人民法院关于适用〈中华人民共和国民事诉讼法〉的解释》(2022 年修正)

第三百八十八条 有下列情形之一,导致判决、裁定结果错误的,应当认定为民事诉讼法第二百零七条第六项规定的原判决、裁定适用法律确有错误:

(一)适用的法律与案件性质明显不符的;

(二)确定民事责任明显违背当事人约定或者法律规定的;

(三)适用已经失效或者尚未施行的法律的;

（四）违反法律溯及力规定的；

（五）违反法律适用规则的；

（六）明显违背立法原意的。

法院判决

以下为该案在法院审查阶段，裁定书中"本院认为"部分就该问题的论述。

《中华人民共和国合同法》第一百一十四条规定："当事人可以约定一方违约时应当根据违约情况向对方支付一定数额的违约金，也可以约定因违约产生的损失赔偿额的计算方法。约定的违约金低于造成的损失的，当事人可以请求人民法院或者仲裁机构予以增加；约定的违约金过分高于造成的损失的，当事人可以请求人民法院或者仲裁机构予以适当减少。当事人就迟延履行约定违约金的，违约方支付违约金后，还应当履行债务。"《最高人民法院关于适用〈中华人民共和国合同法〉若干问题的解释（二）》第二十八条规定："当事人依照合同法第一百一十四条第二款的规定，请求人民法院增加违约金的，增加后的违约金数额以不超过实际损失额为限。增加违约金以后，当事人又请求对方赔偿损失的，人民法院不予支持。"根据上述规定，违约金与损失赔偿均系填补违约所致损失的方法，当违约金不足以弥补当事人遭受的实际损失时，法律并未禁止二者同时适用，某润公司有关违约金与损失赔偿不能同时适用的申请再审理由，不能成立。但民事责任以填补损失为原则，当违约金责任与损失赔偿责任均指向同一违约行为且同时适用时，二者之和不应超过违约所导致的损失总额。二审判决在认定某美公司因某润公司违约行为所受损失为 19231029.14 元的情况下，判令某润公司支付违约金 1000 万元并赔偿损失 19231029.14 元，适用法律确有不当。

《中华人民共和国合同法》第一百一十三条第一款规定："当事人一方不履行合同义务或者履行合同义务不符合约定，给对方造成损失的，损失赔偿额应当相当于因违约所造成的损失，包括合同履行后可以获得的利益，但不得超过违反合同一方订立合同时预见到或者应当预见到的因违反合同可能造成的损失。"首先，案涉《租赁合同》约定的租赁物业面积为 13303 平方米，某润公司拒绝履行合同后某美公司将其中 12272 平方米出租给案外人，两份租赁合同约定租期均为 20 年，某美公司依据两份租赁合同中所能取得的 12272 平方米租赁物税后租赁对价差额为 19231029.14 元，属于某美公司因违约所受的可得利益损失，某润公司关于二审判决计算该部分损失方法错误的申请再审理由，不能成立。其次，从案涉《租赁合同》约定的租赁期起算日 2016 年 8 月 25 日至 2017 年 4 月 4 日某美公司将相关物业交付案外人使用，案涉 13303 平方米物业在此期间的闲置损失为 2926660 元，也属于某美公司因违约所受的可得利益损失，对此一审法院已作出认定，二审法院未予否定，但在计算某美公司损失数额时遗漏此项。最后，一审判决认定的某美公司未能租出的 1031 平方米租赁物的损失为 7663271.43 元，亦系某美公司因违约而实际遭受的可得利益损失，根据《中华人民共和国合同法》第一百一十三条第一款的规定，某润公司应予赔偿。二审判决以该 1031 平方米租赁物仍具有使用价值、某美公司即使因此受到损失也可从违约金中获得弥补或者另诉主张权利为由未予认定，不符合前述法律规定。因此，某美公司因某润公司违约所受的损失总额为 29820960.57 元，二审判决华润公司支付 1000 万元违约金并赔偿损失 19231029.14 元，并未不当加重某润公司所应承担的责任。综上，原二审判决适用法律虽有瑕疵，但综合全案处理来看，判决结果总体适当。根据《最高人民法院关于适用〈中华人民共和国民事诉讼法〉的解释》第三百九十条，原二审判决不属于《中华人民共和国民事诉讼法》第二百条第六项规定的"原判决、裁定适用法律确有错误"的情形。

延伸阅读

裁判规则

原审适用错误的法律依据，但判决结果并无不当的，不认定为再审事由中的"适用法律确有错误"。（与主文案例裁判观点一致）

案例：江西省高级人民法院，胡某宝等诉景德镇市老城区保护利用工程推进工作领导小组办公室房屋拆迁安置补偿合同纠纷再审民事裁定书【（2017）赣民申 667 号】

关于原审判决适用法律是否错误的问题。本案中，一审法院认为，"老城办在协议签订后，将原告被征收房屋拆除，经批准改变包括用于安置原告的房屋规划设计，现向原告交付的房屋与安置协议约定不一致，原告不同意接受，因被告未提供经原告同意改变安置房设计，或与原告重新协商达成变更协议的证据，违反协议约定和法律规定"，并依据《中华人民共和国合同法》第一百零七条之规定即"当事人一方不履行合同义务或者履行合同义务不符合约定的，应当承担继续履行、采取补救措施或者赔偿损失等违约责任"作出判决，由此可见，一审法院认定老城办存在违约行为，应承担违约责任。二审法院认为"一审判决认定老城办并无违约行为,符合实情",确有不当。但即使认定老城办存在违约行为,胡某宝、余某群所主张房款双倍赔偿的诉请亦不能得到支持。胡某宝、余某群所主张房款双倍赔偿责任,为惩罚性赔偿责任。惩罚性赔偿责任的适用,必须以法律的明确规定或者当事人的约定为前提,并重点审查违约方是否存在恶意违约等行为,以防止过分加重违约方的赔偿责任。经查,在提起本案诉讼时,胡某宝、余某群是以《最高人民法院关于审理商品房买卖合同纠纷案件适用法律若干问题的解释》为依据,主张要求老城办双倍赔偿房款。……根据上述规定,只有在老城办将原本补偿安置给胡某宝、余某群的房屋另行出卖给第三人的情况下,胡某宝、余某群才有权请求解除拆迁补偿安置协议,并请求老城办承担不超过已付购房款一倍的赔偿责任。但老城办不能按照《景德镇市房屋征收补偿安置协议书》的约定,向胡某宝、余某群交付补偿安置房屋,是因为原规划设计发生了变更调整,而并不存在将原本安置给胡某宝、余某群的房屋另行出卖给第三人的行为。因此,老城办的行为并不属于该解释第七条和第八条规定的情形,胡某宝、余某群以上述规定为依据请求老城办双倍赔偿房款的主张不能得到支持。对于胡某宝、余某群申请再审中,以老城办的行为属于欺诈为由,要求其承担惩罚性赔偿责任的主张……本案中,原审法院查明的事实表明,房屋征收补偿安置是为了改善老城区群众生活居住条件,加快防洪堤等基础设施配套建设,完善城市防洪功能。老城办不能向胡某宝、余某群交付补偿安置房屋,是因为原规划设计发生了变更调整。而胡某宝、余某群并未提供充分证据证明老城办在与其签订《景德镇市房屋征收补偿安置协议书》时存在故意告知其虚假情况或者故意隐瞒真实情况的情形,故其认为老城办的行为属于欺诈的主张不能成立。本案二审时,针对再审申请人方提交的两份景德镇市珠山区人民法院在网上刊登的拍卖公告,二审法院组织当事人进行了质证,再审申请人方要求老城办按照拍卖公告中相关房屋价格赔偿。在此基础上,二审法院根据涉案安置房屋坐落情况,将景德镇市珠山区人民法院拍卖的景德镇市莲某山庄社区综合楼1栋某房屋作为本案补偿价格的参照依据,并无不当。据此,二审法院在判决时,除了判令老城办支付给胡某宝、余某群房款181300元、自2013年7月9日支付安置过渡费至判决履行之日止及支付办证费和维修基金外,另判令老城办补偿胡某宝、余某群61352元。《最高人民法院关于适用〈中华人民共和国民事诉讼法〉的解释》第三百九十条规定:有下列情形之一,导致判决、裁定结果错误的,应当认定为民事诉讼法第二百条第六项规定的原判决、裁定适用法律确有错误。本案中,二审法院虽适用《中华人民共和国民法通则》第四条作为判决依据，但因其对于因老城办违约给胡某宝、余某群造成的损失均判决老城办予以赔偿，与依据《中华人民共和国合同法》第一百零七条之规定作出判决，在结果上并无差异，即二审判决结果并无错误。因此，胡某宝、余某群对二审判决适用法律错误的主张不能成立。

049 当事人以对方二审才申请鉴定并获准为由申请再审，法院会支持吗？

裁判要旨

申请鉴定是当事人应有的诉讼权利。当事人一审未申请鉴定而在二审中申请鉴定并获法院准许是符合法律规定的，另一方当事人为此申请再审的，人民法院不予支持。

案情简介[①]

一、2014年，万某隆公司与港某公司签订《代理采购合同》，并于同日签订《质押合同》，以万某隆公司所有成品服装为港某公司因履行《代理采购合同》产生的债权做质押担保。港某公司就质押物向保险公司投保财产一切险。

二、2016年，质押物受台风损毁，港某公司向保险公司报全损，保险公司委托公估公司进行理算。万某隆公司向厦门中院提起诉讼，请求港某公司赔偿因质押物毁损而造成的损失。

三、2017年，公估公司出具《公估报告》载明：现场货物共532托，台风导致受损货物共计41托。至于其余货物是否因港某公司未采取积极措施防止损失扩大而受损，由于港某公司未能配合对受损服装进行详细清点，公估公司只能对受损服装随机拆箱检查有无水湿。经查无水渍、水湿痕迹，认定此部分无损失。综上，建议理赔191628.2元。

四、根据《公估报告》，41托货物确定受损，其余货物受损情况并不明确。但一审中，双方当事人均未申请鉴定。法院认为港某公司未能证明曾采取积极措

[①] 案件来源：最高人民法院，厦门万某隆集团有限公司、厦门港某贸易有限公司质押合同纠纷再审民事裁定书【（2021）最高法民申6301号】。

施防止损失扩大，未能证明货物损失情况，应当承担不利后果，且港某公司曾向平安保险报全损，因此推定质押物全损，判决港某公司赔偿万某隆公司其余491托货物的价值共计15180755.265元。

五、港某公司不服，向福建高院上诉。二审中，港某公司向法院申请鉴定并获同意。根据鉴定结果，福建高院判决港某公司向万某隆公司赔偿损失2496052元。

六、随后，万某隆公司向最高院申请再审，主张港某公司未在一审举证期限届满前申请鉴定，已丧失申请鉴定的权利。二审法院依据港某公司的鉴定申请启动鉴定程序属适用法律错误。最高院认为，申请鉴定是当事人应有的权利，驳回万某隆的再审申请。

律师评析

本案的争议焦点为"港某公司在一审中未申请鉴定，二审法院允许其在二审中申请鉴定是否适用法律错误"。

法律规定，当事人申请鉴定，应当在人民法院指定期间内提出。在以往的司法实践中，通常认为该指定期间为一审举证期间，若当事人在一审举证期限内未申请鉴定，则视为对相关待证事实的举证权利进行了处分，是对自己诉讼权利的放弃。若之后其于二审阶段申请鉴定，则该申请已经超过举证期限，违反了诚实信用原则，属于证据突袭，不被允许。而在本案中，最高院认为申请鉴定是当事人应有的诉讼权利，当事人一审未申请鉴定，在二审的举证期限内申请鉴定仍然符合法律规定。

实务经验总结

一、一审未申请鉴定而二审提出的，实务中法院通常不会支持。但是按照本文案例裁判观点，当事人二审期间仍可提出鉴定申请。因此如因种种原因一审中对关键事实未进行鉴定，二审中可以依据此案例尝试申请。当然本案裁判虽为最高院作出，但裁判时间为2021年，属于较新的案例，其对下级法院影响尚待进一步观察。

二、目前实务中大部分法院仍然认为一审未申请鉴定的当事人二审不得申请鉴定，特别是在申请的当事人为对待证事实负有举证责任一方的情况下。因此，我们建议当事人积极行使诉讼权利，特别是在待证事实不明确于己不利时，一定要在一审期间提出鉴定申请。

三、需特别说明的是，目前在建设工程合同诉讼中，当事人即使一审未申请鉴定二审仍然可申请，法院会对是否确有必要准许鉴定进行审查，并且当事人若对最终的审查决定不服可以申请再审。因此，我们亦建议：基于工程鉴定的重要性，为避免损失不必要的时间、精力和金钱，当事人应于一审举证期间申请鉴定（延伸阅读案例1）。

相关法律规定

《最高人民法院关于民事诉讼证据的若干规定》（2019年修正）

第三十一条 当事人申请鉴定，应当在人民法院指定期间内提出，并预交鉴定费用。逾期不提出申请或者不预交鉴定费用的，视为放弃申请。

对需要鉴定的待证事实负有举证责任的当事人，在人民法院指定期间内无正当理由不提出鉴定申请或者不预交鉴定费用，或者拒不提供相关材料，致使待证事实无法查明的，应当承担举证不能的法律后果。

《中华人民共和国民事诉讼法》（2021年修正）

第二百零七条 当事人的申请符合下列情形之一的，人民法院应当再审：

……

（六）原判决、裁定适用法律确有错误的；

……

法院判决

以下为该案在法院审查阶段，裁定书中"本院认为"部分就该问题的论述：

关于二审法院允许港某公司申请鉴定是否适用法律错误。万某隆公司作为一审原告，诉请港某公司赔偿质押物损毁造成的损失，则应当由万某隆公司承担举证责任，证明已损毁质押物的价值。但万某隆公司在一审中不愿申请司法鉴定，未承担举证责任。港某公司不服一审判决提起上诉，因此负有相应的举证责任，二审法院可以重新确定举证期，由港某公司申请鉴定。且申请鉴定属于当事人应有的诉讼权利，法律并未规定一审未申请鉴定的当事人不能在二审提出鉴定申请，港某公司亦在二审规定的举证期限内提出鉴定申请，并未违反《最高人民法院关于民事诉讼证据的若干规定》第二十七条的规定。故二审法院批准港某公司的鉴定申请并无不当。

延伸阅读

裁判规则

建设工程合同具有特殊性，当事人一审未申请鉴定，二审提出的鉴定申请，由二审法院审查是否确有必要予以准许。如不鉴定无法查清案件事实的二审法院应当准许。二审法院未准许的，当事人可以此为由申请再审。

案例1：最高人民法院，河南建筑工程有限公司建设工程施工合同纠纷再审审查与审判监督民事裁定书【（2020）最高法民申318号】

关于二审中河南建筑公司申请鉴定应否允许的问题。《最高人民法院关于审理建设工程施工合同纠纷案件适用法律问题的解释（二）》第十四条第二款规定："一审诉讼中负有举证责任的当事人未申请鉴定，虽申请鉴定但未支付鉴定费用或者拒不提供相关材料，二审诉讼中申请鉴定，人民法院认为确有必要的，应当依照民事诉讼法第一百七十条[1]第一款第三项的规定处理。"《中华人民共和国民事诉讼法》第一百七十条第一款第三项规定："原判决认定基本事实不清的，裁定撤销原判决，发回原审人民法院重审，或者查清事实后改判。"鉴于建设工程的特殊性及工程鉴定的重要性，人民法院应当对是否确有必要进行鉴定予以审查，而不能以一审时未申请鉴定为由一概不予准许。如果相关鉴定事项与案件基本事实有关，不鉴定不能查清案件基本事实的，应对鉴定申请予以准许。本案中，工程造价鉴定意见属于案件的基本事实证据，河南建筑公司经一审法院释明其具有举证责任，但其仍拒绝申请鉴定，其应对不能查清案件基本事实负主要责任。但考虑到本案通过其他证据仍不能确定工程造价的情况下，在二审程序中准许其鉴定申请，并按照《中华人民共和国民事诉讼法》第六十五条、第一百七十条第一款第三项的规定进行处理更为妥当。

案例2：最高人民法院，昆明艺术职业学院、昆明瑶某科技有限公司合同纠纷再审审查与审判监督民事裁定书【（2020）最高法民申4738号】

本院经审查认为，本案的审查重点是原审判决认定瑶某公司投资款为6875816元是否缺乏事实依据。艺术学院与瑶某公司签订《昆明艺术职业学院一卡通（水系统）投资合同》后，瑶某公司依约完成了案涉项目并已由艺术学院投入使用，艺术学院未依约按月与瑶某公司进行营业利润分配结算，已构成违约。双方签订的《昆明艺术职业学院一卡通（水系统）投资合同》已于2017年

---

[1] 现行有效《中华人民共和国民事诉讼法》第一百七十七条。

10月24日解除，瑶某公司有权依据《中华人民共和国合同法》第九十七条的规定，要求艺术学院赔偿其为履行合同所投入的款项。原审中，瑶某公司为证明自己的投资损失主张提交了造价明细表，该造价明细表中的设备、设施数量艺术学院已经在2017年7月24日签章确认，价格也有相应的采购合同、收据等证据印证，瑶某公司已经完成了自己的举证责任。艺术学院对瑶某公司主张的投入损失不予认可，并称造价明细表中部分设备的单价、数量与事实不符，但未能提供有效证据证明，其一审中提出工程造价鉴定未能依法进行系其未按期交纳鉴定费用所致，在瑶某公司的投入损失能够依据证据规则确定、艺术学院又无有效证据反驳的情况下，其在二审中又申请鉴定二审法院不予准许，并无不当。

050 原审法院错误适用修订前的司法解释，是否必然可以导致再审？

裁判要旨

原审判决适用修订之前的司法解释，但适用的具体条文被修订后的法律/司法解释吸收，此等情况下，该等适用瑕疵不影响案件的实体处理结果，人民法院不应启动再审。

案情简介①

一、就赵某虎与果某堂公司、曹某海，第三人赵某根、曹某买卖合同纠纷、股权转让纠纷一案，第三人曹某认为原审判决适用修订之前的、已失效的《最高人民法院关于审理买卖合同纠纷案件适用法律问题的解释》（2012年版）第三条规定，认定"买卖合同不因出卖人无权处分而无效"属于法律适用错误，应当予以再审。

二、最高人民法院认为：原审法院适用失效的司法解释确有不当，但错误援引的条文的内核，即买卖合同不因出卖人无权处分而无效已经被生效的民法典吸收，因此原审法院的裁判结果并未因援引失效的司法解释而出现错误，此等情况

---

① 案件来源：最高人民法院，曹某、曹某海等买卖合同纠纷、股权转让纠纷民事申请再审审查民事裁定书【（2021）最高法民申7932号】。

下无必要启动再审程序。

律师评析

人民法院在出具判决/裁定书时，尤其在某部法律/司法解释刚被修订或刚颁布之际，人民法院援引的法律/司法解释可能会出现错误，即错误援引修订之前、已失效的法律/司法解释。此等情况下，当事人可否以此为由申请再审？人民法院是否会支持该等再审理由？

本文主文案例就其中一种情形作出了答复，即如错误援引的法律/司法解释被后续生效的法律/司法解释吸收，则不宜启动再审。最高院之所以作出如上认定，理由也很简单：如确实启动再审，适用修订后的、生效的法律/司法解释的相应条款，则势必会作出与原审法院完全一致的裁判结果。此等情况下，与其启动再审，毋宁将原审法院适用法律的瑕疵视为书写笔误。

此外，根据反义解释原则，本文的裁判观点还表明：如后续生效的法律/司法解释的精神、观点倾向与已失效的法律/司法解释不一致的，该等适用法律的错误势必影响裁判结果，此等情况下，人民法院应重新审查是否应当予以再审。

实务经验总结

提请案件当事人注意：原审判决/裁定适用了修订前、已失效的法律/司法解释的，并不必然导致法院启动再审。发现前述情形的，应继续判断修订前、已失效的法律/司法解释的精神是否被后续生效的其他法律/司法解释吸收，如确实被吸收，则人民法院将不会支持当事人的再审申请；如未被吸收甚至后续生效的其他法律/司法解释对此进行了相反的规定，则人民法院可能会支持当事人的再审申请。

相关法律规定

《中华人民共和国民事诉讼法》（2021年修正）

第二百零七条 当事人的申请符合下列情形之一的，人民法院应当再审：

（一）有新的证据，足以推翻原判决、裁定的；

（二）原判决、裁定认定的基本事实缺乏证据证明的；

（三）原判决、裁定认定事实的主要证据是伪造的；

（四）原判决、裁定认定事实的主要证据未经质证的；

（五）对审理案件需要的主要证据，当事人因客观原因不能自行收集，书面申请人民法院调查收集，人民法院未调查收集的；

（六）原判决、裁定适用法律确有错误的；

（七）审判组织的组成不合法或者依法应当回避的审判人员没有回避的；

（八）无诉讼行为能力人未经法定代理人代为诉讼或者应当参加诉讼的当事人，因不能归责于本人或者其诉讼代理人的事由，未参加诉讼的；

（九）违反法律规定，剥夺当事人辩论权利的；

（十）未经传票传唤，缺席判决的；

（十一）原判决、裁定遗漏或者超出诉讼请求的；

（十二）据以作出原判决、裁定的法律文书被撤销或者变更的；

（十三）审判人员审理该案件时有贪污受贿，徇私舞弊，枉法裁判行为的。

最高人民法院关于适用《中华人民共和国民事诉讼法》的解释（2022年修正）

第三百八十八条 有下列情形之一，导致判决、裁定结果错误的，应当认定为民事诉讼法第二百零七条第六项规定的原判决、裁定适用法律确有错误：

（一）适用的法律与案件性质明显不符的；

（二）确定民事责任明显违背当事人约定或者法律规定的；

（三）适用已经失效或者尚未施行的法律的；

（四）违反法律溯及力规定的；

（五）违反法律适用规则的；

（六）明显违背立法原意的。

法院判决

以下为该案在法院审理阶段，判决书中"本院认为"部分就该问题的论述：

关于原判决适用法律确有错误的问题。案涉《最高人民法院关于审理买卖合同纠纷案件适用法律问题的解释》于2020年进行修正，其中《最高人民法院关于审理买卖合同纠纷案件适用法律问题的解释》（2012年版）第三条的内容被《中华人民共和国民法典》第五百九十七条吸收，买卖合同不因出卖人无权处分而无效的内容并未实质性改变。因此，原审判决虽引用被修正前的司法解释，存在一定瑕疵，但并不影响案件的实体处理结果，不宜因此而启动再审程序。

延伸阅读

裁判规则：修订前的法律或司法解释与修订后的并不冲突，原审法院错误援引修订前的法律或司法解释裁判的，人民法院不应启动再审。（与主文案例的裁判观点一致）

参考案例1：黑龙江省双鸭山市中级人民法院，张某春与纪某丽机动车交通事故责任纠纷案再审民事裁定书【（2022）黑05民申28号】

本院经审查认为，关于申请人主张原审判决适用法律错误的问题。经查，案涉交通事故发生在2021年5月12日，《最高人民法院关于审理道路交通事故损害赔偿案件适用法律若干问题的解释》于2020年12月23日修正，自2021年1月1日起施行。本案应当适用修正后的司法解释第十六条第一款的规定，原审判决适用修正前的司法解释第十九条的规定有误。因原司法解释第十九条第一款的内容与修正后的司法解释第十六条第一款的内容一致，即均规定未依法投保交强险的机动车发生交通事故造成损害，当事人请求投保义务人在交强险责任限额范围内予以赔偿的，人民法院应予支持。二审判决依据上述司法解释的规定判决各自在交强险的限额内承担赔偿责任并无不当，且根据《最高人民法院关于适用〈中华人民共和国民事诉讼法〉的解释》第三百八十八条规定，本案不属于因适用法律错误而导致裁判结果错误的情形。综上，张某春的再审申请不符合《中华人民共和国民事诉讼法》第二百零七条第六项的再审情形，其申请再审理由不能成立，应予驳回。

参考案例2：安徽省淮北市中级人民法院，张某红、许某民间委托理财合同纠纷再审审查与审判监督民事裁定书【（2018）皖06民申36号】

原判适用的涉案《中华人民共和国外汇管理条例》系修订前的条例，随着经济的发展，国家对外汇业务的放开，对涉案条例予以修订。原判适用的第二十七条虽不再适用，但修订后的《中华人民共和国外汇管理条例》第十六条、第十七条仍然强调境内外机构或境内外个人，在我国境内外从事外汇活动，需经国家有关主管部门批准或办理登记。修订前的第二十七条与修订后的相关条款并不冲突。原判适用修订前的条例虽属适用法律不当，但并不违背修订后的《中华人民共和国外汇管理条例》的立法精神，该法律适用的瑕疵不足以改变原判主文的成立。张某红称原判适用法律错误、应予撤销的申诉理由亦不能成立。原判认定事实清楚、定性准确，确立权利义务适当，应予维持。

参考案例3：浙江省高级人民法院，长兴诺某小额贷款有限责任公司诉周某等借款合同纠纷案再审民事裁定书【（2015）浙民申字第975号】

诺某公司申请再审称一审判决援引修订前的民事诉讼法，属于"适用法律错误"。经查，一审判决在本案援引修订前的民事诉讼法，工作上确有疏漏，但一审法院援引法律条文的瑕疵尚不足以启动再审程序。至于诺某公司再审认为其发放案涉贷款不构成非法吸收公众存款罪，不属本案再审查范围，本院亦对此不作评价。

051 原审法院未适用最高人民法院作出的复函是否属于适用法律确有错误？

裁判要旨

最高人民法院发布的针对个案的复函，不具有普遍约束力，原审法院未适用复函内容的，不属于再审事由中生效裁判适用法律确有错误的情形。

案情简介①

一、博某小贷公司与徐某、毛某刚、滕某伟、占某仙、万某公司借款合同纠纷一案中，原告博某小贷公司要求借款人徐某，保证人毛某刚、滕某伟、占某仙、万某公司清偿借款本息。

二、一审审理过程中，博某小贷公司向法院提交了债务催收通知书、EMS快递单存根（寄件人存联）、EMS投递网络查询情况截图，证明其于2016年8月要求滕某伟、占某仙、万某公司承担保证责任。一审法院认为博某小贷公司提交的EMS快递单存根等证据存在诸多与客观事实不符或填写不规范的情形，证明力不足，并认定万某公司、滕某伟、占某仙因保证期间超过而免除保证责任。

三、博某小贷公司不服一审判决并向江西省高级人民法院提起上诉，二审江西高院对"博某小贷公司是否于保证期间内向万某公司、滕某伟、占某仙主张保证责任"与一审法院持有相同认定。

---

① 案件来源：最高人民法院，南昌市红谷滩新区博某小额贷款有限公司诉徐某等借款合同纠纷再审案【（2021）最高法民申1049号】。

四、之后，博某小贷公司向最高人民法院申请再审，主张：博某小贷公司提供了债务催收通知书及EMS快递单存根等证据，滕某伟、占某仙、万某公司并未提供相反证据推翻博某小贷公司提供的证据，按照《最高人民法院关于债权人在保证期间以特快专递向保证人发出逾期贷款催收通知书但缺乏保证人对邮件签收或拒收的证据能否认定债权人向保证人主张权利的请示的复函》（以下简称《复函》）"债权人通过邮局以特快专递的方式向保证人发出逾期贷款催收通知书，在债权人能够提供特快专递邮件存根及内容的情况下，除非保证人有相反证据推翻债权人所提供的证据，应当认定债权人向保证人主张了权利"的规定，应当认定博某小贷公司向滕某伟、占某仙、万某公司主张了权利，原审判决遗漏适用该复函，属适用法律错误。

五、最高人民法院在说明"博某小贷公司提供的债务催收通知书及EMS快递单存根等证据存在诸多不合理之处，不能被认定为《复函》中载明特快专递邮件存根及内容，证明力不足"的基础上，认为《复函》不属于司法解释，不属于正式法源，原审法院未适用该复函并无不妥。

律师评析

根据《最高人民法院关于司法解释工作的规定》第六条第一款的规定：司法解释的形式分为"解释""规定""规则""批复""决定"五种，最高人民法院就个案作出的《复函》在性质上并不属于司法解释，甚至不属于正式法源。同时，鉴于《复函》系针对个案作出，个案的特殊性决定了《复函》的强针对性、非普遍适用性。因此，人民法院在审理案件过程中不适用《复函》，并根据案件的实际情况作出所谓的与《复函》精神不一致的认定并无不当。

实务经验总结

1. 人民法院是否应当适用《复函》内容？

最高人民法院作出的司法解释的形式分为"解释""规定""规则""批复""决定"五种，就个案作出的回复形成的"复函"不属于司法解释，也不属于正式法源，人民法院不适用《复函》内容的，不属于适用法律错误的情形。

2. 人民法院可否主动适用《复函》内容？

根据《中华人民共和国人民法院组织法》第十八条的规定，最高人民法院担负着对全国法院在审判过程中具体应用法律问题进行解释的职责。其对某一个案请示作出的答复，尽管效力本身仅及于该个案，但其是对最高人民法院司法解释的一种必要的补充，它在保障法律的正确适用和审判工作的顺利进行方面起着重要的指引作用，对全国法院的审判工作仍然具有示范和引导意义。最高法院的个案复函，根据审理案件的需要，合法有效的，可以作为其他案件的裁判指引。因此，复函虽然不能作为裁判依据，但人民法院可以在说理部分引用。

3. 在案件与复函针对的个案案情一致，但原审法院作出与复函内容相反的认定的情况下，当事人不应以"原判决、裁定遗漏适用复函内容，属于法律适用错误"为由申请再审，而应从《中华人民共和国民事诉讼法》第二百零七条规定的其他再审事由入手，寻找原审法院的错误（在此等情况下，原审法院应当存在比较明显的实体审理方面的错误），并突出案件与复函针对的个案属于同类型案件，理应同案同判。

相关法律规定

《中华人民共和国民事诉讼法》（2021年修正）

第二百零七条　当事人的申请符合下列情形之一的，人民法院应当再审：

（一）有新的证据，足以推翻原判决、裁定的；

（二）原判决、裁定认定的基本事实缺乏证据证明的；

（三）原判决、裁定认定事实的主要证据是伪造的；

（四）原判决、裁定认定事实的主要证据未经质证的；

（五）对审理案件需要的主要证据，当事人因客观原因不能自行收集，书面申请人民法院调查收集，人民法院未调查收集的；

（六）原判决、裁定适用法律确有错误的；

（七）审判组织的组成不合法或者依法应当回避的审判人员没有回避的；

（八）无诉讼行为能力人未经法定代理人代为诉讼或者应当参加诉讼的当事人，因不能归责于本人或者其诉讼代理人的事由，未参加诉讼的；

（九）违反法律规定，剥夺当事人辩论权利的；

（十）未经传票传唤，缺席判决的；

（十一）原判决、裁定遗漏或者超出诉讼请求的；

（十二）据以作出原判决、裁定的法律文书被撤销或者变更的；

（十三）审判人员审理该案件时有贪污受贿，徇私舞弊，枉法裁判行为的。

法院判决

以下为该案在法院审理阶段，判决书中"本院认为"部分就该问题的论述：

关于二审判决是否存在认定事实和适用法律错误的问题。博某小贷公司提交了债务催收通知书、EMS 快递单存根（寄件人存联）及 EMS 投递网络查询情况截图，证明其已经在保证期间内向滕某伟、占某仙、万某公司主张了相关权利。但是博某小贷公司提交的 EMS 快递单存根在"经办人""签发时间""收寄人员""寄件人签名"等处均是空白，不符合常理。从博某小贷公司提供的邮寄单载明的收件人地址看，既不是万某公司工商注册登记地，也不是滕某伟、占某仙身份证载明的住址，更不是《客户材料邮寄地址确认函》或合同中明确约定的通信地址。涉及万某公司的邮单上，收件人并非万某公司的法定代表人滕某伟，而是公司员工洪某，而洪某否认收到了案涉邮件，万某公司亦未授权或指示洪某接收案涉债务催收函件。从博某小贷公司与万某公司及滕某伟的相互关系看，万某公司系博某小贷公司的股东，滕某伟系万某公司的法定代表人和股东，亦担任过博某小贷公司的董事，万某公司也经常派员参加博某小贷公司的股东会和董事会等，博某小贷公司完全可以采取更为直接和有效的方式向万某公司、滕某伟等主张保证责任，而博某小贷公司怠于主张，相应的法律后果应由其自行承担。二审判决根据已查明的事实，结合邮政南昌寄递事业部出具的《复函》及法院依职权形成的《调查笔录》，认定博某小贷公司没有充分证据证明其在保证期间向滕某伟、占某仙、万某公司主张了相关权利，并无不当。《复函》系最高人民法院就个案请示所作的答复意见，并不具有普遍适用性。

延伸阅读

裁判规则：最高人民法院以复函形式针对个案相关情况作出的处理意见，不属于司法解释，不具有普遍约束力，不属于"原判决、裁定适用法律确有错误的"中的"法律"。原审法院未适用最高人民法院作出的复函的，不属于"原判决、裁定适用法律确有错误的"情形。（与主文案例裁判观点一致）

案例1：最高人民法院，北京华某房地产开发中心、北京城乡欣某建设有限公司建设工程施工合同纠纷再审审查与审判监督民事裁定书【（2018）最高法民申4906号】

再审申请人主张：适用法律错误。由于原审对熊猫环岛综合市场建筑物所有权归属的错误认定，导致对《最高人民法院关于装修装饰工程款是否享有合同法第二百八十六条规定的优先受偿权的复函》的错误适用。

最高人民法院认为：华某中心申请再审的事由不符合《中华人民共和国民事诉讼法》第二百条第六项"原判决、裁定适用法律确有错误的"情形。华某中心认为本案应当依照《最高人民法院关于装修装饰工程款是否享有合同法第二百八十六条规定的优先受偿权的复函》裁判欣某公司不享有优先受偿权。本院认为，《最高人民法院关于装修装饰工程款是否享有合同法第二百八十六条规定的优先受偿权的复函》仅是最高人民法院针对个案的批复，不具有普遍约束力。此复函针对的是建筑物没有被拆除的情况，与本案情况不同，故不能适用。

案例2：浙江省绍兴市中级人民法院，何某3、何某1等分家析产纠纷再审审查和审判监督民事裁定书【（2022）浙06民申37号】

关于再审申请人何某1、何某3、何某2认为一审、二审法院未参照最高院的批复处理本案，存在审查不清认定不当问题，本院认为，一方面，再审申请人引用该批复与其申请再审认为属于何某祥一人所有的主张并不一致。另一方面，该批复首先明确了"一般应以确定的产权为准，由参加土改的家庭成员进行析产"的总体原则；其次该批复是在该案特定情形下的具体个案处理，本案中不予适用，并无不当。

案例3：江苏省高级人民法院，徐某中与阜宁县人民政府金某湖街道办事处确认合同无效纠纷再审案民事裁定书【（2020）苏民申7434号】

（2007）民立他字第54号复函为最高人民法院立案庭对辽宁省高级人民法院的个案答复，《民事案件案由规定》系最高人民法院发布的规范性文件，并非法律和行政法规，也非最高人民法院就如何适用相关法律发布的司法解释，均不属于本案裁判的法律依据，二审法院未据此对本案作出评判正确。况且，二审裁定对此是否作出回应亦非本案应当再审的法定事由。本案未进行实体审理，亦不存在对相关证据进行认证、评判的问题。

案例4：河南省郑州市中级人民法院，栾某、中国人民武装警察部队某省总队医院房屋租赁合同纠纷再审审查与审判监督民事裁定书【（2020）豫01民申1020号】

本院经审查认为，《最高人民法院关于司法解释工作的规定》第六条第一款规定，"司法解释的形式分为'解释'、'规定'、'批复'和'决定'四种"。根据该规定可知，最高人民法院的复函仅是针对个案相关情况作出的处理意见，不属于司法解释，不具有普遍约束力。本案中，栾某认为应当适用《最高人民法院关于中国人民解放军北京军区房地产管理局请求法院受理军队家属住房清退案有关问题请示的复函》（2002年7月2日）的规定驳回中国人民武装警察部队某省总队医院的起诉，没有法律依据。

052 当事人可否以原判决、裁定未明确写明适用的法律为由申请再审？

裁判要旨

原判决、裁定中不必明确写明适用某一法律条文，未写明但实际适用某一法律条文的，不属于遗漏适用法律的情形，不属于再审事由中生效裁判适用法律确有错误的情形。

案情简介[①]

一、李某胜与中某公司因民间借贷纠纷形成诉讼，由淄博市中级人民法院作出（2013）淄民一初字第22号民事调解书，后因中某公司未履行法律文书确定的义务，该案进入执行程序。在执行过程中，淄博中院查封了中某公司名下位于潍坊市潍城区健康西街的商铺（以下简称案涉房屋），并于2014年12月11日作出（2013）淄执字第202-3号执行裁定，裁定将包括案涉房屋在内的十七套房屋交付李某胜以抵偿其债权。

二、张某贵向淄博中院提出书面异议，以案涉房屋系其向中某公司购买且已交清全部房款为由申请终止拍卖、解除查封。淄博中院经审查，作出执行裁定，裁定驳回张某贵的异议。张某贵不服，向淄博中院提起案外人执行异议之诉，请求人民法院判令不得执行案涉房屋。

三、一审淄博中院和二审山东高院均认为张某贵提供的证据不足以证明张某贵已经支付全部购房款、案涉房屋已经交付张某贵占有，因此判决驳回张某贵的诉讼请求。

[①] 案件来源：最高人民法院，张某贵与李某胜案外人执行异议之诉纠纷民事判决书【（2018）最高法民申2279号】。

四、之后，张某贵向最高人民法院申请再审，主张：本案案情完全符合《最高人民法院关于人民法院民事执行中查封、扣押、冻结财产的规定》（以下简称《查扣冻规定》）第十七条的规定，被执行人将其所有的需要办理过户登记的财产出卖给第三人，第三人已经支付全部价款并实际占有，但未办理过户登记手续的，如果第三人对此没有过错，人民法院不得查封、扣押、冻结规定的情形，而原审判决遗漏适用该司法解释，属于适用法律错误的情形，最高人民法院应当予以再审。

五、最高人民法院认为，原审判决虽然未明确写明适用《查扣冻规定》第十七条的规定，但从原审判决主文的争议焦点可知：原审法院实际上已经适用了《查扣冻规定》第十七条的规定进行实体审理，不存在遗漏适用某项法律的情形，并最终驳回张某贵的再审申请。

律师评析

原则上，人民法院应当在判决、裁定主文部分列明全部适用的裁判依据，但如果人民法院在制作文书时未明确列明或者遗漏列明作出裁判所依据的实体法的，该等情形也不属于遗漏适用法律的情形，不属于法律适用错误。这是因为原审判决、裁定事实上已经正确适用相应的法律进行审理，只是因为文书书写时存在瑕疵而未能写明全部裁判依据，该等瑕疵在本质上属于笔误，完全不影响案件的审理结果，无任何启动再审的必要。

实务经验总结

1. 当事人认为原审判决、裁定遗漏适用某项/某些法律时，应核实所谓遗漏适用法律是否属于"原审法院事实上适用了该等法律，只是未在原审法律文书中列明"的情形。如确实属于前述情形，从节约诉讼成本的角度，则当事人无必要申请再审。

2. 通常情况下当事人很难自行判断人民法院是否事实上遗漏适用了某项/某些法律，因此若确实存在法律适用错误的情况，我们建议当事人请律师事先就该问题作出判断后再决定是否申请再审。

相关法律规定

《中华人民共和国民事诉讼法》（2021 年修正）

第二百零七条 当事人的申请符合下列情形之一的，人民法院应当再审：

（一）有新的证据，足以推翻原判决、裁定的；

（二）原判决、裁定认定的基本事实缺乏证据证明的；

（三）原判决、裁定认定事实的主要证据是伪造的；

（四）原判决、裁定认定事实的主要证据未经质证的；

（五）对审理案件需要的主要证据，当事人因客观原因不能自行收集，书面申请人民法院调查收集，人民法院未调查收集的；

（六）原判决、裁定适用法律确有错误的；

（七）审判组织的组成不合法或者依法应当回避的审判人员没有回避的；

（八）无诉讼行为能力人未经法定代理人代为诉讼或者应当参加诉讼的当事人，因不能归责于本人或者其诉讼代理人的事由，未参加诉讼的；

（九）违反法律规定，剥夺当事人辩论权利的；

（十）未经传票传唤，缺席判决的；

（十一）原判决、裁定遗漏或者超出诉讼请求的；

（十二）据以作出原判决、裁定的法律文书被撤销或者变更的；

（十三）审判人员审理该案件时有贪污受贿，徇私舞弊，枉法裁判行为的。

《最高人民法院关于人民法院民事执行中查封、扣押、冻结财产的规定》（最高人民法院在 2020 年对《最高人民法院关于人民法院民事执行中查封、扣押、冻结财产的规定》进行了修正，此前的第十七条调整为第十五条，但条文内容一致）

第十五条 被执行人将其所有的需要办理过户登记的财产出卖给第三人，第三人已经支付部分或者全部价款并实际占有该财产，但尚未办理产权过户登记手续的，人民法院可以查封、扣押、冻结；第三人已经支付全部价款并实际占有，但未办理过户登记手续的，如果第三人对此没有过错，人民法院不得查封、扣押、冻结。

法院判决

以下为该案在法院审理阶段，判决书中"本院认为"部分就该问题的论述：

张某贵申请再审主张原判决没有适用《查扣冻规定》第十七条，属于适用法律错误。从原一、二审判决"本院认为"部分的表述来看，都是围绕"是否全部支付购房款""是否实际占有"来归纳争议焦点并展开论述，最终都是以张某贵提交证据不足以认定已全部支付购房款、已实际占有为由驳回其请求。这实质就是认为张某贵的诉讼请求以及事实理由，不符合《查扣冻规定》第十七条的规定。故虽然原判决没有在判决书中写明适用上述第十七条规定，表述有失严谨，但这并不属于《最高人民法院关于适用〈中华人民共和国民事诉讼法〉的解释》第三百九十条规定的原判决、裁定适用法律确有错误情形。

延伸阅读

裁判规则：原审判决主文未写明某一或某些适用的法律条文，但事实上适用了该等条文的，属于文书书写瑕疵，不属于法律适用错误。（与主文案例的裁判观点一致）

参考案例：湖南省长沙市中级人民法院，申请人黄某某与被申请人罗某某、颜某某民间借贷纠纷一案再审民事裁定书【（2016）湘01民申174号】

关于黄某某提出的原审适用法律确有错误的再审申请理由。经查，原审判决书未写明适用关于《中华人民共和国婚姻法》的相关条文确有瑕疵，但在主文部分对为何确认本案为夫妻共同债务进行了详细阐述："因上述500000元的借款数额未超过普通夫妻日常经营生活花费，且现无证据证明上述借款系被告颜某某的个人借款，故被告黄某某应当对被告颜某某的上述债务承担共同清偿责任。"后在参考条文中也附有《中华人民共和国婚姻法》第四十一条之规定，且本案符合上述条文规定的情形。故原审在适用法律上并无不当，只是在书写文书时存在瑕疵，黄某某提出的该点再审申请理由不能成立。

第七节 审判组织的组成不合法或者依法应当回避的审判人员没有回避的

053 某审判人员两次参与该案审理，当事人能否以"依法应当回避的审判人员没有回避"为由申请再审？

裁判要旨

作出指令再审的审判长与之后对该案进行实体审理的审判长为同一人的情形可参照适用发回重审后再进入二审不需要回避的规定，不构成法律规定的再审事由。

案情简介[①]

一、蓝某公司向陵县法院起诉，请求判令艳某天公司偿还欠款，并申请对其货物采取保全措施。案外人北某荒公司提出异议，认为其享有该货物的所有权。陵县法院一审支持蓝某公司诉讼请求，德州中院二审维持原判。

二、之后，北某荒公司向德州中院提起第三人撤销之诉。德州中院认为北某荒公司明知财产保全事实却未申请参加诉讼，应归责于自身，裁定驳回。

三、北某荒公司不服，上诉至山东高院，山东高院裁定撤销原审裁定，指令德州中院对本案进行审理。

四、德州中院一审裁定驳回北某荒公司的诉讼请求。北某荒公司上诉至山东高院，山东高院二审支持北某荒公司诉讼请求。

五、蓝某公司不服，向最高院申请再审，并主张山东高院两次审理的审判长为同一人，违反回避原则，应当再审。最高院最终并未支持其再审申请。

律师评析

本案当事人主张原作出指令再审的审判长与二审审理的审判长为同一人，违

[①] 案件来源：最高人民法院，山东德州蓝某化工有限责任公司诉北某荒鑫某经贸有限责任公司等其他合同纠纷再审民事判决书【（2017）最高法民申53号】。

反了回避原则，最高院并未支持。

相关司法解释规定，参与过该案件某一程序审理的审判人员，不得再参与该案其他程序的审理，应当回避。究其原因是避免曾参与该案件审理的审判人员存在先入为主的观念，影响案件的再次审理。但若该审判人员曾参与的程序作出发回重审裁定，则经过一审裁判再进入二审程序时，该审判人员可以参与审理。原因在于裁定发回重审并未对案件进行实体审理，因此该审判人员无须回避。

在本案中，该参与两次审理的审判人员，第一次对本案作出的是指令再审裁定，不同于发回重审，但二者均未对案件进行实体审理，准许作出指令再审裁定的审判人员再次审理本案符合上述法条的立法精神，因此对相应规定可以参照适用。

实务经验总结

一、若某审判人员参与该案件审理的多个程序，则当事人可以"依法应当回避的审判人员没有回避的"为由申请再审。

二、但并非所有多次出现在案件审理程序的审判人员均应回避，若该审判人员在之前的审理程序中并未参与实体审理、未听到当事人陈述诉辩意见，或之前的审理程序作出的裁定为发回重审、指令再审，则该审判人员在之后的审理程序中无须回避。当事人认为审判人员应当回避却未回避而申请再审的，法院不予支持。

相关法律规定

《中华人民共和国民事诉讼法》（2021年修正）

第二百零七条 当事人的申请符合下列情形之一的，人民法院应当再审：

……

（七）审判组织的组成不合法或者依法应当回避的审判人员没有回避的；

……

《最高人民法院关于审判人员在诉讼活动中执行回避制度若干问题的规定》（2011年施行）

第三条 凡在一个审判程序中参与过本案审判工作的审判人员，不得再参与该案其他程序的审判。但是，经过第二审程序发回重审的案件，在一审法院作出裁判后又进入第二审程序的,原第二审程序中合议庭组成人员不受本条规定的限制。

法院判决

以下为该案在法院审理阶段,判决书中"本院认为"部分就该问题的论述。

《最高人民法院关于审判人员在诉讼活动中执行回避制度若干问题的规定》第三条规定:"凡在一个审判程序中参与过本案审判工作的审判人员,不得再参与该案其他程序的审判。但是,经过第二审程序发回重审的案件,在一审法院作出裁判后又进入第二审程序的,原第二审程序中合议庭组成人员不受本条规定的限制。"其基本精神是对于已经参加过同一案件实体审理的审判人员,为了避免先入为主等原因从而对公正审理案件产生影响,其应当在该案的其他程序审判时予以回避,但由于第二审程序裁定发回重审的处理,并非对案件的实体审理,故在一审法院对该案件作出裁判后又进入第二审程序的,原第二审程序中合议庭组成人员无须回避。

本案中,北某荒公司提出本案诉讼,请求撤销山东省陵县人民法院(2011)陵商初字第372号民事判决和山东省德州市中级人民法院(2012)德中商终字第250号民事判决,山东省德州市中级人民法院以(2013)德中立民初第157号民事裁定,驳回北某荒公司的起诉;北某荒公司对此提出上诉,山东省高级人民法院认为本案应进入实体审理,故以(2014)鲁商终字第296号民事裁定,撤销(2013)德中立民初第157号民事裁定,指令山东省德州市中级人民法院对本案进行审理,在该程序中,左某勇是合议庭组成人员。山东省德州市中级人民法院据此对本案进行审理后,作出了本案一审判决,北某荒公司上诉后,山东省高级人民法院作出了本案二审判决,在二审程序中,左某勇是合议庭组成人员。指令再审与发回重审在适用上的主要区别在于,在一审法院已经进行过审理,而二审法院认定应当由一审法院重新审理的,适用发回重审;而在一审法院裁定驳回起诉时,由于该院实际上并没有对案件进行过审理,故二审法院裁定一审法院审理案件,当然就不存在发回一审法院重新审理的问题,而属于指令一审法院审理。但在实质上,两者的效果并无不同,均为由一审法院对该案进行审理;而且,二审法院作出发回重审或指令审理的裁定,在程序上均未对案件进行实体审理。因此,本案的情形,符合《最高人民法院关于审判人员在诉讼活动中执行回避制度若干问题的规定》第三条中规定的基本精神,可参照发回重审后再进入二审不需要回避的规定适用。左某勇作为合议庭组成人员参加本案二审，并不构成法律规定的依法应当回避的审判人员没有回避的情形。

延伸阅读

裁判规则一

经过第二审程序发回重审的案件，在一审法院作出裁判后又进入第二审程序的，原第二审程序中合议庭组成人员无须回避。

案例1：最高人民法院，胡某发、惠州市龙某实业有限公司等股权转让纠纷再审民事裁定书【（2021）最高法民申7241号】

胡某发申请再审主张二审主办法官符合《最高人民法院关于审判人员在诉讼活动中执行回避制度若干问题的规定》第一条第一款第五项关于"与本案当事人之间存在其他利害关系，可能影响案件公正审理的"规定情形，应当自行回避而未回避的。但是该规定第三条明确："凡在一个审判程序中参与过本案审判工作的审判人员，不得再参与该案其他程序的审判。但是，经过第二审程序发回重审的案件，在一审法院作出裁判后又进入第二审程序的，原第二审程序中合议庭组成人员不受本条规定的限制。"而本案即经二审法院发回重审又上诉的案件，主办法官作为原二审合议庭成员担任二审承办人符合上述规定，且胡某发并无证据证明主办法官与本案当事人存在利害关系，存在可能影响案件公正审理的情形，故胡某发该项申请再审事由不能成立。

裁判规则二

法官曾担任案件审判长，但并未对案件进行实体审理，亦未参与案件的评议，则该法官在案件后续程序中不属于法定应当回避的人员。

案例2：最高人民法院，曹某、曹某海等买卖合同纠纷、股权转让纠纷再审民事裁定书【（2021）最高法民申7932号】

关于依法应当回避的审判人员没有回避的问题。经查，本案于2018年10月17日第一次开庭审理，但在陈述诉辩意见阶段即因当事人提起反诉而休庭，并未对案件进行实体审理。第二次开庭时，法庭即告知各方当事人审判长已变更，不再参与案件的审理，各方当事人均未提出异议。本案发回重审后，一审法院重新组成合议庭，合议庭成员包含原一审第一次开庭的审判长，各方当事人亦未提出回避申请。本案一审审判长虽曾在发回重审前的原一审中担任审判长，但其并未对案件进行实体审理，亦未参与案件的评议，故原审认定其不属于相关法律规定应当回避的人员，并无不当。

054 再审审查程序与再审审理程序的审判人员能否相同？

裁判要旨

再审审查程序与再审审理程序同为审判监督程序，两案审判长为同一人并不属于应当回避的审判人员没有回避的情形。当事人以此为由申请再审，法院不予支持。

案情简介[①]

一、2013年，李某向昆明中院起诉弘某公司，请求判令弘某公司交付其已支付租金的标的物。后双方达成调解协议，昆明中院作出民事调解书。之后，李某向法院申请强制执行。

二、案外人赵某花认为该民事调解书损害其合法权益，提起案外人执行异议之诉被驳回。其不服，向检察机关申诉。云南省检向云南高院提起抗诉，云南高院作出（2018）云民抗4号民事裁定书，指令昆明市中级人民法院再审本案。

三、昆明中院再审一审支持赵某花的诉讼请求。李某向云南高院上诉，云南高院再审二审作出（2020）云民再49号维持原判。

四、李某向最高院申请再审，并提出本案中作出（2018）云民抗4号与（2020）云民再49号的审判长为同一人，其应当回避而未回避，应当再审。最高院未支持其再审申请。

律师评析

本案中云南高院作出指令再审裁定的审判长与之后再审审理中的审判长为同一人，再审申请人认为这违反回避原则，应当再审。最高院并不支持其观点。

根据相关司法解释规定，凡在一个审判程序中参与过本案审判工作的审判人员，不得再参与该案其他程序的审判。本案中，云南高院的（2018）云民抗4号

[①] 案件来源：最高人民法院，李某、赵某花房屋租赁合同纠纷再审民事裁定书【（2020）最高法民申7061号】。

裁定为在再审审查程序中对是否启动再审作出的裁定，而（2020）云民再49号判决为再审审理程序中对案件的实体审理。最高院认为二者均为审判监督程序，并不存在同一审判长参与该案件不同审判程序的情况，因此该审判长无须回避。

但在实务中，对审判人员是否因再审审查程序与再审审理程序同为审判监督程序而无须回避的问题，有部分法院持相反的观点，认为再审审查程序与再审审理程序存在同一审判人员违反回避原则，程序违法。

实务经验总结

一、若案件审判工作中，同一审判人员参与多个审判程序，则当事人可以"依法应当回避的审判人员没有回避"为由申请再审。

二、案件的再审审查程序与再审审理程序存在相同的审判人员，是否违反回避原则，当事人能否申请再审，实务中存在不同的观点。但鉴于本文主文案例为最高院作出，法院级别较高、案例时间较近，相较其他案例的参考性与指导性更高，法院也更容易采信，因此更具有参考价值。

三、再审审查程序中法院裁定："指令另行组成合议庭再审"，并不代表再审审查程序的审判人员须与再审审理程序的审判人员不同，此处的"另行组成"所指的是再审程序与原审程序的合议庭成员应当相区别。

相关法律规定

《中华人民共和国民事诉讼法》（2021年修正）

第二百零七条　当事人的申请符合下列情形之一的，人民法院应当再审：

……

（七）审判组织的组成不合法或者依法应当回避的审判人员没有回避的；

……

《最高人民法院关于审判人员在诉讼活动中执行回避制度若干问题的规定》（2011年施行）

第三条　凡在一个审判程序中参与过本案审判工作的审判人员，不得再参与该案其他程序的审判。但是，经过第二审程序发回重审的案件，在一审法院作出裁判后又进入第二审程序的，原第二审程序中合议庭组成人员不受本条规定的限制。

法院判决

以下为该案在法院审查阶段，裁定书中"本院认为"部分就该问题的论述：

对于原审是否存在应当回避的审判人员没有回避的情形。（2018）云民抗4号民事裁定系启动再审程序的裁定，（2020）云民再49号民事判决则系再审审理程序作出的二审判决，两案仍系同一审判监督程序，两案审判长为同一人并不属于应当回避的审判人员没有回避的情形。

延伸阅读

裁判规则一

再审审查程序与再审审理程序的合议庭为同一个并不属于需要审判人员回避的法定情形。再审审查裁定"另行组成合议庭再审"中的"另行组成"是指再审的合议庭成员须与原审的不同。(与主文案例裁判观点一致)

案例1：江苏省无锡市中级人民法院，巢某鸣与李某、陈某栋买卖合同纠纷再审民事裁定书【（2019）苏02民再12号】

上诉人主张无锡市惠山区人民法院作出（2018）苏0206民申5号民事裁定，裁定本案由该院另行组成合议庭再审，但再审一审合议庭组成人员仍为再审审查合议庭。

巢某鸣认为再审一审裁定违反程序法规定的上诉意见缺乏法律依据。1. 无锡市惠山区人民法院于2018年7月20日作出（2018）苏0206民申5号民事裁定，裁定由该院另行组成合议庭再审，该"另行组成"是指有别于原审审理合议庭而言，再审一审合议庭组成人员与原审审理合议庭并非同一个，不违反法律规定。2. 民事再审审查和再审审理是审判监督程序的不同阶段。民事再审审查的主要任务是依据再审审查程序对再审申请是否符合法定再审事由进行审查，决定是否裁定再审。民事再审审理的主要任务是依据再审审理程序对裁定再审的案件进行审理，确定生效裁判是否确有错误，依法作出再审裁判。再审审查和再审审理为同一个合议庭并不属于需要审判人员回避的法定情形，故巢某鸣认为再审审查及再审审理为同一个合议庭，再审一审裁定违反程序法规定的意见不能成立。

裁判规则二

同一审判组织人员参与再审审查程序又参与了再审审理程序，属于程序严重违法。(与主文案例裁判观点相反)

案例2：云南省楚雄彝族自治州中级人民法院，王某、严某倪民间借贷纠纷再审民事裁定书【（2021）云23民再20号】

本院认为，根据《最高人民法院关于适用〈中华人民共和国民事诉讼法〉的解释》第四十五条第一款的规定："在一个审判程序中参与过本案审判工作的审判人员，不得再参与该案其他程序的审判。"本案中同一审判组织人员参与再审审查程序又参与了再审审理程序，属于程序严重违法。

055 判决生效后，当事人单方委托的鉴定意见，可否作为申请再审的新证据

裁判要旨

民事判决生效后，一方当事人单方委托鉴定机构作出的"鉴定意见"，未经当事人申请或法院依职权选定鉴定机构，也未对鉴材、样本等进行质证，其证明力显然不能等同于民事诉讼法意义上的鉴定意见；该种"鉴定意见"不得作为申请再审的新证据。

案情简介[①]

一、2013年，夏某周与太某魂公司签订借款合同，向太某魂公司借款1000万元。同时，夏某周以横某煤矿的名义与太某魂公司签订保证合同，约定横某煤矿为夏某周1000万元的借款提供连带责任保证。

二、事实上，横某煤矿是朱某明个人投资的个人独资企业，而不是夏某周的公司；横某煤矿也没有把公章交给过夏某周，案涉保证合同上的公章事实上是夏某周自行制作并加盖上去的。

三、因夏某周未能及时还款，太某魂公司起诉了夏某周，并要求横某煤矿承担连带责任。在本案一审过程中，夏某周说明案涉保证合同上横某煤矿的印章是伪造的，横某煤矿也称自己没有签订过保证合同，但是并没有申请鉴定。此后一审法院以夏某周构成表见代理为由判决横某煤矿承担连带还款责任。

---

① 案件来源：最高人民法院，宣威市乐丰乡横某煤矿、云南太某魂实业集团有限公司民间借贷纠纷再审审查与审判监督民事裁定书【（2021）最高法民申4579号】。

四、判决生效后，横某煤矿不服，自行委托鉴定机构对案涉保证合同上的公章进行了鉴定并出具了鉴定意见，其中鉴定结论是保证合同上的印章与其在工商管理部门备案登记的印证并不一致。

五、此后，横某煤矿以该鉴定意见为新证据，足以推翻原审判决为由，向最高院申请再审。最高院经审查，认为其单方委托制作的鉴定意见，并不属于民事诉讼法意义上的鉴定意见，不得作为新证据申请再审。

律师评析

本案中，横某煤矿提交的《印文鉴定意见书》是其自行委托司法鉴定中心鉴定而形成的，但根据《中华人民共和国民事诉讼法》的相关规定，作为民事诉讼证据的鉴定意见限于人民法院依当事人申请或依职权委托而形成。本案中，横某煤矿在原审中，经法院释明后未对《保证合同》上加盖的印章的真实性申请鉴定，而在二审之后自行委托有关机构对《保证合同》上的印章进行鉴定，表明《保证合同》上加盖的"横某煤矿"印文与样本印文并非同一枚印章所盖形成；但单方委托形成的"鉴定意见"其证明力显然不能等同于民事诉讼法意义上的鉴定意见，且送检的样本并未经对方质证。据此，该"鉴定意见"并不足以推翻原判决认定的基本事实。因此，最高院未能支持横某煤矿的再审申请。

实务经验总结

对于当事人和代理人而言，在一审、二审阶段，特别是一审阶段，在否认签字或印章的真实性时，一定要及时申请司法鉴定，切不可在再审阶段再审申请鉴定。因为再审程序实质上分为两个阶段，第一个阶段是再审事由的审查阶段，符合再审事由的，才能进入下一个再审的实质审查阶段。而在再审事由审查阶段是没有机会向法院申请司法鉴定的，只能是自行申请鉴定，而自行申请鉴定作出的鉴定意见，因未经双方以一定的程序选定鉴定机构，也未经对鉴材和样本的质证，不属于民事诉讼法意义上的鉴定意见，不能成为推翻原审判决的新证据。

相关法律规定

《中华人民共和国民事诉讼法》（2021年修正）

第二百零七条 当事人的申请符合下列情形之一的，人民法院应当再审：

（一）有新的证据，足以推翻原判决、裁定的；

……

《最高人民法院关于适用〈中华人民共和国民事诉讼法〉的解释》（2022年修正）

第三百八十五条　再审申请人提供的新的证据，能够证明原判决、裁定认定基本事实或者裁判结果错误的，应当认定为民事诉讼法第二百零七条第一项规定的情形。

对于符合前款规定的证据，人民法院应当责令再审申请人说明其逾期提供该证据的理由；拒不说明理由或者理由不成立的，依照民事诉讼法第六十八条第二款和本解释第一百零二条的规定处理。

第三百八十六条　再审申请人证明其提交的新的证据符合下列情形之一的，可以认定逾期提供证据的理由成立：

（一）在原审庭审结束前已经存在，因客观原因于庭审结束后才发现的；

（二）在原审庭审结束前已经发现，但因客观原因无法取得或者在规定的期限内不能提供的；

（三）在原审庭审结束后形成，无法据此另行提起诉讼的。

再审申请人提交的证据在原审中已经提供，原审人民法院未组织质证且未作为裁判根据的，视为逾期提供证据的理由成立，但原审人民法院依照民事诉讼法第六十八条规定不予采纳的除外。

法院判决

以下为该案在再审审查阶段，裁定书中"本院认为"部分就该问题的论述。

本院经审查认为，横某煤矿的再审申请事由均不能成立。理由如下：

昆明锦康司法鉴定中心所作出的昆锦司〔2020〕文鉴字第E2号《印文鉴定意见书》是横某煤矿2019年12月20日自行委托司法鉴定中心鉴定而形成的，但根据《中华人民共和国民事诉讼法》的相关规定，作为民事诉讼证据的鉴定意见限于人民法院依当事人申请或依职权委托而形成。本案中，横某煤矿在一、二审中，经法院释明后未对《保证合同》上加盖的印章的真实性申请鉴定，而在二审之后自行委托有关机构对《保证合同》上的印章进行鉴定，表明《保证合同》上加盖的"宣威市乐丰乡横某煤矿"印文与样本印文并非同一枚印章所盖形成。但单方委托形成的"鉴定意见"其证明力显然不能等同于民事诉讼法意义上的鉴定意见,且送检的样本并未经对方质证。据此,该"鉴定意见"并不足以推翻原判决认定的基本事实。

关于横某煤矿所主张的本案不构成表见代理的问题,因横某煤矿提出的该申请再审的理由已经超过法定的再审期限,本院对该理由不再予以审查。

对于横某煤矿所主张的本案应以生效判决中对正某煤矿的判决内容作为裁判的参考,进行同案同判的问题,该理由不属于法定的再审理由,且原审判决正某煤矿不承担保证责任是由于正某煤矿在二审中申请对《保证合同》上加盖的具有"彝良县巴抓正某煤矿"字样的印章的真实性进行鉴定,且经鉴定,该枚印章与正某煤矿在工商机关登记备案档案中的印章并非同一枚印章。如上所述,横某煤矿在二审中未对《保证合同》上加盖的印章的真实性申请鉴定,本案不存在"同案不同判"的情况。

综上,横某煤矿的再审申请不符合《中华人民共和国民事诉讼法》第二百条①第一项、第三项规定的情形。

056 实际开庭的法官与判决书署名的法官不一致,属于审判组织不合法,应当再审

裁判要旨

开庭告知合议庭组成人员与判决书载明的合议庭组成人员不一致,应认定原审审判组织的组成不合法,违反《中华人民共和国民事诉讼法》第二百条②第七项的规定,本案应当再审。

案情简介③

一、2019年11月6日,李某驾驶的货车与徐某驾驶的电动车发生交通事故,导致徐某受伤。交警部门认定:李某承担事故全部责任。

二、李某的货车在太平洋保险公司投保了交强险和第三者责任商业险。徐某

---

① 现行有效《中华人民共和国民事诉讼法》第二百零七条。
② 现行有效《中华人民共和国民事诉讼法》第二百零七条。
③ 案件来源:山东省高级人民法院,徐某燕、中国太平洋财产保险股份有限公司青岛分公司等机动车交通事故责任纠纷民事申请再审审查民事裁定书【(2021)鲁民申4684号】。

因这次交通事故导致股骨骨折住院，花费医药费 20 余万元，被鉴定为十级伤残。另外，徐某父母均年满 60 周岁，并且没有固定收入。

三、此后，徐某与太平洋保险公司因父母的扶养费等赔偿问题诉至法院。青岛黄岛区法院一审认为，徐某父母均年满 60 周岁且无固定收入，太平洋保险公司应当赔偿被扶养人生活费；但是青岛中院二审法院则以徐某无证据证明其父母无劳动能力且无其他收入为由，将被扶养人的扶养费予以驳回。

四、特别的是，本案二审开庭审理时合议庭成员为张某宁、彭某成、魏某三人，而二审判决书上载明的合议庭成员为张某宁、魏某、毕某三人。

五、此后，徐某不服二审判决，以二审法院的审判组织不合法为由提起再审。最终，山东高院认定二审审判组织不合法，裁定撤销二审判决，并指令青岛中院再审。

律师评析

《中华人民共和国民事诉讼法》确定了独任制和合议制两种主要的审判组织形式。"审判组织的组成不合法"的主要情形包括：（1）陪审员进行了独任审判；（2）应当组成合议庭进行审理的案件，由法官一人进行了独任审判；（3）应当全部由法官组成合议庭进行审理的案件，却有陪审员参加了合议庭；（4）依法另行组成合议庭的，却有参加过原审合议庭的法官或者陪审员参加了新组成的合议庭；（5）合议庭组成人员未参加原庭审或者独任法官、合议庭组成人员不具有法官资格的，以及合议庭组成人员确定且告知当事人后，未经合法手续变更合议庭成员或者在法律文书上署名的法官并非告知当事人的合议庭组成人员等情形。本案中，二审开庭审理时合议庭成员为张某宁、彭某成、魏某三人，而民事判决书上载明的合议庭成员为张某宁、魏某、毕某三人，合议庭成员存在变动，属于前述第五种情形，不符合法律程序，应当依法裁定再审。

实务经验总结

在庭审过程中，当事人应当注意审查审判组织的合法性，应当合议制的不应当由法官独任审理，在合议庭成员发生变更后，要注意审查合议庭成员的身份，若发现有回避事由的需要及时申请回避。在收到判决书后要注意审查署名的审判人员姓名，与开庭时的合议庭成员是否相符，若发现有不一致的情形，需要进行上诉或申请再审。

相关法律规定

《中华人民共和国民事诉讼法》（2021 年修正）

第二百零七条 当事人的申请符合下列情形之一的，人民法院应当再审：

（一）有新的证据，足以推翻原判决、裁定的；

（二）原判决、裁定认定的基本事实缺乏证据证明的；

（三）原判决、裁定认定事实的主要证据是伪造的；

（四）原判决、裁定认定事实的主要证据未经质证的；

（五）对审理案件需要的主要证据，当事人因客观原因不能自行收集，书面申请人民法院调查收集，人民法院未调查收集的；

（六）原判决、裁定适用法律确有错误的；

（七）审判组织的组成不合法或者依法应当回避的审判人员没有回避的；

（八）无诉讼行为能力人未经法定代理人代为诉讼或者应当参加诉讼的当事人，因不能归责于本人或者其诉讼代理人的事由，未参加诉讼的；

（九）违反法律规定，剥夺当事人辩论权利的；

（十）未经传票传唤，缺席判决的；

（十一）原判决、裁定遗漏或者超出诉讼请求的；

（十二）据以作出原判决、裁定的法律文书被撤销或者变更的；

（十三）审判人员审理该案件时有贪污受贿，徇私舞弊，枉法裁判行为的。

法院判决

以下为该案在再审审查阶段，裁定书中"本院认为"部分就该问题的论述。

本院经审查认为，开庭告知合议庭组成人员与判决书载明的合议庭组成人员不一致，应认定原审审判组织的组成不合法，违反《中华人民共和国民事诉讼法》第二百条①第七项的规定，本案应当再审。关于应否支付徐某父母的被扶养人生活费问题，应合理分配举证责任，依法予以认定。故作出（2021）鲁民申4684号民事裁定：指令山东省青岛市中级人民法院再审本案，再审期间中止原判决的执行。

---

① 现行有效《中华人民共和国民事诉讼法》第二百零七条。

057 助理审判员虽非员额法官，临时代行审判员职务的，不属于审判组织不合法？

裁判要旨

人民法院合议庭组成人员虽非员额法官，但系经依法任命的助理审判员，在案件审理程序中临时代行审判员职务，不违反《中华人民共和国人民法院组织法》的规定，不属于审判组织不合法，以此为由申请再审的，不予支持。

案情简介①

一、2012年，胡某与赛某公司签订节能改造工程施工合同，约定包工包料，工程竣工验收合格结算后支付至总工程师价款的95%，剩余为质保金。

二、合同签订后，胡某陆续完工并验收合格。后胡某与赛某公司员工办理了结算，结算价格为2018万元，且结算文件经赛某公司盖章。

三、但是赛某公司仅支付了1735万元的工程款，以胡某在与其员工结算时存在虚报工程量的情况为由拒绝支付剩余的工程款。无奈之下，胡某向法院提起诉讼，要求赛某公司支付剩余工程款。

四、一审法院以赛某公司结算员工不负责为由又组织进行了司法鉴定，经鉴定工程总价款为1700万元。故一审法院以工程款已超付为由驳回了胡某的诉请，胡某不服，提起上诉。

五、二审法院则认为在仅以赛某公司经办人员责任心不够为由不认可工程结算单的情况下，即启动司法鉴定程序，于法无据，故撤销一审判决，支持了胡某的诉请。另外，二审判决书中，署名的三位合议庭成员中，有一名审判员，两名助理审判员。

六、此后，赛某公司以"两名助理审判员并非员额法官，属于审判组织不合法"为由申请再审。本案经最高院审理认为，助理审判员临时代行审判员职务，并不违法，驳回了赛某公司的再审申请。

---

① 案件来源：最高人民法院，再审申请人宁夏赛某技术股份有限公司与被申请人胡某建设工程施工合同纠纷民事判决书【（2018）最高法民申5638号】。

律师评析

通常来讲，合议庭组成人员（陪审员除外）不具有法官资格的，属于审判组织组成不合法的情形。但是，根据最高人民法院的批复，助理审判员由本院院长提出，经审判委员会通过，可以临时代行审判员职务。在履行上述规定的手续后，助理审判员在临时代行审判员职务时，应在工作中依法享有与审判员同等的权利，即可以独任审判，也可以成为合议庭成员，由院长或庭长指定也可以担任合议庭的审判长。据此，本案中的原审合议庭组成人员张某瑞、杨某梅是经宁夏回族自治区高级人民法院依法任命的助理审判员，在本案原二审程序中临时代行审判员职务，不违反人民法院组织法的规定。

实务经验总结

在庭审过程中，当事人应当注意审查审判组织的合法性，审查合议庭人员的身份和资格，在发现合议庭成员不属于员额法官的情况下，可以申请更换合议庭成员。若在法院作出判决后，发现判决书署名的合议庭成员不具有员额法官的资格，可以以此为由申请上诉或再审。但是，由法院院长提出，并经审判委员会通过的助理审判员除外。

相关法律规定

《中华人民共和国民事诉讼法》（2021年修正）

第二百零七条 当事人的申请符合下列情形之一的，人民法院应当再审：

（一）有新的证据，足以推翻原判决、裁定的；

（二）原判决、裁定认定的基本事实缺乏证据证明的；

（三）原判决、裁定认定事实的主要证据是伪造的；

（四）原判决、裁定认定事实的主要证据未经质证的；

（五）对审理案件需要的主要证据，当事人因客观原因不能自行收集，书面申请人民法院调查收集，人民法院未调查收集的；

（六）原判决、裁定适用法律确有错误的；

（七）审判组织的组成不合法或者依法应当回避的审判人员没有回避的；

（八）无诉讼行为能力人未经法定代理人代为诉讼或者应当参加诉讼的当事

人,因不能归责于本人或者其诉讼代理人的事由,未参加诉讼的;

(九)违反法律规定,剥夺当事人辩论权利的;

(十)未经传票传唤,缺席判决的;

(十一)原判决、裁定遗漏或者超出诉讼请求的;

(十二)据以作出原判决、裁定的法律文书被撤销或者变更的;

(十三)审判人员审理该案件时有贪污受贿,徇私舞弊,枉法裁判行为的。

《最高人民法院关于助理审判员可否作为合议庭成员并担任审判长问题的批复》(1983年5月25日)

浙江省高级人民法院:

你院1983年4月20日(83)浙法研字9号请示报告收悉。关于助理审判员可否作为合议庭成员并担任审判长问题,根据人民法院组织法第三十七条第二款的规定,助理审判员由本院院长提出,经审判委员会通过,可以临时代行审判员职务。在履行上述规定的手续后,助理审判员在临时代行审判员职务时,应在工作中依法享有与审判员同等的权利,即可以独任审判,也可以成为合议庭成员,由院长或庭长指定也可以担任合议庭的审判长。但如果该合议庭成员中另有审判员时,则仍应指定审判员担任审判长。

此复。

法院判决

以下为该案在再审审查阶段,裁定书中"本院认为"部分就该问题的论述:

本院经审查认为,赛某公司的申请再审事由不符合《中华人民共和国民事诉讼法》第二百条①第一项、第三项、第六项、第七项之规定,依法不能成立;其再审申请,本院不予支持。本案不应当再审。本案中,胡某向原审法院提交的结算单,由赛某公司与胡某分别于2012年10月16日、2013年1月25日、2013年12月2日、2013年12月3日进行结算,双方对案涉七项工程相应的价款逐一进行了确认,均加盖了赛某公司的印章,并有胡某和赛某公司工作人员顾某宗、艾某兵、马某卿、马某龙等人的签字。该结算单系双方对实际施工工程价款的最终确认,也是认定案涉工程价款的依据。故原一审法院依据赛某公司的申请启动司法鉴定程序,缺乏事实根据和法律依据。原一审法院委托所作的鉴定意见,不能作为认定本案工程价款的根据。

---

① 现行有效《中华人民共和国民事诉讼法》第二百零七条。

原审合议庭组成人员张某瑞、杨某梅是经宁夏回族自治区高级人民法院依法任命的助理审判员，在本案原二审程序中临时代行审判员职务，不违反《中华人民共和国人民法院组织法》（2006年10月31日第三次修正）第三十六条的规定。

延伸阅读

相反观点：非员额法官参加合议庭审理案件，属于因审判组织的组成不合法导致严重违反法定程序的情形。

案例：江西省高级人民法院，浙江广某装饰有限公司、江西立某置业投资集团有限公司建设工程施工合同纠纷二审民事裁定书【（2019）赣民终229号】

2015年9月21日，最高人民法院颁布法发〔2015〕13号《最高人民法院关于完善人民法院司法责任制的若干意见》（以下简称《意见》）。虽然该《意见》适用于中央确定的司法体制改革试点法院和最高人民法院确定的审判权力运行机制改革试点法院，但随着人民法院司法体制改革的不断深入，法官员额制改革已全部完成，人民法院司法改革任务已经按照中央的要求基本完成，司法责任制改革也在各级法院全面落地。《意见》作为法院司法责任制的总要求、总纲领在全国各级人民法院得到严格的贯彻实施，具有普遍适用性。《意见》第四条规定：人民法院可以按照受理案件的类别，通过随机产生的方式，组建由法官或者法官与人民陪审员组成的合议庭，审理适用普通程序和依法由合议庭审理的简易程序的案件。《意见》第四十五条规定：本意见所称法官是经法官遴选委员会遴选后进入法官员额的法官。

为严格贯彻落实《意见》精神，确保江西省法院司法责任制改革蹄疾步稳，防止变形走样，本院于2017年4月27日印发赣高法〔2017〕64号《江西省高级人民法院关于严肃司法责任制改革纪律的通知》，规定：所有案件按照司法责任制改革要求审理、签发。自2017年5月1日始，全省各级法院不得让非员额法官独立办理案件。原已分配在手并已经组成合议庭开庭审理过的案件，按照原有模式审理并签发文书；案件虽然分配在手并已经组成合议庭，但从未开庭审理过的案件，一律调整给员额法官办理，按照司法责任制改革的要求审理和签发文书。经查，本案原审诉讼过程中，因司法鉴定等原因，在2017年5月1日前本案未进行过开庭审理。其后，敬某某在未入法官员额的情况下，仍然作为合议庭组成人员参与本案审理，并于2018年7月13日参加庭审，合议庭评议过程中其又作为主审人汇报案情并提出处理意见，之后还依照合议庭评议意见撰写了裁判文书，并在江西省九江市中级人民法院（2016）赣04民初57号民事判决书尾部落款处以"代理审判员"的名义署名，严重违反了前述人民法院司法体制改革的相关规定，属于因审判组织的组成不合法导致严重违反法定程序的情形。

058 组织质证时三名合议庭成员只有一名参加，是否属于违反法定程序？

裁判要旨

在适用普通程序审理的民事案件中，人民法院组织各方当事人就其中一方当事人提供的证据进行举证质证，并非开庭审理程序，由合议庭一名审判员进行，而合议庭其他成员未参加的，并不违反法定程序。

案情简介①

一、2013年12月末，南某集团与怡某大厦公司、志某公司签订《借款合同》，合同约定怡某大厦公司向南某集团借款人民币1亿元整，借限三年，并约定"按晋商银行有关规定加收罚息和所有逾期利息，直至归还为止"，志某公司提供连带担保责任。

二、借款合同签订后，南某集团于2013年12月23日、25日、26日、31日分四次将1亿元人民币通过银行转账的方式打入怡某大厦公司账户。

三、但是，怡某大厦公司并没有按时支付本息，志某公司也没有承担保证责任。无奈之下，南某集团提起诉讼要求怡某大厦公司和志某公司偿还1亿元本金，并按照年息9%计算利息。

四、一审法院经审理判决怡某大厦公司和志某公司连带向南某集团还款，并按照年息9%支付利息。怡某大厦公司以借款合同属于高利转贷且利息过高为由提起上诉。

五、二审法院组成三人合议庭审理该案，并要求南某集团提供证明案涉借款

---

① 案件来源：最高人民法院，再审申请人山西怡某大厦有限公司、山西桃某纺织大厦有限责任公司与被申请人山西南某集团股份有限公司及一审被告山西海某实业集团有限公司企业借贷纠纷民事判决书【（2020）最高法民申3045号】。

利率为年息9%的证据。但是，南某集团直到二审开庭结束后才提供证明利率的贷款合同，二审法庭在庭审结束后，由其中一位合议庭成员组织了原被告进行质证，但是志某公司收到通知后并未参加质证程序。此后，二审法院作出维持原判的判决。

六、此后，怡某大厦公司以合议庭成员未全部参加庭审属于审判组织不合法作为再审事由之一，向最高院申请再审。最高院经审理认为，组织举证质证不属于正式的开庭程序，驳回了怡某大厦公司的再审请求。

律师评析

在司法实务中，经常会发生这样的情形，先由一名法官或法官助理将案件从头到尾审理一遍并制作笔录，然后再由合议庭的全部法官到庭，露一下脸，走一下开庭程序，让原、被告把之前的庭审内容快速过一遍，以证实这个案子经过合议庭开庭审理了。笔者本身在北京某些案件量特别多的法院，甚至经历过合议庭成员过堂的时间不超一分钟的案件。合议庭的法官之所以这么重视在法庭上露一下脸，最主要的原因可能就是担心当事人会以"合议庭成员未参与庭审属审判组织不合法"提起上诉或提起再审。本案中，二审开庭时的合议庭成员为三人，但是在庭后原告又补充提交了证据，而对于该种补充提交的证据，法院并未让全体合议庭成员出席，而是由一名合议庭成员组织双方举证质证并制作笔录。之所以前述审理方式并未被最高院认定为审判组织不合法，是因为仅对一方当事人提交的证据进行举证质证，并不属于正式的开庭程序。

实务经验总结

在正式庭审过程中，如果发现真正审理案件的不是全体合议庭成员，而只是其中的一名合议庭成员且该名合议庭成员又存在不公正审理的情形时，我们可以要求多名合议庭成员共同审理案件。在庭审结束后，我们可以合议庭成员未实际参加庭审属于审判组织不合法为由提起上诉或申请再审。

相关法律规定

《中华人民共和国民事诉讼法》（2021年修正）

第二百零七条 当事人的申请符合下列情形之一的，人民法院应当再审：

（一）有新的证据，足以推翻原判决、裁定的；

（二）原判决、裁定认定的基本事实缺乏证据证明的；

（三）原判决、裁定认定事实的主要证据是伪造的；

（四）原判决、裁定认定事实的主要证据未经质证的；

（五）对审理案件需要的主要证据，当事人因客观原因不能自行收集，书面申请人民法院调查收集，人民法院未调查收集的；

（六）原判决、裁定适用法律确有错误的；

（七）审判组织的组成不合法或者依法应当回避的审判人员没有回避的；

（八）无诉讼行为能力人未经法定代理人代为诉讼或者应当参加诉讼的当事人，因不能归责于本人或者其诉讼代理人的事由，未参加诉讼的；

（九）违反法律规定，剥夺当事人辩论权利的；

（十）未经传票传唤，缺席判决的；

（十一）原判决、裁定遗漏或者超出诉讼请求的；

（十二）据以作出原判决、裁定的法律文书被撤销或者变更的；

（十三）审判人员审理该案件时有贪污受贿，徇私舞弊，枉法裁判行为的。

法院判决

以下为该案在再审审查阶段，裁定书中"本院认为"部分就该问题的论述：

本院经审查认为，关于本案二审程序是否违法的问题。《最高人民法院关于适用〈中华人民共和国民事诉讼法〉的解释》第一百零二条是关于逾期举证法律后果的规定，该条规定的"依照民事诉讼法第六十五条、第一百一十五条第一款的规定予以训诫、罚款"并非法院采信逾期提交证据的前提条件，怡某大厦公司、纺某大厦公司主张二审法院未依照上述规定对南某集团进行处理即采信南某集团逾期提交的相关证据，属于程序违法的申请理由，不能成立。二审法院于2019年12月17日组织各方当事人就南某集团提交的证据进行举证质证，并非开庭审理程序，合议庭其他成员未参加并不违反法定程序，海某公司在经二审法院依法传唤后未到庭参加诉讼，二审法院依法缺席审理，并无不当。怡某大厦公司、纺某大厦公司关于二审程序违法的申请理由不能成立。

059 庭长作为合议庭成员但是并未担任审判长，属于审判组织不合法吗？

裁判要旨

庭长参加合议庭未担任审判长，虽与法院组织法和民事诉讼法规定不一致，但符合"让审理者裁判、由裁判者负责"的司法改革精神，不属于民事诉讼法解释关于严重违反法定程序的"审判组织的组成不合法"的情形，不属于启动再审的事由。

案情简介[①]

一、诚某公司因与海某日报集团著作权权属、侵权纠纷一案，不服海南省高级人民法院的民事判决，向最高院申请再审。

二、诚某公司申请再审称，该案原审判决书明确载明审判长符某梅、审判员宋某、审判员袁某。但宋某为法院民三庭庭长，却未担任审判长，属于审判组织不合法，应当裁定再审。

三、海某日报集团则认为，法院系统推进司法责任制改革后，明确谁承办案件，谁就是主审法官即审判长，而不论合议庭组成的成员中职务、资历的高低。因此，合议庭由承办法官符某梅担任审判长，不违反法定程序。

四、最高院经审查认为，原审法院的判决，符合"让审理者裁判、由裁判者负责"的司法改革精神，该做法虽与法院组织法和民事诉讼法规定不一致，但不属于"审判组织的组成不合法"的情形，不应成为裁定再审的事由。

律师评析

根据《中华人民共和国人民法院组织法》第三十条规定，合议庭由院长或者庭长指定审判员一人担任审判长。院长或者庭长参加审判案件的时候，自己担

[①] 案件来源：最高人民法院，再审申请人海南诚某文化传媒有限公司、文某与被申请人海某日报报业集团、海某日报有限责任公司、海南共某会议展览有限公司、海南共某国际会展股份有限公司著作权权属、侵权纠纷裁定书【（2016）最高法民申3594号】。

任审判长。《中华人民共和国民事诉讼法》第四十一条①规定："合议庭的审判长由院长或者庭长指定审判员一人担任；院长或者庭长参加审判的，由院长或者庭长担任。"据此，通过合议庭审理的案件，在有院长或庭长参与的情况下，一般应当由院长或庭长担任审判长。院长或庭长属于合议庭成员，却未担任审判长，从表面上看严重违反了前述法律的规定，属于审判组织不合法。但是从实质上讲，自2015年年初以来，法院系统全面推行司法体制改革，其中一项内容，就是改革案件管理体制，变案件审批制为司法责任制，还权于合议庭、还权于主审法官，真正实现"谁审理谁裁判、谁裁判谁负责"。司法责任制的关键就是明确谁承办案件，谁就是主审法官即审判长，而不论合议庭成员职务、资历的高低。因此，本案中由承办法官担任审判长，符合司法改革精神，不属于审判组织不合法，不违反法定程序。

实务经验总结

在办理由合议庭审理的案件时，我们在收到合议庭的组庭通知后，需要调查清楚合议庭组成人员的职务，当合议庭组成人员有庭长或院长时，应当由庭长或院长担任审判长。若庭长或院长并未担任审判长，我们可以以审判组织不合法为由要求由庭长或院长担任审判长。但是，在事后发现庭长或院长并未担任审判长的情况下，并不能以此为由要求发回重审或提起再审。

相关法律规定

《中华人民共和国人民法院组织法》（2018年修订）

第三十条 合议庭由法官组成，或者由法官和人民陪审员组成，成员为三人以上单数。

合议庭由一名法官担任审判长。院长或者庭长参加审理案件时，由自己担任审判长。

审判长主持庭审、组织评议案件，评议案件时与合议庭其他成员权利平等。

《中华人民共和国民事诉讼法》（2021年修正）

第四十四条 合议庭的审判长由院长或者庭长指定审判员一人担任；院长或

---

① 现行有效《中华人民共和国民事诉讼法》第四十四条。

者庭长参加审判的，由院长或者庭长担任。

第二百零七条 当事人的申请符合下列情形之一的，人民法院应当再审：

（一）有新的证据，足以推翻原判决、裁定的；

（二）原判决、裁定认定的基本事实缺乏证据证明的；

（三）原判决、裁定认定事实的主要证据是伪造的；

（四）原判决、裁定认定事实的主要证据未经质证的；

（五）对审理案件需要的主要证据，当事人因客观原因不能自行收集，书面申请人民法院调查收集，人民法院未调查收集的；

（六）原判决、裁定适用法律确有错误的；

（七）审判组织的组成不合法或者依法应当回避的审判人员没有回避的；

（八）无诉讼行为能力人未经法定代理人代为诉讼或者应当参加诉讼的当事人，因不能归责于本人或者其诉讼代理人的事由，未参加诉讼的；

（九）违反法律规定，剥夺当事人辩论权利的；

（十）未经传票传唤，缺席判决的；

（十一）原判决、裁定遗漏或者超出诉讼请求的；

（十二）据以作出原判决、裁定的法律文书被撤销或者变更的；

（十三）审判人员审理该案件时有贪污受贿，徇私舞弊，枉法裁判行为的。

法院判决

以下为该案在再审审查阶段，裁定书中"本院认为"部分就该问题的论述：

本院经审查认为，本案的焦点问题在于，一审合议庭的组成是否不合法，本案是否应予发回重审。本案一审合议庭成员宋某作为庭长并未担任审判长，属于作为司法改革试点省份的海南省推行主审法官制度的举措，有明确的司法改革试点文件为依据，符合"让审理者裁判、由裁判者负责"的司法改革精神。该做法虽与法院组织法和民事诉讼法规定不一致，但不属于《最高人民法院关于适用〈中华人民共和国民事诉讼法〉的解释》第三百二十五条[①]规定的严重违反法定程序的"审判组织的组成不合法"的情形，不应成为案件发回重审的事由。诚某公司和文某的再审申请理由不能成立，本院不予支持。

[①] 现行有效《最高人民法院关于适用〈中华人民共和国民事诉讼法〉的解释》第三百二十三条。

延伸阅读

裁判规则一

在法院告知各方当事人合议庭成员变更情况并专门询问是否同意原庭审意见，各方当事人均表示无异议的情况下，法院在合议庭成员变更后次日即作出判决，该情形不属于原审审判组织的组成不合法。

案例1：最高人民法院，再审申请人河南申某置业有限公司与被申请人马某臣及一审被告河南亚某建筑安装工程有限公司建设工程施工合同纠纷案裁定书【（2019）最高法民申4500号】

申某公司向本院提交本案一审《询问笔录》复印件一份，拟证明一审法院在合议庭成员变更后次日即作出判决，变更后的合议庭成员未参加庭审，一审程序违法。但是，该笔录载明一审法院已告知其合议庭成员变更情况并专门询问各方当事人是否同意原庭审意见，包括申某公司在内的各方当事人均表示无异议。这表明申某公司对于变更合议庭成员以及对于原合议庭组织开展的庭审均无异议。上述情形不属于原审审判组织的组成不合法的情形。此外，原审是否超审限结案不属于《中华人民共和国民事诉讼法》规定的再审事由，马某臣此项再审申请理由亦不能成立。

裁判规则二

审判合议庭成员变更后未再次就案件开庭审理，不属于"审判组织的组成不合法"之情形。

案例2：最高人民法院，再审申请人刘某敏、王某兵与被申请人重庆龙某房地产开发有限公司（以下简称龙某公司）以及一审第三人刘某商品房预约合同纠纷一案民事裁定书【（2019）最高法民申4623号】

关于二审程序问题，二审变更合议庭成员未再次开庭审理，不属于民事诉讼法第二百条第七项规定的审判组织不合法。申请人称，二审变更合议庭成员、书记员未提前告知，但其未提交证据证明相关审判组织成员存在依法应当回避的情形，故其认为二审程序存在民事诉讼法第二百条第七项的再审事由的主张不能支持。

第八节 无诉讼行为能力人未经法定代理人代为诉讼或者应当参加诉讼的当事人，因不能归责于本人或者其诉讼代理人的事由，未参加诉讼的

060 在当事人被羁押的情况下，法院作出缺席判决，当事人可以对此申请再审吗？

裁判要旨

当事人被羁押，法院向其送达诉讼材料，但是当事人未提交书面答辩意见或委托诉讼代理人应诉答辩的，视为放弃答辩及举证权利，法院可以缺席判决。当事人以法院缺席判决不当申请再审的，不予支持。

案情简介[①]

一、黄某军借给刘某升2000万元，因刘某升到期未还款，黄某军起诉至广州中院，请求判令刘某升偿还借款并支付违约金。广州中院支持其诉讼主张。

二、一审期间刘某升在监狱服刑，一审法院采取委托送达方式向其送达案件材料，并作出缺席判决，刘某升未上诉。

三、刘某升不服，向广州高院申请再审，称其不能到庭参加庭审并不是"无正当理由拒不到庭"，法院不能缺席判决。

四、广州高院认为一审程序正当，驳回其再审申请。

律师评析

本案中，当事人因在监狱服刑无法出庭，原审法院作出缺席判决，当事人对此申请再审，法院未予支持。

---

① 案件来源：广东省高级人民法院，林某、黄某军民间借贷纠纷再审民事裁定书【（2018）粤民申3798号】。

原审中，当事人在监狱服刑，法院采取法定送达方式向其有效地址送达诉讼材料，当事人进行了签收，送达程序正当。虽然当事人在监狱服刑，很难本人出庭答辩，但参加诉讼不只有本人亲自出庭应诉这一种方式，其仍可以通过提交书面答辩、委托诉讼代理人的方式进行答辩。但本案中当事人在收到诉讼材料后，未采取任何措施，应视为放弃答辩及举证的权利，因此法院在其未出庭的情况下作出缺席判决，并无不当。

实务经验总结

若当事人被刑事羁押，为积极行使个人诉讼权利，避免错过诉讼活动，当事人应注意：

一、应让法院、对方当事人知道自己正在羁押中，无法出庭。或向家人、亲友告知自己正在被羁押的事实，在收到法院邮寄诉讼材料时，请快递员在退回邮件上批注"收件人现被羁押于某处"，以此方法使法院知情。若法院在知情的情况下，仍不向当事人能收到诉讼材料的地址送达，并作出缺席判决，则程序不当，当事人可以申请再审。

二、在监狱中收到法院送达的诉讼材料后，当事人应当积极采取行动，作出书面答辩或委托诉讼代理人出庭应诉。若已经收到法院诉讼材料后未作出回应，则视为放弃答辩及举证的权利，法院可以作出缺席判决。

三、当事人可以向法院申请在被羁押的场所开庭。

相关法律规定

《中华人民共和国民事诉讼法》（2021年修正）

第一百四十七条 被告经传票传唤，无正当理由拒不到庭的，或者未经法庭许可中途退庭的，可以缺席判决。

第二百零七条 当事人的申请符合下列情形之一的，人民法院应当再审：

……

（八）无诉讼行为能力人未经法定代理人代为诉讼或者应当参加诉讼的当事人，因不能归责于本人或者其诉讼代理人的事由，未参加诉讼的；

……

法院判决

以下为该案在法院审查阶段，裁定书中"本院认为"部分就该问题的论述：

经查，一审法院已采取委托送达的方式，依法向刘某升送达了应诉通知书、举证通知书、起诉状副本、证据材料、传票等诉讼材料，送达回证由刘某升本人签名。一审诉讼期间，刘某升虽处于被羁押状态，但其仍可依法提交书面答辩意见或委托诉讼代理人应诉答辩，可刘某升未采取上述方式应诉答辩，依法应视为放弃答辩及举证的权利。

延伸阅读

裁判规则一

当事人被刑事羁押不能参加诉讼，不属于"无正当理由拒不到庭"的情形。法院按送达地址确认书记载地址送达诉讼材料被退回并得知其被羁押后，仍向该地址送达，最终当事人未出庭，法院作出缺席判决的，违反法定程序。

案例1：最高人民法院，吕某玲、洛阳宝某人防防护防化设备有限公司金融借款合同纠纷再审民事裁定书【（2018）最高法民申93号】

吕某玲申请再审提出，二审法院在必须参加诉讼的当事人被刑事羁押不能到庭的情况下，缺席判决，导致相关证据未质证、当事人基本诉权未得到保障。本院对相关事实进行了调查核实。经审查，韩某琪、吴某系一审被告，韩某琪同时系一审被告宝某公司、中某公司的法定代表人，在一审审理过程中，该二人因涉嫌非法吸收公众存款罪被羁押于河南省洛阳市古城派出所，该二人诉讼文书送达地址确认书中记载的送达地址为公司地址，即河南省洛阳市关林路×号，一审法院按上述地址送达了一审判决，但被退回，《退改批条》载明："无人签收，收件人坐牢。"二审法院在此情况下仍按该二人诉讼文书送达地址确认书记载的地址送达开庭传票，后传票因"原址查无此人"被退回，导致韩某琪、吴某以及宝某公司、中某公司均未参与本案的二审审理。韩某琪、吴某系因被刑事羁押不能参加本案诉讼，不属于《中华人民共和国民事诉讼法》第一百四十四条①规定的"无正当理由拒不到庭"的情形。二审法院未依法送达诉讼文书即缺席判决，剥夺了该二人的诉讼权利，违反了法定程序，应当予以纠正。

---

① 现行有效《中华人民共和国民事诉讼法》第一百四十七条。

裁判规则二

法院在不知晓当事人被羁押的情况下，向当事人送达诉讼材料未果后公告送达的，并无不当，法院可以作出缺席判决。

案例2：北京市第一中级人民法院，每某拉美（北京）钻石商场有限公司等与北京天某通达信息技术有限公司民间借贷纠纷再审民事裁定书【（2022）京01民申104号】

关于再审申请人所提原审法院未经传票传唤，缺席判决不符合法律规定，且公告送达存在程序错误的申请理由。经查，再审申请人郝某自认被申请人提供的手机号系其有效联系方式，亦称无证据证明被申请人或原审法院知晓其被羁押的情况。本院认为，原审法院在不知晓再审申请人被羁押的情况下，按照被申请人提供的再审申请人地址及有效联系方式进行了传票等诉讼材料的邮寄送达、直接送达，在送达均未获成功后又进行了公告送达，原审法院所采取的送达方式并无不当。经依法传唤，再审申请人无正当理由拒不到庭，原审法院可以缺席判决，故再审申请人此项申请理由于法无据，本院不予支持。

第九节　违反法律规定，剥夺当事人辩论权利的

061 原审法院在邮寄送达材料被退回后公告送达，属于再审申请事由吗？

裁判要旨

原审法院向当事人邮寄送达诉讼材料被退回后，未采取其他法定送达方式直接公告送达，违反法律规定，属于违法剥夺当事人辩论权利，应当再审。

案情简介①

一、2017年，杜某华与天某公司签订《打车App平台开发合同》，委托天某公司开发打车App，项目终验合格后支付其全部开发费用。2018年2月，杜某华

---

① 案件来源：最高人民法院，杜某华、浙江承御天某网络科技有限公司计算机软件开发合同纠纷再审民事裁定书【（2020）最高法知民申6号】。

出具《项目最终验收确认书》，载明该项目最终验收合格。

二、之后，天某公司向杭州中院起诉，请求杜某华支付软件开发费用。杭州中院认为，双方当事人签订合同有效，且天某公司已履行合同义务，故支持其诉讼请求。判决作出后双方均未上诉。

三、杜某华不服原审判决，向浙江高院申请再审，浙江高院将该案件移送至最高院。杜某华主张，原审未向其送达文书，剥夺其辩论权利，程序违法。最高院认为，原审通过邮寄方式送达文书被退回后直接公告送达违反法律规定，因此裁定本案再审。

律师评析

本案的争议焦点为原审法院邮寄诉讼材料被退回后直接公告送达是否合法，能否申请再审。最高院认为，根据法律规定，应穷尽所有送达方式后再公告送达，原审法院仅采用邮寄送达一种方式后即公告送达明显违反法律规定，属于剥夺当事人辩论权利。

送达是法院依法将诉讼文书交给当事人或其他诉讼参与人的行为。其目的在于让受送达的当事人和其他诉讼参与人能够充分了解到诉讼文书的内容，并能据此参加诉讼活动，行使自己的诉讼权利，承担自己的诉讼或实体义务。送达的方式有直接送达、留置送达、委托送达、邮寄送达、电子送达、转交送达和公告送达。其中公告送达是法院发出公告将送达内容告诉社会公众，经过法定期间即视为送达的方式，其为一种推定送达，受送达的当事人很难从中得知诉讼信息，不利于当事人行使诉讼权利，送达的目的难以实现。因此，采用公告送达时，应当更加严格，根据法律规定，只有在当事人下落不明或使用其他送达方式无法送达后才可以采用公告送达。

而本案中，原审法院仅采用邮寄送达一种方式后即公告送达，剥夺了当事人诉讼权利，违反法律规定，最高院最终裁定再审。

实务经验总结

当事人未收到原审诉讼材料，若查明原审法院并未穷尽所有送达方式即采用公告送达，则当事人可以依据"违反法律规定，剥夺当事人辩论权利"这一条申请再审。

相关法律规定

《中华人民共和国民事诉讼法》（2021 年修正）

第九十五条第一款 受送达人下落不明，或者用本节规定的其他方式无法送达的，公告送达。自发出公告之日起，经过三十日，即视为送达。

第二百零七条 当事人的申请符合下列情形之一的，人民法院应当再审：

……

（九）违反法律规定，剥夺当事人辩论权利的；

……

法院判决

以下为该案在法院审查阶段，裁定书中"本院认为"部分就该问题的论述：

本院经审查认为，《中华人民共和国民事诉讼法》第九十二条①第一款规定，"受送达人下落不明，或者用本节规定的其他方式无法送达的，公告送达"。原审法院通过邮寄方式向杜某华送达起诉状、举证通知书、应诉通知书等材料被退回后，未采取法律规定的其他送达方式，直接公告送达前述应诉材料及传票，违反了《中华人民共和国民事诉讼法》第九十二条第一款的规定。《最高人民法院关于适用〈中华人民共和国民事诉讼法〉的解释》第三百九十一条②规定，"原审开庭过程中有下列情形之一的，应当认定为民事诉讼法第二百条③第九项规定的剥夺当事人辩论权利：……（三）违反法律规定送达起诉状副本或者上诉状副本，致使当事人无法行使辩论权利的……"据此，原审法院违反法定程序送达起诉状副本的行为构成《中华人民共和国民事诉讼法》第二百条第九项规定的情形。

延伸阅读

裁判规则

原审法院未穷尽送达方式即予以公告送达，剥夺了当事人的辩论权利，导致当事人丧失上诉及申请再审的权利，属于程序违法，应当再审。（与主文案例裁

---

① 现行有效《中华人民共和国民事诉讼法》第九十五条。
② 现行有效《最高人民法院关于适用〈中华人民共和国民事诉讼法〉的解释》第三百八十九条。
③ 现行有效《中华人民共和国民事诉讼法》第二百零七条。

判观点一致)

案例：福建省宁德市中级人民法院，陈某燕、宁德市海某房地产开发有限公司商品房预售合同纠纷再审民事裁定书【(2020)闽09民再33号】

本院再审认为，原审法院于2017年10月27日再次开庭审理时未依法向申诉人送达开庭传票，剥夺申诉人的辩论权利，程序违法。本案原审法院未穷尽送达方式即予以公告送达本案开庭传票和应诉通知书、举证通知书、民事判决书等诉讼文书，系程序违法。本案中，海某公司向法院提供的陈某燕在《商品房买卖合同》中记载的地址是陈某燕的经常居住地，其常年以来与其母亲郑某容、婆婆陈某姿共同居住于此。村委会亦出具证明该地址长期以来都有成年家属居住，通信畅达，陈某姿、郑某容也出具证明其二人常年居住于此。因此，本案居住地地址通信畅通，成年家属常年在家，原审法院在向陈某燕送达应诉通知书、开庭传票、民事判决书等诉讼文书之前，未依照《中华人民共和国民事诉讼法》上述规定以直接送达等其他方式向陈某燕送达上述文书，导致陈某燕因不能归责于自身的事由未能参加诉讼，未对相关证据进行质证，无法行使辩论权利，丧失上诉的权利以及申请再审的权利，属程序违法。

062 二审仅由法官助理主持询问而未开庭审理，当事人以此为由申请再审能否得到法院支持？

裁判要旨

在当事人提交新证据，案件形成新事实的情况下，二审法院应当开庭审理。即便当事人同意以询问的方式审理，也应当由合议庭的成员主持。二审法院应开庭而未开庭，并由法官助理主持询问的，当事人可以"违法剥夺当事人辩论权利"申请再审。

案情简介①

一、何某琼与方某霂之间存在借款纠纷，何某琼将方某霂诉至长宁法院，请

---

① 案件来源：四川省高级人民法院，何某琼、李某才民间借贷纠纷再审民事裁定书【(2019)川民再368号】。

求判令方某霁偿还借款本息。长宁法院支持其诉讼请求。

二、方某霁不服，上诉至宜宾中院。上诉中方某霁出示《欠条》，表明双方就借款的还款日期达成合意，按照约定，还款日期尚未到达，宜宾中院支持其上诉请求，依法改判。

三、何某琼不服二审裁判，向四川高院申请再审，主张二审并未开庭审理，仅由法官助理主持询问，程序严重违法。四川高院经审理认为，二审中当事人提出新的证据、事实和理由，应当开庭审理，且由法官助理主持询问不当，裁定发回重审。

律师评析

本案中当事人申请再审时主张，二审应当开庭而未开庭，且不开庭审理仅由法官助理主持询问。对此，四川高院认为本案依据新证据改判应当开庭审理，而对于法官助理主持询问，四川高院认为即便是不开庭审理，也应当由合议庭主持询问，由法官助理主持程序违法。

对于不开庭审理中主持询问的人员选择，实务中观点有所不同。一部分法院认为，主持询问的人员应当为合议庭的成员，由法官助理主持程序违法。另一部分法院认为，法律并未就主持询问的人员进行规定，由法官助理主持询问并不违反法律规定。实务中，第二种观点所占比例更高。

实务经验总结

一、若当事人在上诉时提出新的证据、事实或理由，法院依据该新证据、事实或理由依法改判却不开庭审理的，当事人可以"应当开庭而未开庭"为由申请再审。

二、实践中，很多法院由于案件量巨大而员额法官不足，存在大量法官助理实际承办案件的情况。尤其是二审案件，经常是由法官助理以谈话形式主持。这种情况下，当事人应当及时要求开庭。如二审法院仍未开庭，则可以"应当开庭而未开庭"为由申请再审。

相关法律规定

《中华人民共和国民事诉讼法》（2021年修正）

第一百七十六条第一款 第二审人民法院对上诉案件应当开庭审理。经过阅卷、调查和询问当事人，对没有提出新的事实、证据或者理由，人民法院认为不需要开庭审理的，可以不开庭审理。

第二百零七条 当事人的申请符合下列情形之一的，人民法院应当再审：

……

（九）违反法律规定，剥夺当事人辩论权利的；

……

《最高人民法院关于适用〈中华人民共和国民事诉讼法〉的解释》（2022年修正）

第三百三十一条 第二审人民法院对下列上诉案件，依照民事诉讼法第一百七十六条规定可以不开庭审理：

（一）不服不予受理、管辖权异议和驳回起诉裁定的；

（二）当事人提出的上诉请求明显不能成立的；

（三）原判决、裁定认定事实清楚，但适用法律错误的；

（四）原判决严重违反法定程序，需要发回重审的。

第三百八十九条 原审开庭过程中有下列情形之一的，应当认定为民事诉讼法第二百零七条第九项规定的剥夺当事人辩论权利：

（一）不允许当事人发表辩论意见的；

（二）应当开庭审理而未开庭审理的；

（三）违反法律规定送达起诉状副本或者上诉状副本，致使当事人无法行使辩论权利的；

（四）违法剥夺当事人辩论权利的其他情形。

法院判决

以下为该案在法院审理阶段，裁定书中"本院认为"部分就该问题的论述。

本院再审认为，何某琼、李某才、李某向本院提交了与四川省宜宾市中级人民法院法官助理翟某玫的通话记录，能够证明二审法院是通过由法官助理主持询问的方式进行的诉讼活动。依据《中华人民共和国民事诉讼法》第一百六十九条第一款①："第二审人民法院对上诉案件，应当组成合议庭，开庭审理。经过阅卷、调查和询问当事人，对没有提出新的事实、证据或者理由，合议庭认为不需要开庭审理的，可以不开庭审理。"《最高人民法院关于适用〈中华人民共和

---

① 现行有效《中华人民共和国民事诉讼法》第一百七十六条。

国民事诉讼法〉的解释》第三百三十三条①："第二审人民法院对下列上诉案件，依照民事诉讼法第一百六十九条规定可以不开庭审理：（一）不服不予受理、管辖权异议和驳回起诉裁定的；（二）当事人提出的上诉请求明显不能成立的；（三）原判决、裁定认定事实清楚，但适用法律错误的；（四）原判决严重违反法定程序，需要发回重审的"的规定，二审法院在当事人提交新证据，且有新事实认定的情形下，应当依照上述法律规定公开开庭审理。即便是双方当事人同意采用询问的方式进行审理，也应当由合议庭的成员主持。根据《中华人民共和国民事诉讼法》第二百条②："当事人的申请符合下列情形之一的，人民法院应当再审：……（九）违反法律规定，剥夺当事人辩论权利的……"，《最高人民法院关于适用〈中华人民共和国民事诉讼法〉的解释》第三百九十一条③："原审开庭过程中有下列情形之一的，应当认定为民事诉讼法第二百条第九项规定的剥夺当事人辩论权利：……（二）应当开庭审理而未开庭审理的……"之规定，本案二审审理程序严重违法。

延伸阅读

裁判规则

二审不开庭审理的情况下，法律并未对主持调查询问的人员进行规定，由法官助理主持并不违反法律规定。

案例1：山东省高级人民法院，王某某、霍某某等分期付款买卖合同纠纷再审民事裁定书【（2021）鲁民申3381号】

申请人以《中华人民共和国民事诉讼法》第二百条第七项规定的再审事由申请再审，但依据《中华人民共和国民事诉讼法》第一百六十九条的规定，人民法院审理上诉案件，可以采取阅卷、调查、询问的审理方式，因而本案二审法院的审理方式不违反法律规定，至于主持调查询问的人员是员额法官还是法官助理，我国现行法律和司法解释并无明确规定，故即使二审审理中由法官助理主持调查也不违反法律规定。

案例2：湖南省高级人民法院，黄某贤、黄某利建设工程施工合同纠纷再审民事裁定书【（2021）湘民申189号】

---

① 现行有效《最高人民法院关于适用〈中华人民共和国民事诉讼法〉的解释》第三百三十一条。
② 现行有效《中华人民共和国民事诉讼法》第二百零七条。
③ 现行有效《最高人民法院关于适用〈中华人民共和国民事诉讼法〉的解释》第三百八十九条。

此外，二审法院鉴于双方当事人均无新证据提交，决定不开庭审理本案并由合议庭委托法官助理主持调查询问，符合法律规定。黄某贤的再审申请理由不能成立。

案例3：重庆市高级人民法院，陶某益与重庆万某人才服务有限公司、重庆市天某乳品二厂有限公司劳动争议再审民事裁定书【（2019）渝民申2393号】

《中华人民共和国民事诉讼法》第一百六十九条规定，在当事人没有提出新的事实、证据或者理由时，二审合议庭可以不开庭审理，故二审法院对本案采取询问当事人方式审查不违反法律规定，同时，法律亦没有规定询问当事人必须由合议庭成员出庭，二审法院由本案的法官助理主持进行询问亦并无不当。陶某益该申请再审理由亦不成立。

063 鉴定材料未经质证，当事人申请再审能否得到法院支持？

裁判要旨

鉴定意见所依据的鉴定材料未经质证，属于违法剥夺当事人辩论权利情形，当事人申请再审的，人民法院应当支持。

案情简介[①]

一、希某公司中标承建安多县县城供暖工程，付某成借用希某公司资质与安多县政府签订《建设工程施工合同》。后付某成与希某公司因工程款问题产生纠纷，付某成诉至那曲中院，请求判令希某公司支付剩余工程款。

二、一审中，经付某成申请，那曲中院委托鉴定机构对工程款进行鉴定，并判决希某公司支付剩余工程款。

三、希某公司不服，向西藏高院上诉，主张部分鉴定材料未经质证。西藏高院认为在鉴定结论的意见稿中双方当事人仅对鉴定结论发表意见，未对鉴定材料提出异议，应视为鉴定材料经过质证。

四、希某公司不服，向最高院申请再审，仍然提出鉴定材料未经质证。最高

[①] 案件来源：最高人民法院，四川希某建设集团有限公司、付某成等建设工程施工合同纠纷再审民事裁定书【（2021）最高法民再316号】。

院认为这属于违法剥夺当事人辩论权利，裁定发回重审。

律师评析

本案争议的焦点为，鉴定材料未经质证，希某公司申请再审能否得到法院支持。最高院支持其再审请求。

鉴定材料是供鉴定人进行分析、判断，并据此得出鉴定意见的物质条件，是进行直接认识、分析、判断的对象。鉴定材料是否真实客观，直接影响到鉴定意见的准确性及证明力的大小。在将鉴定材料提交给鉴定机构之前对鉴定材料进行质证，可以防止出现因鉴定材料不真实、不全面导致鉴定意见不客观、不科学的现象，而鉴定材料未经质证，则严重违反法定程序。若鉴定意见确为依据未经质证的鉴定材料作出，法院可以在之后的诉讼过程中采取补救措施，组织当事人就该部分材料进行质证。若质证后该部分材料真实合法，则不影响鉴定意见的采纳。若质证后该部分材料真实性存疑，鉴定意见可分的，材料所对应部分不能作为认定案件事实的根据；鉴定意见不可分的，则整个鉴定意见均不能作为认定案件事实的根据。

实务经验总结

一、若原审中鉴定意见是依据未经质证的鉴定材料作出的，当事人可以"违反法律规定，剥夺当事人辩论权利的"为由申请再审。但若该鉴定材料在提交给鉴定机构之前未质证，之后采取了补救措施组织质证，或依据未经质证部分鉴定材料作出的鉴定意见未被法院采纳，则法院不会支持当事人的再审申请。（延伸阅读案例1、案例2）

二、当事人需注意，若鉴定材料为影像学资料的，则无须质证，以鉴定材料未经质证申请再审，法院不会支持。（延伸阅读案例3）

相关法律规定

《最高人民法院关于民事诉讼证据的若干规定》（2019年修正）

第三十四条第一款 人民法院应当组织当事人对鉴定材料进行质证。未经质证的材料，不得作为鉴定的根据。

《中华人民共和国民事诉讼法》（2021 年修正）

第二百零七条 当事人的申请符合下列情形之一的，人民法院应当再审：

……

（九）违反法律规定，剥夺当事人辩论权利的；

……

法院判决

以下为该案在法院审理阶段，裁定书中"本院认为"部分对该问题的论述：

原审判决据以认定案涉工程造价的《鉴定意见书》相关鉴定材料未经依法质证，属于严重违反法定程序之情形。《鉴定意见书》"二、鉴定依据"第 5 项、第 7 项、第 8 项、第 9 项、第 10 项均是鉴定机构据以确定工程价款的基础性材料，原一审法院没有将上述当事人存在争议的鉴定材料进行质证，就将其移送鉴定机构，原二审法院也未进行补充质证，属违法剥夺当事人辩论权利情形，不符合民事诉讼辩论原则。因相关鉴定材料未经质证，原审法院认定"沈阳南路硬化路面拆除及恢复工程"和"部门单位院内硬化路面的破除与恢复施工"等相应的工程款造价，依据并不充分，致基本事实不清。

延伸阅读

裁判规则一

虽然原审法院将未经质证的鉴定材料移交鉴定人，但之后的诉讼过程中采取补救措施的，程序合法。此种情形下，当事人以鉴定材料未经质证申请再审的，法院不予支持。

案例 1：最高人民法院，海南保亭盛某投资管理有限公司、广西建某集团第三建筑工程有限责任公司建设工程施工合同纠纷再审民事裁定书【（2019）最高法民申 1531 号】

关于案涉工程造价鉴定程序是否严重违法的问题。经审查，一审法院虽将部分未经质证的材料移交鉴定人，但在之后的诉讼过程中，法院及鉴定人已多次明确告知海南盛某公司可向鉴定人查阅鉴定材料并提出异议，海南盛某公司也针对鉴定材料、鉴定原则、计算方法等提出多项意见，法院又多次组织听证、开庭听取了双方当事人对争议项以及相关鉴定材料的意见，鉴定人亦根据质证意见对鉴定结论进行调整并逐项说明。因此，海南盛某公司对于鉴定材料的质证权利已得到保障并实际行使，海南盛某公司关于鉴定材料未经质证，鉴定程序严重违法的理由不能成立。

裁判规则二

鉴定意见可分，且双方当事人均未申请重新鉴定的，二审法院采信其中经过质证部分鉴定材料形成的鉴定意见，并无不当。此种情形下，当事人以鉴定材料未经质证申请再审，法院不予支持。

案例 2：河南省高级人民法院，王某林、陈某等合同纠纷再审民事裁定书【（2021）豫民申 7755 号】

关于智某公司的鉴定意见书应否采信的问题。王某林主张智某公司在鉴定意见中列明的部分发票等鉴定材料未经质证，鉴定程序违法。原审查明，该鉴定报告出具之后双方对上述部分发票进行了质证，之前并未质证，故该鉴定意见确实存在一定的程序违法之处。但智某公司在鉴定意见中明确将该未经质证部分证据所形成的鉴定意见列为"装饰工程争议部分造价"内容，并不影响该鉴定意见中的其他鉴定结果，且双方当事人均未对该鉴定意见申请重新鉴定。二审法院从节约诉讼资源、合理解决双方当事人争议问题的角度考虑，对鉴定意见中不涉及未经质证部分证据所形成的鉴定结论予以采信，对涉及未经质证部分证据的部分即争议部分造价不予采信，符合本案实际，并无不当。

裁判规则三

影像学资料作为鉴定材料，无须双方当事人质证。

案例 3：上海市高级人民法院，居某与沈某等机动车交通事故责任纠纷民事再审裁定书【（2021）沪民申 2460 号】

鉴定人在鉴定过程中采集的影像学资料（X 线片、CT 片各一张），不同于其他鉴定材料，无须经当事人质证。

064 律师开庭时间冲突不出庭，法院作出缺席判决，构成剥夺当事人辩论权利吗？

裁判要旨

当事人的诉讼代理人开庭时间冲突，并不必然构成不出庭的正当理由。此时法院缺席审判符合法律规定。当事人以法院剥夺其辩论权利为由申请再审的，法院不予支持。

案情简介[①]

一、2016年，俊某公司与华某公司签订《场地租赁经营合同》，约定俊某公司租赁华某公司所有的商场大楼。后因俊某公司欠付租金，华某公司起诉至大庆中院。

二、一审法院确定的开庭时间与俊某公司委托的诉讼代理人的另案开庭时间冲突，俊某公司向大庆中院提交了延期开庭申请，但大庆中院并未作出回复。本案一审在俊某公司缺席的情况下作出判决。

三、俊某公司不服，向黑龙江高院提起上诉，主张一审开庭时间与其另案开庭时间冲突，其已申请延期审理，法院未作出回复即缺席审判，存在程序瑕疵。黑龙江高院认为法院未作回复应视为未同意，一审法院缺席判决并无不当，驳回其上诉。

四、俊某公司向最高院申请再审，主张一审缺席判决存在瑕疵，二审未予纠正存在不当。最高院未支持其再审申请。

律师评析

本案中，当事人的诉讼代理人开庭时间冲突，向法院申请延期审理，但法院并未回复，并缺席审判。对于诉讼代理人开庭时间冲突，能否申请延期开庭，能否不出庭，实践中法院存在不同的观点。

一部分法院认为，诉讼代理人开庭时间冲突不构成延期开庭审理的正当理由，自然也不构成当事人不出庭的正当理由。法院未予准许其延期开庭申请并无不当，当事人构成无正当理由拒不出庭，法院可以按撤诉处理或缺席审判。

另一部分法院认为，诉讼代理人开庭时间冲突可以构成延期开庭审理的正当理由，当事人可以因开庭时间冲突不出庭。但当存在下列情形时，诉讼代理人因开庭时间冲突申请延期开庭不构成正当理由：当事人可委托公司职员；当事人可更换诉讼代理人；当事人委托多位诉讼代理人，可协调参加庭审；当事人先收到本院的开庭通知，却参加他院庭审；法院提前多日通知当事人开庭时间，为其预

[①] 案件来源：最高人民法院，俊某商业管理（上海）有限公司与大庆市华某房地产开发有限公司房屋租赁合同纠纷再审民事裁定书【（2018）最高法民申5398号】。

留协调时间的。

另外，若当事人因开庭时间冲突无法出庭，但未告知法院，也未向法院申请延期开庭审理的，则视为无正当理由不出庭，法院依法按照撤诉处理或缺席审判。

实务经验总结

实践中，法院对诉讼代理人因开庭时间冲突无法出庭是否可以申请延期开庭审理，以及是否构成不出庭的正当理由存在不同的意见。存在开庭时间冲突时，我们提醒当事人及其诉讼代理人：

一、首先在收到法院开庭通知之后，就应积极协调时间。

二、当事人应内部协调解决该冲突，可以委派不同的诉讼代理人分别参加两个庭审，或及时更换诉讼代理人。

三、存在两个开庭时间冲突的庭审时，当事人应参加先收到开庭通知的庭审。

四、若确实无法避免冲突，当事人及其诉讼代理人应当及时告知法院，并向法院申请延期开庭审理。若法院未同意该申请或在开庭前未作出回复的，当事人应积极参加庭审，避免法院按撤诉处理或缺席判决，导致个人诉讼权利受损。

相关法律规定

《中华人民共和国民事诉讼法》（2021年修正）

第一百四十六条 原告经传票传唤，无正当理由拒不到庭的，或者未经法庭许可中途退庭的，可以按撤诉处理；被告反诉的，可以缺席判决。

第一百四十七条 被告经传票传唤，无正当理由拒不到庭的，或者未经法庭许可中途退庭的，可以缺席判决。

第一百四十九条 有下列情形之一的，可以延期开庭审理：

（一）必须到庭的当事人和其他诉讼参与人有正当理由没有到庭的；

（二）当事人临时提出回避申请的；

（三）需要通知新的证人到庭，调取新的证据，重新鉴定、勘验，或者需要补充调查的；

（四）其他应当延期的情形。

《关于依法保障律师执业权利的规定》（2015 年施行）

第二十五条第一款 人民法院确定案件开庭日期时，应当为律师出庭预留必要的准备时间并书面通知律师。律师因开庭日期冲突等正当理由申请变更开庭日期的，人民法院应当在不影响案件审理期限的情况下，予以考虑并调整日期，决定调整日期的，应当及时通知律师。

法院判决

以下为该案在法院审查阶段，裁定书中"本院认为"部分就该问题的论述：

关于一审审理程序是否违法的问题。依据《中华人民共和国民事诉讼法》第一百四十六条的规定，对符合该条规定的法定情形之一的，人民法院"可以"延期开庭审理。这表明人民法院对是否延期开庭具有决定权，对符合法定情形的，人民法院可以延期开庭，也可以不延期开庭。一审法院在本案开庭传票中确定的开庭时间与俊某公司委托诉讼代理人的另案开庭时间冲突，不必然导致俊某公司不能参加本案诉讼，该公司可以委托公司职员或者更换新的委托诉讼代理人到庭参加诉讼。一审法院在开庭三日前未就俊某公司提出的延期开庭申请作出回复，视为不同意延期开庭，则俊某公司应当按时到庭，而该公司拒不到庭，一审予以缺席判决，符合《中华人民共和国民事诉讼法》第一百四十四条①"被告经传票传唤，无正当理由拒不到庭的，或者未经法庭许可中途退庭的，可以缺席判决"的规定，不构成程序违法。本案二审中，俊某公司到庭参加了诉讼，充分行使了举证、质证及辩论等诉讼权利，二审法院根据双方举证进行了证据认证和事实查明，未剥夺俊某公司的诉讼权利。据此，俊某公司以一审程序违法为由申请对本案二审判决启动再审，理据不足，本院不予支持。

延伸阅读

裁判规则一

代理人开庭时间冲突不是可以延期开庭审理的情形，当事人以开庭时间冲突为由申请延期审理的，法院未予准许，并无不当。当事人因开庭时间冲突缺席审理，法院作出缺席判决，并无不当。

案例 1：最高人民法院，江都市鑫某造船厂、谈某华船舶建造合同纠纷再审民事裁定书【（2018）最高法民申 4736 号】

---

① 现行有效《中华人民共和国民事诉讼法》第一百四十七条。

一审法院分别于2017年5月12日和2018年2月5日开庭审理本案。2018年2月5日开庭审理前，一审法院向鑫某造船厂、谈某华、刘某虎邮寄送达《告知合议庭通知书》《传票》等诉讼文书，前述邮件显示于2018年1月29日投递并签收。根据《最高人民法院关于以法院专递方式邮寄送达民事诉讼文书的若干规定》第二条的规定，以法院专递方式邮寄送达民事诉讼文书的，其送达与人民法院送达具有同等法律效力。据此，一审法院已于第二次开庭三日前向鑫某造船厂、谈某华、刘某虎送达《告知合议庭通知书》《传票》等诉讼文书。根据《中华人民共和国民事诉讼法》第一百四十六条①的规定，代理人开庭时间冲突不属于该条规定的可以延期开庭审理的情形。鑫某造船厂、谈某华一审的委托代理人以开庭时间冲突为由，请求延期开庭，一审法院未予准许，并无不当。鑫某造船厂、谈某华在收到《告知合议庭通知书》及开庭传票的情况下，无正当理由未到庭参加诉讼，亦未在法定期限内申请合议庭成员回避，一审法院根据《中华人民共和国民事诉讼法》第一百四十四条的规定，作出缺席判决，并无不当。

裁判规则二

根据法律规定，被告不出庭应有正当理由。在实践中，为便利当事人参加诉讼，该"正当理由"的标准适当降低，但不可被滥用。当事人的诉讼代理人存在开庭时间冲突的问题时，可以认定为正当理由，但若诉讼代理人有多位，可以协调分别参与两个庭审，则不构成正当理由。

案例2：北京知识产权法院，某科学技术大学与北京盛某骄阳文化传播有限公司侵害作品信息网络传播权纠纷二审民事判决书【（2017）京73民终811号】

某科学技术大学所主张的一审法院在其委托诉讼代理人提交了开庭时间冲突的说明并提供相应证据的情况下仍按原有计划开庭并缺席审理是否系程序违法。

《中华人民共和国民事诉讼法》第一百四十四条规定，被告经传票传唤，无正当理由拒不到庭的，或者未经法庭许可中途退庭的，可以缺席判决。一般情况下，上述条款中所述的正当理由系指突发性事故或者不可抗力等客观原因，主体范围包含被告及其全部委托诉讼代理人。从严格意义上来说，只有当被告和其委托诉讼代理人均因客观不能的理由无法参加庭审时，才属于可以因正当理由对庭审另行调整的情形。但实践中，人民法院从便利当事人参加诉讼、降低当事人诉讼成本、发挥委托诉讼代理人的专业价值进而有效保障当事人诉讼权利出发，往往会降低标准，对于被告一方所有委托诉讼代理人均因开庭冲突等客观原因无法

---

① 现行有效《中华人民共和国民事诉讼法》第一百四十九条。

参与庭审的情况予以考虑，但这并不代表委托诉讼代理人可以随意以开庭冲突的原因要求人民法院调整庭审计划，如允许此种情形被滥用，将对人民法院案件审理工作的正常开展造成不利影响，某种程度上还会造成司法资源的浪费，损害对方当事人利益。

具体到本案中，根据一审法院电话联系笔录可知，某科学技术大学所称的与一审开庭冲突之案件与本案分别委托了两位诉讼代理人参加诉讼，且并不完全重合。对于律师作为委托诉讼代理人而言，我国法律并不强制要求两位委托诉讼代理人均应到庭参加诉讼，某科学技术大学可以协调两位委托诉讼代理人分别参与两个庭审。更严格一些来看，某科学技术大学亦可变更委托诉讼代理人，本案中并无体现不可或不宜变更的情况或理由。因此，本案某科学技术大学所述理由不构成正当理由，一审法院进行缺席审理，符合法律规定，某科学技术大学的该项主张无事实和法律依据，本院不予支持。

裁判规则三

当事人的诉讼代理人因开庭冲突无法到庭应当告知法院，并向法院申请延期审理。未告知法院也未向法院申请延期审理的，视为无正当理由拒不出庭。

案例3：广东省广州市中级人民法院，广东美某创新电器有限公司与广州威某电子有限公司买卖合同纠纷二审民事裁定书【（2017）粤01民终13801号】

本院审理过程中，美某公司确认已收到二审开庭传票，知晓开庭时间，称与其他案件的开庭冲突，但并未告知本院，也未依法申请改期，应视为无正当理由拒不到庭。依照《中华人民共和国民事诉讼法》第一百四十三条①、第一百五十四条②第一款第十一项、第一百七十四条③规定，裁定如下：

本案按上诉人广东美某创新电器有限公司撤回上诉处理。一审判决自本裁定书送达之日起发生法律效力。

案例4：重庆市南岸区人民法院，重庆市道路交通事故社会救助基金管理中心与胥某大、赵某珍、郭某利机动车交通事故责任纠纷一审民事裁定书【（2016）渝0108民初5315号】

本院在审理原告重庆市道路交通事故社会救助基金管理中心诉被告郭某利、胥某大、赵某珍道路交通事故责任纠纷一案中定于2016年4月7日下午2时30

---

① 现行有效《中华人民共和国民事诉讼法》第一百四十六条。
② 现行有效《中华人民共和国民事诉讼法》第一百五十七条。
③ 现行有效《中华人民共和国民事诉讼法》第一百七十四条。

分于本院 516 法庭进行开庭审理，并电话通知了原告委托代理人。但开庭时，原告代理人卢某某未到庭，其同一律师事务所律师赵某某到庭陈述卢某某律师因有事无法到庭参加诉讼，改由她出庭，但到庭的赵某某律师无原告出具的授权委托书。本院认为，原告的委托代理人若因开庭冲突无法到庭须庭前以书面方式提交延期开庭审理申请书及相关证据由本院决定是否准许，或由原告另行委托其他代理人到庭。但原告的委托代理人未向本院提交书面延期申请，亦未口头申请，拒不到庭参加诉讼。

裁判规则四

当事人的诉讼代理人存在开庭时间冲突的情况时，若其先参与后收到的开庭传票的甲法院的审理，向先收到的开庭传票的乙法院申请延期审理，则对于乙法院来说，不构成因正当理由未出庭，同时也不构成申请延期审理的正当理由。

案例 5：山西省太原市中级人民法院，北京三某向版权代理有限公司诉太原任某网络科技有限公司著作权权属、侵权纠纷一审民事裁定书【（2016）晋 01 民初字 478 号】

本院于 2016 年 5 月 23 日立案，定于 2016 年 8 月 12 日开庭。2016 年 6 月 14 日通过邮政快递的方式向原告送达开庭传票，原告代理人于 2016 年 6 月 17 日签收开庭传票。2016 年 8 月 8 日原告代理人通过邮政快递，向我院递交延期开庭申请，理由是与石家庄市中级人民法院案件时间冲突。其提供的河北省石家庄市中级人民法院的开庭传票复印件，显示发出日期是 2016 年 6 月 20 日。本院认为，申请延期开庭是当事人的权利，但应当有正当理由。现原告在先收到我院传票的情况下提出开庭冲突，不属于延期开庭的正当理由。故应认定原告经传票传唤，无正当理由拒不到庭。

案例 6：吉林省高级人民法院，延边达某公路工程有限责任公司、和龙市和某石材有限公司买卖合同纠纷民事申请再审民事裁定书【（2021）吉民申 41 号】

本案中，一审人民法院于 2020 年 6 月 23 日电话通知达某公司，并确定开庭日期为 2020 年 7 月 8 日，为达某公司留足了十四天期限。达某公司称一审时其诉讼代理人因与另案开庭时间冲突，故无法到庭系有合理事由，并提供了另案《听证会通知书》予以证实。经查，该份《听证会通知书》不符合《最高人民法院关于适用〈中华人民共和国民事诉讼法〉的解释》第三百八十八条规定的逾期提供证据的理由，且本案一审法院 2020 年 6 月 23 日即已通知达某公司开庭，而另案《听证会通知书》的落款日期为 2020 年 7 月 3 日。

裁判规则五

法院提前多日通知当事人开庭时间，为其诉讼代理人协调出庭问题预留时间，其诉讼代理人因开庭时间冲突申请变更开庭时间则不构成正当理由。

案例7：重庆市高级人民法院，宋某伟与重庆长途汽车运输（集团）有限公司江某出租汽车分公司合同纠纷再审民事裁定书【（2020）渝民申1854号】

关于宋某伟申请再审称二审法官故意剥夺其委托律师出庭和调取证据的诉讼权利问题。宋某伟申请再审称其代理律师开庭时间冲突要求变更开庭时间未获二审法院准许。经查，二审法院安排2019年11月13日下午开庭，宋某伟于2019年10月19日签收了开庭传票，开庭当天宋某伟本人到庭参加庭审，无代理律师到庭。本院认为，二审法院提前二十几天通知开庭就是为宋某伟协调自己以及代理律师的出庭问题预留时间，并不存在故意剥夺律师出庭的诉讼权利问题。

065 法官打断发言，当事人能否以剥夺其辩论权利为由申请再审？

裁判要旨

审判长有权在庭审中提示当事人及其诉讼代理人如何规范发言，其打断发言的行为不构成违法剥夺当事人辩论权利。当事人以此为由申请再审的，法院不予支持。

案情简介[①]

一、2013年，刘某波、李某军签订《陕西蒲城县金某煤矿股权转让协议书》，约定李某军将其14.735%份额转让给刘某波，同时约定若陕西蒲城县金某煤业有限责任公司不能如期设立，则本协议解除，李某军返还刘某波已支付的价款。

二、之后，金某煤业有限责任公司未能设立，刘某波向渭南中院起诉，请求判决解除该《股权转让协议书》，并由李某军返还已支付价款。渭南中院支持其

[①] 案件来源：最高人民法院，刘某波、赵某民合伙企业财产份额转让纠纷再审民事裁定书【（2017）最高法民申4028号】。

部分诉讼请求。

三、刘某波上诉至陕西高院，陕西高院部分支持其诉讼请求。

四、刘某波向最高院申请再审，并主张在二审中法院打断其代理律师发言，严重剥夺其辩论权利，最高院对该主张未予支持。

律师评析

本案中，当事人认为法官打断其发言构成违法剥夺当事人的辩论权利，最高院未予支持。

我国的民事诉讼模式为职权主义，为了保证程序的进行，法官在审理活动中起到主导的作用，拥有较大的控制权。法官拥有依职权运行诉讼程序的权能，可以在庭审中指挥当事人进行合理、有效的辩论。因此，法官在诉讼中打断当事人及其诉讼代理人发言并不构成违法剥夺当事人的辩论权利。

实务经验总结

实践中法官打断发言并不少见，但法官打断发言并不构成违法剥夺当事人辩论权利，以该理由申请再审将不会得到法院的支持。我们建议当事人及其诉讼代理人在庭审活动中：精简发言、抓住重点、按条理讲述。

相关法律规定

《中华人民共和国民事诉讼法》（2021年修正）

第二百零七条 当事人的申请符合下列情形之一的，人民法院应当再审：

……

（九）违反法律规定，剥夺当事人辩论权利的；

……

《最高人民法院关于适用〈中华人民共和国民事诉讼法〉的解释》（2022年修正）

第三百八十九条 原审开庭过程中有下列情形之一的，应当认定为民事诉讼法第二百零七条第九项规定的剥夺当事人辩论权利：

（一）不允许当事人发表辩论意见的；

（二）应当开庭审理而未开庭审理的；

(三)违反法律规定送达起诉状副本或者上诉状副本,致使当事人无法行使辩论权利的;

(四)违法剥夺当事人辩论权利的其他情形。

法院判决

以下为该案在法院审查阶段,裁定书中"本院认为"部分就该问题的论述:

关于刘某波主张原审法院违反法律规定,剥夺当事人辩论权利的问题。刘某波主张本案二审审理中,审判长多次打断其代理律师的发言,严重剥夺了其辩论的权利。根据《最高人民法院关于适用〈中华人民共和国民事诉讼法〉的解释》第三百九十一条①"原审开庭过程中有下列情形之一的,应当认定为民事诉讼法第二百条第九项规定的剥夺当事人辩论权利:(一)不允许当事人发表辩论意见的;(二)应当开庭审理而未开庭审理的;(三)违反法律规定送达起诉状副本或者上诉状副本,致使当事人无法行使辩论权利的;(四)违法剥夺当事人辩论权利的其他情形"的规定,刘某波主张的情形并不是法定的剥夺当事人辩论权利的情形,审判长在庭审中提示当事人或代理人如何规范发言并不违反法律规定。刘某波的该项主张亦不能成立。

延伸阅读

裁判规则

为保证庭审的顺利进行,审判人员在庭审中有权力提示诉讼代理人如何规范发言,因此,审判人员打断当事人发言并不构成违法剥夺当事人的辩论权利。

案例:四川省高级人民法院、李某微、南充泰某置业有限公司商品房销售合同纠纷再审民事裁定书【(2020)川民申 4395 号】

李某微在再审申请书的法定事由中引用《中华人民共和国民事诉讼法》第二百条②第九项"剥夺当事人辩论权利"的法条,认为一审法院审判人员在庭审中打断当事人发言,剥夺了当事人辩论权利。经查,一审庭审过程中并不存在《最高人民法院关于适用〈中华人民共和国民事诉讼法〉的解释》第三百九十一条规定的剥夺当事人辩论权利的情形,审判人员为了保障庭审的顺利进行,在庭

---

① 现行有效《最高人民法院关于适用〈中华人民共和国民事诉讼法〉的解释》第三百八十九条。
② 现行有效《中华人民共和国民事诉讼法》第二百零七条。

审中提示当事人或委托诉讼代理人如何规范发言等正当行使诉讼指挥权的行为并不违反法律规定，不属于法定剥夺当事人辩论权利的情形，李某微的该项申请再审理由不能成立。此外，李某微虽然在再审申请中引用了《中华人民共和国民事诉讼法》第二百条第四项"原判决、裁定认定事实的主要证据未经质证"的法条，但在本院听取其委托诉讼代理人的意见时，其委托诉讼代理人已向本院明确表示放弃该项事由，故本院对该项申请事由不再予以审查。

066 二审未开庭审理，当事人以剥夺其辩论权利申请再审，法院会支持吗？

裁判要旨

二审判决并未改变一审关于事实的认定，仅对适用法律予以纠正，则二审不开庭审理并不构成剥夺当事人辩论权利。当事人以"应当开庭而未开庭审理"为由申请再审的，法院不予支持。

案情简介[①]

一、2016年，协某公司与名某公司签订《销售合同》，约定名某公司向协某公司购买货物。

二、因名某公司欠付协某公司货款，协某公司起诉至潮州中院，请求判令名某公司支付货款及违约金。一审法院支持其诉讼请求，违约金按照中国人民银行同期同类贷款利率及同期全国银行间同业拆借中心公布的贷款市场报价利率计算。

三、名某公司不服，向广东高院上诉。广东高院认同名某公司欠付协某公司货款这一事实，但认为双方当事人已在合同中约定违约金计算利率，便应按照合同约定进行计算，对违约金数额进行了变更。

四、名某公司不服，向最高院申请再审，其中一项申请理由为，二审未开庭剥夺了当事人辩论权利。最高院认为，该案二审符合法定的不开庭条件，未支持

[①] 案件来源：最高人民法院，深圳名某进出口有限公司等与广东协某制衣有限公司买卖合同纠纷再审民事裁定书【（2021）最高法民申6800号】。

其再审请求。

律师评析

本案中，当事人以二审未开庭，剥夺其辩论权利为由申请再审。但最高院认为二审符合法定的不开庭条件，并无不当。

根据法律及司法解释的规定，二审案件可以不开庭审理的情形包括：当事人没有提出新的事实、证据或者理由；对不予受理、管辖权异议、驳回起诉裁定上诉的；当事人提出的上诉请求明显不能成立的；原判决、裁定认定事实清楚，但适用法律错误的；原判决严重违反法定程序，需要发回重审的。上述五种情形，当事人上诉，法院可以不开庭审理。若法院采纳当事人提出的新证据，并依据新证据依法改判，则当然应当开庭审理。

但应注意的是，并非只要提出新的事实、证据和理由，二审法院就需开庭审理。若当事人提出的新的证据仅是对一审事实的补强，并未提出新的事实和理由，或当事人提出的新的证据与其一审陈述相悖的，法院有可能不采纳。

实务经验总结

一、二审法院以"当事人上诉没有提出新的事实、证据或理由；对不予受理、管辖权异议、驳回起诉裁定上诉；当事人提出的上诉请求明显不能成立的；原判决、裁定认定事实清楚，但适用法律错误的；原判决严重违反法定程序，需要发回重审的"这五项为由决定不开庭审理的，当事人以"应当开庭而未开庭"为由申请再审，法院不予支持。

二、民事二审以开庭为原则，不开庭为例外。需要注意的是，二审法院决定不开庭审理的，需要以阅卷、调查和询问当事人为前提。如果未履行上述程序就决定不开庭审理，当事人可以申请再审。

相关法律规定

《中华人民共和国民事诉讼法》（2021年修正）

第一百七十六条第一款 第二审人民法院对上诉案件应当开庭审理。经过阅卷、调查和询问当事人，对没有提出新的事实、证据或者理由，人民法院认为不需要开庭审理的，可以不开庭审理。

第二百零七条 当事人的申请符合下列情形之一的,人民法院应当再审:

……

(九) 违反法律规定,剥夺当事人辩论权利的;

……

《最高人民法院关于适用〈中华人民共和国民事诉讼法〉的解释》(2022年修正)

第三百三十一条 第二审人民法院对下列上诉案件,依照民事诉讼法第一百七十六条规定可以不开庭审理:

(一) 不服不予受理、管辖权异议和驳回起诉裁定的;

(二) 当事人提出的上诉请求明显不能成立的;

(三) 原判决、裁定认定事实清楚,但适用法律错误的;

(四) 原判决严重违反法定程序,需要发回重审的。

第三百八十九条 原审开庭过程中有下列情形之一的,应当认定为民事诉讼法第二百零七条第九项规定的剥夺当事人辩论权利:

(一) 不允许当事人发表辩论意见的;

(二) 应当开庭审理而未开庭审理的;

(三) 违反法律规定送达起诉状副本或者上诉状副本,致使当事人无法行使辩论权利的;

(四) 违法剥夺当事人辩论权利的其他情形。

法院判决

以下为该案在法院审查阶段,裁定书中"本院认为"部分就该问题的论述:

名某公司、苗某妙在二审程序中提交了新的证据,二审法院进行了书面质证,当事人举证质证的权利并未受到实质影响。《最高人民法院关于适用〈中华人民共和国民事诉讼法〉的解释》第三百三十三条[①]规定,"第二审人民法院对下列上诉案件,依照民事诉讼法第一百六十九条[②]规定可以不开庭审理:……(三) 原判决、裁定认定事实清楚,但适用法律错误的;……"。二审判决并未改变一审判决关于事实的认定,只是变更了逾期付款违约金所应适用的法律,二审程序未开庭并不违反法律的规定。

---

① 现行有效《最高人民法院关于适用〈中华人民共和国民事诉讼法〉的解释》第三百三十一条。
② 现行有效《最高人民法院关于适用〈中华人民共和国民事诉讼法〉的解释》第一百七十六条。

延伸阅读

裁判规则一

根据法律规定,上诉未提出新证据、事实或理由的;不服不予受理、管辖权异议和驳回起诉裁定的;当事人提出的上诉请求明显不能成立的;原判决、裁定认定事实清楚,但适用法律错误的;原判决严重违反法定程序,需要发回重审的以及当事人同意以不开庭方式审理的上诉案件,二审法院可以不开庭审理。

案例1:最高人民法院,厦门绿某能源有限公司、中某辽宁有限公司买卖合同纠纷再审民事裁定书【(2020)最高法民申234号】

至于绿某公司申请再审称二审未开庭、剥夺其辩论权利的问题。鉴于二审判决对中某公司提供的诉争燃料油油品质量不符合合同约定、构成违约的事实是确认的,仅是基于一审判决适用法律错误予以纠正,符合《最高人民法院关于适用〈中华人民共和国民事诉讼法〉的解释》第三百三十三条第三项规定可以不开庭审理的情形,且二审法官助理主持庭前会议并未影响绿某公司发表辩论意见、提交书面陈述材料等诉讼权利,故绿某公司该项再审申请事由不能成立。

案例2:江苏省高级人民法院,深圳市怡某兴机电科技有限公司与亿某电子(中国)有限公司买卖合同纠纷再审民事裁定书【(2019)苏民申2704号】

二审法院未开庭审理本案符合法律规定。《中华人民共和国民事诉讼法》第一百六十九条第一款规定,第二审人民法院对上诉案件,应当组成合议庭,开庭审理。经过阅卷、调查和询问当事人,对没有提出新的事实、证据或者理由,合议庭认为不需要开庭审理的,可以不开庭审理。《最高人民法院关于适用〈中华人民共和国民事诉讼法〉的解释》第三百三十三条第二项规定,第二审人民法院对下列上诉案件,依照民事诉讼法第一百六十九条规定可以不开庭审理:(二)当事人提出的上诉请求明显不能成立的。据此,本案二审庭审由法官助理组织询问,并由合议庭评议定案,并不违反法律规定。

案例3:江西省南昌市中级人民法院,黄某发、刘某美民间借贷纠纷再审民事裁定书【(2019)赣01民申170号】

关于违反法律规定,剥夺当事人辩论权利的问题。经审查,二审期间,双方当事人均同意本案书面审理,且在询问笔录中对主持询问人归纳的争议焦点不持异议,双方在该询问中也发表了辩论意见。黄某发、刘某美的该项再审申请事由不成立。

裁判规则二

二审法院调取新证据，认为原判事实认定错误、当事人上诉理由成立，并依据当事人提交的新证据改判的，应当开庭审理。

案例4：江苏省高级人民法院，朱某伟诉赵某生股东出资纠纷再审民事裁定书【（2017）苏民再286号】

根据《中华人民共和国民事诉讼法》第一百六十九条第一款的规定，对于当事人提出新的事实、证据或者理由的上诉案件，二审法院应当开庭审理。本案中，据二审判决裁判理由明确载明的"根据二审新证据查明的新事实，一审判决赵某生返还朱某伟减资款85.3万元不当，应予纠正"的改判事由，二审确系以当事人二审提交的新证据为依据进行改判，但卷内并无开庭审理传票及开庭审理笔录，亦无相关证据表明经传票传唤对当事人进行询问。本案二审应当开庭审理而未开庭审理，依照《最高人民法院关于适用〈中华人民共和国民事诉讼法〉的解释》第三百九十一条第二项的规定，存在《中华人民共和国民事诉讼法》第二百条第九项规定的剥夺当事人辩论权利的情形。

案例5：最高人民法院，杨某发与贵州众某有限公司票据追索权纠纷再审民事判决书【（2019）最高法民再19号】

《中华人民共和国民事诉讼法》第一百六十九条第一款规定："第二审人民法院对上诉案件，应当组成合议庭，开庭审理。经过阅卷、调查和询问当事人，对没有提出新的事实、证据或者理由，合议庭认为不需要开庭审理的，可以不开庭审理。"《最高人民法院关于适用〈中华人民共和国民事诉讼法〉的解释》第三百三十三条规定："第二审人民法院对下列上诉案件，依照民事诉讼法第一百六十九条规定可以不开庭审理：（一）不服不予受理、管辖权异议和驳回起诉裁定的；（二）当事人提出的上诉请求明显不能成立的；（三）原判决、裁定认定事实清楚，但适用法律错误的；（四）原判决严重违反法定程序，需要发回重审的。"本案中，二审法院既然调取了新证据，并认为"原审判决认定事实错误""众某公司的上诉理由成立"，则本案不属于法律规定的可以不开庭审理的情形。二审法院未进行开庭审理即予以判决，审理程序存在错误，本院予以纠正。

裁判规则三

虽然当事人提出新证据、事实或理由，但当事人的抗辩理由与一审相同、新证据仅起到补强作用、新证据与一审陈述相矛盾，则二审法院可以不开庭。

案例6：江苏省高级人民法院，于某亚、赵某祥与刘某昌、夏某明建设工程

施工合同纠纷再审民事裁定书【(2016)苏民申1243号】

关于二审是否应当开庭审理的问题,刘某昌上诉主张其系涉案工程见证人,与其一审中的抗辩理由相同,二审法院根据《中华人民共和国民事诉讼法》第一百六十九条的规定,组织双方当事人进行谈话,未予开庭审理,并不违反法律规定。

案例7:最高人民法院,李某刚、余某先股权转让纠纷再审民事裁定书【(2018)最高法民申5806号】

关于二审未开庭审理是否严重违反法定程序的问题。《最高人民法院关于适用〈中华人民共和国民事诉讼法〉的解释》第三百三十三条规定,第二审人民法院对下列上诉案件,依照民事诉讼法第一百六十九条规定可以不开庭审理:(一)不服不予受理、管辖权异议和驳回起诉裁定的;(二)当事人提出的上诉请求明显不能成立的;(三)原判决、裁定认定事实清楚,但适用法律错误的;(四)原判决严重违反法定程序,需要发回重审的。本案中,李某刚二审提交的新证据(曾某华出具的《收款单》)是为了补强其一审中所主张的事实和理由,其在二审中并未提出新的事实和理由,二审法院对本案进行书面审理,不违反前述法律规定。从二审判决看,对于李某刚二审提交的新证据,各方当事人已经发表了质证意见,二审判决亦对该证据予以载明。基于本案实际情况,二审未开庭审理不属于严重违反法定程序情形。

案例8:湖北省高级人民法院,龚某、蔡某斌委托合同纠纷再审民事裁定书【(2021)鄂民申6538号】

《最高人民法院关于适用〈中华人民共和国民事诉讼法〉的解释》第三百三十三条规定:"第二审人民法院对下列上诉案件,依照民事诉讼法第一百六十九条规定可以不开庭审理:(一)不服不予受理、管辖权异议和驳回起诉裁定的;(二)当事人提出的上诉请求明显不能成立的;(三)原判决、裁定认定事实清楚,但适用法律错误的;(四)原判决严重违反法定程序,需要发回重审的。"龚某在二审审理期间向二审法院提交了新证据,二审法院依法通知蔡某斌对该证据进行质证,因该证据与龚某在一审陈述的内容相互矛盾,不能达到其证明目的,二审法院依法未予采信。二审法院虽未开庭审理本案,但并不构成《中华人民共和国民事诉讼法》第二百零七条规定的应当再审情形,龚某申请再审的理由不能成立。

第十节　未经传票传唤，缺席判决的

067 向法人登记地址送达法律文书，具有法律效力吗？

裁判要旨

在当事人没有确定送达地址的情况下，人民法院在诉讼中基于法人登记信息进行送达具有法律效力，以此为由申请再审的，法院不予支持。

案情简介[①]

一、2017年，李某与卓某公司签订《软件开发合同》，约定由卓某公司开发博友圈APP。

二、由于卓某公司一直未能交付完整可使用的软件产品，李某诉至广州知识产权法院，请求解除《软件开发合同》，并由卓某公司承担违约责任。广州知识产权法院支持其诉讼请求。

三、卓某公司不服，向最高院申请再审，其中一项再审请求为，原审送达程序瑕疵，导致卓某公司缺席判决，应当再审。最高院认为，在送达地址不明确时，向法人住所地邮寄并无不当。

律师评析

本案中，当事人认为法院向其并未营业的登记地邮寄、明知其电话号码却没有电话通知为送达不当，导致其缺席判决，应当再审。

法人登记信息具有公示效力，在当事人没有确定送达地址的情况下，人民法院在诉讼中基于法人登记信息进行送达具有法律效力。实践中有大量法人变更场所后没有及时进行变更登记，因此在诉讼中产生推定送达地址问题。因此在本案中，原审法院以法院专递方式邮寄法律文书至当事人登记地址是合法的。

---

① 案件来源：最高人民法院，广州卓某环保科技有限公司、冯某军计算机软件开发合同纠纷再审民事裁定书【（2019）最高法知民申2号】。

实务经验总结

法人的登记信息对外具有公示效力,在法院无法确定送达地址时,可以基于法人的登记信息进行送达。因此,我们提醒当事人:

一、切记向法院提供可以收到邮件的、明确的地址。

二、在变更住所地后,应及时办理变更登记,以免错过法院文书送达,从而缺席审理。

三、法院并不审查邮件代收人身份(延伸阅读案例),因此,对于法院邮寄的法律文书,当事人最好亲自收件,并当场核对邮件内容。若确实无法亲自收件,当事人应指定代收件人,切勿被他人随意收件。

相关法律规定

《最高人民法院关于以法院专递方式邮寄送达民事诉讼文书的若干规定》(2005年施行)

第五条 当事人拒绝提供自己的送达地址,经人民法院告知后仍不提供的,自然人以其户籍登记中的住所地或者经常居住地为送达地址;法人或者其他组织以其工商登记或者其他依法登记、备案中的住所地为送达地址。

《中华人民共和国民事诉讼法》(2021年修正)

第二百零七条 当事人的申请符合下列情形之一的,人民法院应当再审:

……

(十)未经传票传唤,缺席判决的;

……

法院判决

以下为该案在案件审查阶段,裁定书中"本院认为"部分对该问题的论述:

关于原审送达程序是否符合法律规定的问题,原审法院于2018年5月10日立案受理李某与卓某公司、冯某军计算机软件开发合同纠纷一案,并于2018年6月14日通过司法专递分别向卓某公司的登记地及冯某军的户籍所在地邮寄了本案的应诉材料以及开庭传票。邮寄至冯某军户籍所在地的司法专递于2018年6月22日由他人代收;邮寄至卓某公司登记地的司法专递因收件人拒收而退回。

冯某军称卓某公司登记地没有营业，其曾两次接到要求签收法院快递的电话，但无法判定邮递员说话的真伪。本院认为，法人的住所具有法律意义，我国实行企业法人登记管理制度，登记信息具有公示效力。在当事人没有确定送达地址的情况下，人民法院在诉讼中基于法人登记信息进行送达具有法律效力。《最高人民法院关于以法院专递方式邮寄送达民事诉讼文书的若干规定》第二条规定，以法院专递方式邮寄送达民事诉讼文书的，其送达与人民法院送达具有同等法律效力。原审法院以司法专递方式向卓某公司登记地寄送诉讼材料及传票符合民事诉讼法的规定，冯某军的主观怀疑并不构成拒收司法专递的理由。电话通知并不是民事诉讼中送达的必经程序，原审法院在司法专递邮单上填写了冯某军的联系方式，邮递员电话通知了冯某军有司法专递，因此原审法院没有电话通知冯某军不构成程序违法。综上，原审法院以司法专递方式向卓某公司登记地及冯某军的户籍所在地邮寄诉讼材料及开庭传票等，冯某军在已经接到邮递员电话通知有司法专递的情况下，拒收司法专递邮件，可以视为有效送达，两申请人关于原审法院未经合法传唤即缺席审理的申请理由不能成立。

延伸阅读

裁判规则

法院按照营业执照载明的单位名称及地址邮寄法律文书并无不当，代收人身份并非法院送达的审查内容。

案例：最高人民法院，南某农村商业银行股份有限公司与吉林舒某农村商业银行股份有限公司借款合同纠纷再审民事裁定书【（2020）最高法民申788号】

南某农商行主张法律文书代收人并非本单位员工，南某农商行实际上并未收到邮件。法院认为：对于一审法院送达法律文书是否合法有效的问题，一审法院按照南某农商行营业执照载明的单位名称及地址邮寄法律文书，被送达主体为南某农商行，快递单回执载明邮件妥投、唐某代收。被送达人及送达地址均无误，至于代收人身份、签收过程、内部转交程序等均非法院送达的审查内容，且一审法院与案涉转让合同注明的南某农商行联系人、时任南某农商行副总经理陈某某电话确认邮件收讫，故一审法院以妥投回执认定法律文书成功送达并无不妥。南某农商行对法院直接或通过舒某农商行向唐某提供单号致使其截取快递并隐瞒诉讼的怀疑，亦缺乏事实依据。综上，对南某农商行关于一审法院未合法有效送达的主张，本院不予支持。

068 邮寄回单显示"该地址查无此人"后法院公告送达，当事人缺席判决的，能否申请再审？

裁判要旨

法院向当事人邮寄送达诉讼材料，邮寄回单显示"该地址查无此人"的，可采用公告送达，当事人因此未参加诉讼的，不属于"未经传票传唤，缺席判决的"情形。

案情简介①

一、郑某招、郑某共同经营某沙船，江某秋多次为该船提供燃料油。2017年，郑某向江某秋借款并出具两张借条。

二、由于上述款项未获清偿，江某秋诉至宁波海事法院。一审中，宁波海事法院向郑某招邮寄送达诉讼材料，但邮寄回单显示"该地址查无此人"，故法院采用公告送达。宁波海事法院最终认为该借款实质为供油款，判决郑某招、郑某支付江某秋该笔款项。

三、郑某招不服，向浙江高院上诉，主张该笔借款为郑某个人借款。浙江高院维持原判。

四、郑某招在向最高院提出的再审申请中主张一审法院向其公告送达诉讼材料不当，导致其缺席判决。最高院认为原审程序正当，驳回其再审申请。

律师评析

本案中，法院向当事人邮寄诉讼材料，邮寄回单显示"该地址查无此人"后法院采用公告送达，当事人以"未经传票传唤，缺席判决"申请再审。但最高院认为该种情况已构成下落不明。

公告送达是一种推定送达，应当严格限制适用条件。根据法律规定，只有在当事人下落不明或穷尽所有送达方式仍无法送达后可采用公告送达。根据法律规

---

① 案件来源：最高人民法院，郑某招与江某秋船舶物料和备品供应合同纠纷再审民事裁定书【（2020）最高法民申4185号】。

定，下落不明是指公民离开最后居住地后没有音讯的状况。本案中法院认为邮寄回单写明"该地址查无此人"实质上即表明当事人下落不明，可以采用公告送达。

实务经验总结

一、当事人应保证个人户籍地址、起诉书上所载地址、个人电话号码等均为有效的、可收到法院邮寄送达的，避免因未收到法院诉讼文书而错过诉讼活动，从而导致个人权利未得到充分保护。

二、我们建议当事人定期关注当地报纸、网站、法院公告栏等，避免错过法院的公告送达导致缺席判决。

三、若当事人因电话未接通而未收到法院邮寄送达的诉讼文书，法院径行公告送达，并且最终当事人缺席判决的，当事人可以违法剥夺辩论权利为由申请再审。

相关法律规定

《中华人民共和国民事诉讼法》（2021年修正）

第九十五条第一款 受送达人下落不明，或者用本节规定的其他方式无法送达的，公告送达。自发出公告之日起，经过三十日，即视为送达。

第二百零七条 当事人的申请符合下列情形之一的，人民法院应当再审：

……

（十）未经传票传唤，缺席判决的；

……

法院判决

以下为该案在法院审查阶段，裁定书中"本院认为"部分就该问题的论述：

郑某招主张一审法院未向其送达传票即缺席审判，二审法院剥夺其辩论权利。经查，一审法院因向郑某招身份证载明的地址邮寄送达应诉诉讼文书被退回，原因是"该地址查无此人"，原审法院随后采用公告方式送达，在公告期满后开庭。"该地址查无此人"实际上意味着当事人下落不明，在此情况下，采用公告送达符合《中华人民共和国民事诉讼法》第九十二条①第一款的规定。郑某招无正当理由未到庭参加诉讼，一审法院依法缺席判决，符合《中华人民共和国民事诉讼法》关于缺席判决的规定。经查，二审法院召集当事人进行调查质证，郑某招及其诉讼代理人到庭参加，其代理人发表了辩论意见，二审法院并不存在剥夺当事人辩论权利的问题。因此，郑某招的此项再审申请理由也不能成立。

延伸阅读

裁判规则一

法院向当事人有效户籍地址邮寄诉讼材料，邮寄回单未显示签收、妥投，仅手写标注"电话无法接通"的，不可采用公告送达，否则为违法剥夺当事人辩论权利。

案例1：最高人民法院，杜某华、浙江承某天澍网络科技有限公司计算机软件开发合同纠纷再审民事裁定书【（2020）最高法知民申6号】

原审法院曾向被告杜某的户籍地址邮寄传票等诉讼文书，邮寄回单中未显示签收，也未标注投递状态和未妥投原因，仅手写标注"电话无法接通"，在此情况下原审法院未采取其他送达方式即进行公告送达。杜某的户籍地址位于杭州市中心城区；并且，在（2020）浙01执193号案中，原审法院执行局于2020年3月23日依该地址向杜某成功送达相关材料（显示为配偶签收），证明该地址为有效地址，杜某并非处于下落不明的状态。据此，原审法院通过邮寄方式向杜某送达起诉状、举证通知书、应诉通知书等材料被退回后，未采取过其他送达方式，直接公告送达前述应诉材料及传票，违反了《中华人民共和国民事诉讼法》第九十二条第一款"受送达人下落不明，或者用本节规定的其他方式无法送达的，公告送达"的规定。《最高人民法院关于适用〈中华人民共和国民事诉讼法〉的解释》第三百九十一条②规定，"原审开庭过程中有下列情形之一的，应当认定为民事诉讼法第二百条③第九项规定的剥夺当事人辩论权利：……（三）违反法律规定送达起诉状副本或者上诉状副本，致使当事人无法行使辩论权利的……"据此，原审法院违反法定程序送达起诉状副本的行为构成《中华人民共和国民事诉讼法》第二百条第九项规定的情形。

---

① 现行有效《中华人民共和国民事诉讼法》第九十五条。
② 现行有效《最高人民法院关于适用〈中华人民共和国民事诉讼法〉的解释》第三百八十九条。
③ 现行有效《中华人民共和国民事诉讼法》第二百零七条。

裁判规则二

法院按照起诉状载明地址向当事人邮寄诉讼材料，且该地址与之后当事人提交的诉讼材料中所载地址一致的，邮寄送达未果后采用公告送达符合规定。

案例2：最高人民法院，刘某、宁夏贺兰回某村镇银行有限责任公司金融借款合同纠纷再审民事裁定书【（2019）最高法民申1599号】

一审法院向贺兰回某银行起诉状中载明的刘某的地址邮寄了应诉通知书、开庭传票等法律文书，且该地址与刘某向本院提交的再审申请书中载明的地址一致。因邮件未能妥投，在未寻找到刘某下落的情况下，一审法院通过公告方式进行了送达，并在作出判决后通过公告方式送达了一审民事判决书，符合法律规定。本案一审时不存在未经传票传唤缺席判决的情形。一审法院公告送达一审民事判决书后，刘某依法上诉，经二审法院询问，刘某陈述了其对贺兰回某银行诉请的答辩、举证质证和辩论意见，其诉讼权利未受到影响。刘某根据《中华人民共和国民事诉讼法》第二百条第十项规定申请再审的理由不能成立。

069 二审书面审理的案件未传唤当事人到庭，当事人可以此为由申请再审吗？

裁判要旨

《中华人民共和国民事诉讼法》第二百零七条第十项规定，未经传票传唤，缺席判决的案件，法院应当再审。但如果二审法院决定对案件进行书面审理的，则无须传唤当事人到庭。当事人以此为由申请再审的，法院不予支持。

案情简介[①]

一、湖南上某低碳生态城投资有限公司（以下简称湖南上某公司）、李某、海南银城嘉某进出口有限公司（以下简称海南嘉某公司）、杭锦旗中某建筑安装有限责任公司（以下简称杭锦旗中某公司）因民间借贷纠纷将张某红、山西中某能源煤化有限公司（原山西兴某煤化集团有限责任公司，以下简称山西煤化公

---

① 案件来源：最高人民法院，张某红、山西中某能源煤化有限公司民间借贷纠纷再审审查与审判监督民事裁定书【（2020）最高法民申4871号】。

司）诉至法院，湖南省常德市中级人民法院判决后，被告不服向湖南省高级人民法院提起上诉。

二、二审中各方均未提供新的证据，二审法院组成合议庭对当事人进行询问后，决定书面审理，随后作出判决维持一审结果。

三、张某红及山西煤化公司不服，认为二审法院未经传票传唤就进行了缺席判决，并以此为由向最高人民法院申请再审。最高人民法院审查后认为，书面审理的二审案件无须当事人到庭，不属于民事诉讼法第二百零七条第十项规定的未经传票传唤缺席审判，驳回了申请人的再审请求。

律师评析

《中华人民共和国民事诉讼法》第一百七十六条第一款规定：第二审人民法院对上诉案件应当开庭审理。经过阅卷、调查和询问当事人，对没有提出新的事实、证据或者理由，人民法院认为不需要开庭审理的，可以不开庭审理。《最高人民法院关于适用〈中华人民共和国民事诉讼法〉的解释》第三百三十一条进一步明确，可以不开庭审理的第二审案件包括不服不予受理、管辖权异议和驳回起诉裁定的；当事人提出的上诉请求明显不能成立的；原判决、裁定认定事实清楚，但适用法律错误的；原判决严重违反法定程序，需要发回重审的四类情况。

实务经验总结

一、司法实践中，开庭审理是极为重要的一环。优秀的律师可以通过庭审改变法官的既有观点。因此，上诉案件应当尽量提出新的事实、证据或者理由，尽量避免二审不开庭审理的情况出现。

二、法院决定书面审理的，一般会向当事人签发告知书。实践中，一旦决定不开庭审理，往往意味着裁判结果将对上诉人不利。此时应当立即向法院提交要求开庭审理的书面申请，陈述开庭审理的必要性。并且尽力寻找新的事实或证据。

三、如果已确定无法避免书面审理，则应当及时调整诉讼预期和诉讼策略，考虑包括和解在内的多种方式解决争议。

相关法律规定

《中华人民共和国民事诉讼法》（2021 年修正）

第一百七十六条第一款 第二审人民法院对上诉案件应当开庭审理。经过阅卷、调查和询问当事人，对没有提出新的事实、证据或者理由，人民法院认为不需要开庭审理的，可以不开庭审理。

第二百零七条 当事人的申请符合下列情形之一的，人民法院应当再审：

……

（十）未经传票传唤，缺席判决的；

……

《最高人民法院关于适用〈中华人民共和国民事诉讼法〉的解释》（2022 年修正）

第三百三十一条 第二审人民法院对下列上诉案件，依照民事诉讼法第一百七十六条规定可以不开庭审理：

（一）不服不予受理、管辖权异议和驳回起诉裁定的；

（二）当事人提出的上诉请求明显不能成立的；

（三）原判决、裁定认定事实清楚，但适用法律错误的；

（四）原判决严重违反法定程序，需要发回重审的。

法院判决

以下为该案在法院审理阶段，判决书中"本院认为"部分就该问题的论述：

关于本案是否符合《中华人民共和国民事诉讼法》第二百条[1]第十项未经传票传唤，缺席判决的情形问题。缺席判决是指法院在一方当事人经传票传唤无故不到庭或到庭后无故中途退庭时，由法院在查明案件事实的基础上依法作出判决的制度。我国现行的缺席判决制度的内容主要体现在《中华人民共和国民事诉讼法》有关开庭审理的规定及相关的司法解释中。本案二审法院未公开开庭审理，不存在未经传票传唤，缺席判决的情形。故张某红、山西煤化公司关于本案符合《中华人民共和国民事诉讼法》第二百条第十项规定情形的申请理由，不能成立。

---

[1] 现行有效《中华人民共和国民事诉讼法》第二百零七条。

> **延伸阅读**

> 裁判规则
> 向当事人发送的传票上未记载开庭时间和地点，后法院以电话通知当事人未接通为由进行了缺席判决，实质上属于未经传票传唤缺席判决。当事人以此为由申请再审的，法院应予支持。
> 案例：最高人民法院，贵州新某成房地产开发有限公司、朱某国合资、合作开发房地产合同纠纷再审民事裁定书【（2015）民申字第2545号】
> 本院认为：一审法院系依普通程序对本案进行开庭审理。一审法院将未填写开庭时间和地点的传票送达给新某成公司，虽然新某成公司法定代表人彭某新领取过前期诉讼文书，且一审承办法官手书工作记录显示"一审开庭及判决前，合议庭多次电话通知新某成公司法定代表人彭某新，但彭某新拒不接听电话"，但无开庭时间和地点的传票与其他诉讼文书之送达事实与电话通知之事实的结合，实质上仍不构成传票合法传唤。一审法院认定新某成公司构成经传票传唤无正当理由拒不到庭，进而进行缺席审理并就实体问题作出判决，程序严重违法。二审法院认定一审已经完成了通知新某成公司开庭的程序行为，且即使该程序存在瑕疵也不构成违法缺席判决，法律适用错误。本案应发回重审。

第十一节　原判决、裁定遗漏或者超出诉讼请求的

070 二审法院对一审法院已告知上诉人可另行起诉的上诉请求未予审查，是否属于遗漏诉讼请求？

> **裁判要旨**

一审法院告知当事人某项诉讼请求可另行主张，二审上诉后法院对该项请求可以不予审查。在此情况下以生效判决遗漏诉讼请求为由申请再审的，法院不予支持。

案情简介[①]

一、中国江苏国际某技术合作集团有限公司（以下简称国际公司）因建设工程施工合同纠纷将芜湖市某建设投资有限公司（以下简称建投公司）诉至芜湖市中级人民法院，要求其支付工程款。一审中被告建投公司辩称按照双方合同约定，建投公司向国际公司预支的款项产生的8992049.56元利息应当抵扣工程款。

二、一审法院以双方就抵扣事项存在争议为由，告知建投公司可另行起诉解决，对该项抗辩未予采纳。建投公司不服，向安徽省高级人民法院提起上诉。

三、安徽高院以一审法院已告知建投公司对该部分费用可另行主张为由，未对其该项上诉请求进行审查处理。建投公司不服，以二审法院遗漏诉讼请求为由向最高人民法院申请再审。

四、最高人民法院审查后认为，原审法院已告知某项诉讼请求可另行起诉解决而不予审查的符合法律规定，不属于遗漏诉讼请求。

律师评析

本案的争议焦点是：二审法院以一审法院已告知当事人对某项诉讼请求或抗辩理由可以另行起诉解决为由，对当事人的该项上诉请求不予审查，是否属于遗漏诉讼请求。

最高人民法院该种情况不属于遗漏诉讼请求，笔者赞同该观点。原因是，法院告知当事人可以另行起诉的情况，一般是当事人提出的主张与审理的案件不是同一法律关系，或者当事人主张暂时没有证据等。在这种情况下，对相关诉讼请求不予处理既加快了诉讼进度，又没有损害当事人的诉权，亦不违反法律的规定。

实务经验总结

一、法院告知当事人某项诉讼请求可另案处理时，应当分析法院作出该决定的原因是什么。如果确系另一法律关系而不属于本案审查范围的应当及时另行起

[①] 案件来源：最高人民法院，芜湖市某建设投资有限公司、中国江苏国际某技术合作集团有限公司建设工程施工合同纠纷民事申请再审审查民事裁定书【（2021）最高法民申6926号】。

诉；如果属于本案审查范围仅仅是证据不足，可以及时组织证据回应法院关切，争取在本案中一并处理以免诉累。

二、如当事人的某项抗辩理由实际上与对方诉讼请求基于相同法律关系或者基于相同事实，当事人可以就该项抗辩理由提出反诉。例如本案中建投公司主张的利息抵扣工程款这一抗辩理由，如以反诉的形式提出，则二审法院必须予以审查。

相关法律规定

《中华人民共和国民事诉讼法》（2021年修正）
第二百零七条 当事人的申请符合下列情形之一的，人民法院应当再审：
……
（十一）原判决、裁定遗漏或者超出诉讼请求的；
……

法院判决

以下为该案在法院审理阶段，判决书中"本院认为"部分就该问题的论述：

关于原审是否存在遗漏诉讼请求。对于建投公司上诉状中所称已付工程款中有8992049.56元系由国际公司应承担的财务费用即银行贷款利息予以抵付的问题，二审以一审已告知建投公司对该部分费用可另行主张为由不再审查处理并不缺乏依据，该情形并不属于遗漏或者超出诉讼请求情形。

延伸阅读

裁判规则
重审案件中当事人增加诉讼请求法院予以支持的，不属于民事诉讼法规定的原判决超出诉讼请求情形。
案例：最高人民法院，肖某兵、刘某桃合资、合作开发房地产合同纠纷再审审查与审判监督民事裁定书【（2020）最高法民申6201号】

关于二审判决是否存在超出诉讼请求裁判的问题。经查，在本案一审（2016）湘民初32号庭审中，鼎某昌公司曾表示放弃诉讼请求第二项，即判令被告肖某兵、刘某桃返还占用的资金2647487元（其中刘某桃1651500元，肖某兵995987元）及四人股本金9189402元。株洲中院作出一审判决后，付某良、肖某兵、刘某桃提起上诉，二审法院裁定发回株洲中院重审。在一审重审（2019）湘02民初88号案中，鼎某昌公司将诉讼请求第一项变更为判令四被告赔偿损失18049600.76元（含肖某兵、刘某桃多占用的资金及四被告抽逃的股金）。即鼎某昌公司并未放弃对肖某兵、刘某桃返还多占用资金及抽逃股金的诉讼请求，而是将其合并到损失赔偿的诉讼请求之中。二审判决肖某兵、刘某桃应向鼎某昌公司支付的金额中，包含肖某兵应返还的占用资金686987元、刘某桃应返还的占用资金1651500元，并不属于《中华人民共和国民事诉讼法》第二百条①第十一项规定的原判决、裁定遗漏或者超出诉讼请求的情形。

071 原判决、裁定遗漏或者超出诉讼请求的，一律可以申请再审吗？

裁判要旨

《中华人民共和国民事诉讼法》第二百零七条第十一项规定的诉讼请求，包括一审诉讼请求、二审上诉请求。当事人未对一审判决、裁定遗漏或者超出的诉讼请求提起上诉的，二审法院对遗漏或超出的诉讼请求可不予处理，并且当事人不能再以此为由申请再审。

案情简介②

一、付某玲、沙某迪、王某琴因股权转让纠纷将周某岐、营口恒某房地产开发有限公司、营口经济技术开发区明某房地产开发有限公司诉至辽宁省高级人民法院。原告其中一项诉讼请求为：周某岐及恒某公司支付以合同总价款187388320元为标准，按照人民银行同期贷款利率4倍自2013年10月1日起至实际给付之日止违约金，暂计至2014年5月31日为6558591.2元。一审判决对该项请求未予审查，判决作出后原告未上诉。

二、判决作出后一审被告提起上诉，最高人民法院第二巡回法庭审查认为，

---

① 现行有效《中华人民共和国民事诉讼法》第二百零七条。
② 案件来源：最高人民法院，周某岐、营口恒某房地产开发有限公司与付某玲、沙某迪、王某琴、营口经济技术开发区明某房地产开发有限公司股权转让纠纷案民事判决书【（2016）最高法民终222号】。

一审法院遗漏了被上诉人的该项诉讼请求。但由于被上诉人未上诉，因此最高院对该遗漏的请求不予审查处理，且被上诉人不能以该诉讼请求被遗漏为由向最高院申请再审。

律师评析

本案系最高人民法院第二巡回法庭发布关于公正审理跨省重大民商事和行政案件十件典型案例之一，在司法实践中具有较强的指导意义。《最高人民法院关于适用〈中华人民共和国民事诉讼法〉的解释》第三百九十条规定："民事诉讼法第二百零七条第十一项规定的诉讼请求，包括一审诉讼请求、二审上诉请求，但当事人未对一审判决、裁定遗漏或者超出诉讼请求提起上诉的除外。"本案裁判在此基础之上，进一步明确了对于一审判决、裁定遗漏的诉讼请求当事人未予上诉的，二审法院可以不作审查处理。

实务经验总结

当事人上诉时应当慎重审查原判决、裁定是否遗漏或超出诉讼请求。如认为存在遗漏或者超出诉讼请求情况的，一定要通过包括上诉在内的各种形式提出异议。否则根据本案确立的裁判规则，二审法院将视为当事人认可了原判决，可以对相关请求不予审查处理，且当事人也无法以判决、裁定遗漏或者超出诉讼请求为由申请再审。

相关法律规定

《最高人民法院关于适用〈中华人民共和国民事诉讼法〉的解释》（2022年修正）

第三百九十条　民事诉讼法第二百零七条第十一项规定的诉讼请求，包括一审诉讼请求、二审上诉请求，但当事人未对一审判决、裁定遗漏或者超出诉讼请求提起上诉的除外。

法院判决

以下为该案在法院审理阶段，判决书中"本院认为"部分就该问题的论述：

关于是否审理原审判决遗漏诉讼请求的问题。一审法院受理付某玲、沙某迪、王某琴所提本诉后，周某岐、恒某公司依法提起反诉，一审法院围绕案件本诉及反诉的具体请求进行了裁判。本院在二审审理期间发现，一审判决中对于付某玲、沙某迪、王某琴提出的"周某岐及某岐公司支付以合同总价款187388320元为标准，按照人民银行同期贷款利率4倍自2013年10月1日起至实际给付之日止违约金，暂计至2014年5月31日为6558591.2元"这一诉讼请求未予审理，属于"遗漏诉讼请求"情形。但，鉴于付某玲、沙某迪、王某琴并未提出上诉，亦未就一审法院遗漏其诉讼请求的问题向本院提出任何主张或异议，故，应当视其认可一审判决，本院对一审判决的此项明显不当在二审程序中不予审理。需要特别释明的是，依据《最高人民法院关于适用〈中华人民共和国民事诉讼法〉的解释》第三百九十二条①"民事诉讼法第二百条②第十一项规定的诉讼请求，包括一审诉讼请求、二审上诉请求，但当事人未对一审判决、裁定遗漏或者超出诉讼请求提起上诉的除外"之规定，由于付某玲、沙某迪、王某琴未针对一审遗漏诉讼请求提起上诉，故其三人亦不得以此为由对本院作出之生效裁判申请再审。

延伸阅读

裁判规则一

二审中新增加的诉讼请求，不属于《中华人民共和国民事诉讼法》第二百条③第十一项规定的诉讼请求。

案例1：最高人民法院，于某坤与阜新矿务局八某壕煤矿破产清算组劳动争议申请再审民事裁定书【（2015）民申字第2545号】

关于原判决是否遗漏诉讼请求的问题。申请人于某坤主张二审法院没有审理其提出的工伤鉴定以及工伤保险待遇的诉讼请求，属于遗漏了诉讼请求。《最高人民法院关于适用〈中华人民共和国民事诉讼法〉的解释》第三百九十二条规定："民事诉讼法第二百条第十一项规定的诉讼请求，包括一审诉讼请求、二审上诉请求，但当事人未对一审判决、裁定遗漏或者超出诉讼请求提起上诉的除外。"在本案中，申请人于某坤主张其被遗漏的诉讼请求是其第二审程序中新增加的上诉请求，并不是其在第一审程序中提出的诉讼请求，对其提出的这一上诉

---

① 现行有效《最高人民法院关于适用〈中华人民共和国民事诉讼法〉的解释》第三百九十条。
② 现行有效《中华人民共和国民事诉讼法》第二百零七条。
③ 现行有效《中华人民共和国民事诉讼法》第二百零七条。

请求，辽宁省高级人民法院在终审判决中已经进行了论述，并且明确告知申请人，鉴于其在一审中没有提出该项诉讼请求，故对其该上诉请求不予审理。因此，终审判决既不存在遗漏一审诉讼请求的情形，也不存在遗漏二审上诉请求的问题，只是没有支持于某坤的该项上诉请求而已，不存在原判决遗漏诉讼请求的情形。

裁判规则二

起诉理由并非诉讼请求，原审判决超出起诉理由不是人民法院依当事人申请启动再审程序的法定事由。

案例2：最高人民法院，天水市农业龙某企业信贷担保有限责任公司、甘肃银行股份有限公司天某分行保证合同纠纷再审审查与审判监督民事裁定书【（2017）最高法民申5185号】

龙某公司的该项再审申请事由实为原第一审判决超出起诉理由而非诉讼请求，原审判决未超出甘肃银行天某分行主张的撤销2016年解除通知书和确认表诉讼请求。依据《中华人民共和国民事诉讼法》第二百条第十一项，以及本院《关于适用〈中华人民共和国民事诉讼法〉的解释》第三百九十二条的规定，原审判决超出起诉理由，亦非人民法院依当事人申请启动再审程序的法定事由。

裁判规则三

抗辩理由并非诉讼请求，原审判决依职权对当事人未提起的抗辩理由进行审查认定，不属于超出诉讼请求。

案例3：最高人民法院，徐某峰、哈尔滨市玛某威小额贷款有限责任公司第三人撤销之诉再审审查与审判监督民事裁定书【（2017）最高法民申1269号】

《最高人民法院关于适用〈中华人民共和国民事诉讼法〉的解释》第三百九十二条规定，民事诉讼法第二百条第十一项规定的诉讼请求，包括一审诉讼请求、二审上诉请求，但当事人未对一审判决、裁定遗漏或者超出诉讼请求提起上诉的除外。根据前述规定，玛某威小贷公司、龙某公司是否对徐某峰的主体资格提出异议，属于抗辩的范畴，不属于民事诉讼法第二百条规定的诉讼请求。且根据前述分析，当事人提起第三人撤销之诉，应当具备法定的主体资格条件。人民法院应当依法审查相应主体资格问题，不受对方当事人是否提起当事人主体资格抗辩的影响。因此，徐某峰关于原审裁定超出诉讼请求的再审理由，无事实和法律依据，不能成立。

裁判规则四

当事人未要求审查案涉合同性质，法院为查明案件事实依职权对合同性质进行认定，不属于超出诉讼请求。

案例4：最高人民法院，黑龙江辰某通讯电子工程有限公司、黑龙江艺某家文化商业广场有限公司房屋租赁合同纠纷再审审查与审判监督民事裁定书【（2017）最高法民申904号】

关于原审判决是否超出诉讼请求的问题。《最高人民法院关于适用〈中华人民共和国民事诉讼法〉的解释》第三百九十二条规定："民事诉讼法第二百条第十一项规定的诉讼请求，包括一审诉讼请求、二审上诉请求，但当事人未对一审判决、裁定遗漏或者超出诉讼请求提起上诉的除外。"辰某公司提出该项再审申请的理由是原审法院将其与案外人金某阳公司之间的租赁合同关系纳入本案审理范围，超出了其诉讼请求范围。经审查，辰某公司起诉要求艺某家公司支付房屋租金，艺某家公司抗辩中将金某阳公司支付的租金作为其已经支付租金的事实依据，主张其不欠付租金。艺某家公司上诉主张其不欠付租金的理由中亦将金某阳公司支付的租金作为其已经支付的租金。因此对艺某家公司是否欠付租金的事实认定，基于艺某家公司的抗辩及上诉主张需审查辰某公司与金某阳公司之间的租赁合同关系。原审法院对涉及金某阳公司与辰某公司之间租赁合同的履行情况进行审理查证在艺某家公司抗辩及上诉主张范围之内。尽管原审法院在金某阳公司未参加诉讼的情况下对涉及金某阳公司与辰某公司之间的租赁合同关系进行了审理认定确有不当，但金某阳公司并未因此主张权利。辰某公司主张原审判决超出诉讼请求的再审事由不成立。

第十二节　据以作出原判决、裁定的法律文书被撤销或者变更的

072　原审依据的一审未生效裁判被撤销，当事人申请再审，法院是否予以支持？

裁判要旨

原审裁判依据的法律文书虽被撤销却并非生效裁判，当事人依据《中华人民共和国民事诉讼法》第二百零七条第十二项"据以作出原判决、裁定的法律文

书被撤销或者变更的"申请再审的，法院不予支持。

案情简介[①]

一、雅某江水电公司违规排渣造成泥石流，导致稀土公司投资建设的选矿厂遭受经济损失，稀土公司起诉至四川高院，请求判令雅某江水电公司赔偿损失。

二、四川高院以稀土公司不具有诉讼主体资格驳回其起诉。

三、稀土公司不服，向最高院上诉。最高院认为，本案与（2009）川民初字第9号当事人、诉讼请求、诉讼标的均相同，构成重复起诉，故维持原判。

四、稀土公司不服，向最高院申请再审，主张（2009）川民初字第9号已被撤销。最高院认为（2009）川民初字第9号并非生效裁判，不支持其再审请求。

律师评析

本案中，稀土公司以原审判决依据的裁判被撤销为由申请再审，但最高院并未予以支持。

《中华人民共和国民事诉讼法》第二百零七条第十二项"据以作出原判决、裁定的法律文书被撤销或者变更的"中所指的"法律文书"包括发生法律效力的判决书、裁定书、调解书、仲裁裁决书以及具有强制执行效力的公证债权文书。这里的判决书必须是发生法律效力的，但本案中，原审裁判依据的判决书并非生效判决，该案当事人在上诉期内提起了上诉，因此当事人的再审理由并不符合民事诉讼法第二百零七条第十二项的条件。

另外，依据"据以作出原判决、裁定的法律文书被撤销或者变更的"申请再审还须满足以下两个条件：一是原判决、裁定认定的案件基本事实和案件性质系依据上述法律文书作出的，如果该法律文书不涉及案件基本事实和案件性质的认定，则不构成该项再审事由；二是上述法律文书已经被依法撤销或变更，导致认定案件基本事实和案件性质的依据丧失。

实务经验总结

若原审裁判所依据的法律文书被撤销或变更，当事人可以申请再审，但应注

[①] 案件来源：最高人民法院，冕宁县冕某稀土选矿有限责任公司与雅某江流域水电开发有限公司财产损害赔偿纠纷再审民事裁定书【（2016）最高法民申1262号】。

意须符合以下条件：

一、该法律文书包括判决书、裁定书、调解书、仲裁裁决书、具有强制执行效力的公证债权文书。应注意以上判决书、裁定书、调解书必须是生效法律文书，当事人提起上诉的一审裁判并不包括在内。

二、原审裁判须为依据该法律文书作出，即依据该法律文书确定本案案件事实及案件性质。若该法律文书并非原审裁判的唯一依据，则当事人依据该条申请再审的，法院不予支持。

三、该法律文书须被依法撤销或变更，导致认定案件基本事实和案件性质的依据丧失。

相关法律规定

《中华人民共和国民事诉讼法》（2021 年修正）

第二百零七条 当事人的申请符合下列情形之一的，人民法院应当再审：

……

（十二）据以作出原判决、裁定的法律文书被撤销或者变更的；

……

《最高人民法院关于适用〈中华人民共和国民事诉讼法〉的解释》（2022 年修正）

第三百九十一条 民事诉讼法第二百零七条第十二项规定的法律文书包括：

（一）发生法律效力的判决书、裁定书、调解书；

（二）发生法律效力的仲裁裁决书；

（三）具有强制执行效力的公证债权文书。

法院判决

以下为该案在法院审查阶段，裁定书中"本院认为"部分就该问题的论述：

另案四川省高级人民法院（2009）川民初字第 9 号民事判决并非生效裁判，基于各方当事人对该判决的上诉所形成的本院（2011）民一终字第 44 号民事裁定才系终审生效裁判，该民事裁定亦未被再审程序撤销，因此稀土公司申请再审主张的民事诉讼法第二百条第十二项事由亦不能成立。

延伸阅读

裁判规则

当事人依据民事诉讼法第二百条第十二项规定的事由申请再审的,据以作出原判决、裁定的法律文书必须是生效裁判、仲裁裁决或具有强制执行效力的公证债权文书,同时原裁判须是依据该法律文书作出,且该法律文书已被依法撤销或变更。

案例1:贵州省高级人民法院,赵某尔、潘某巧生命权、健康权、身体权纠纷再审民事裁定书【(2019)黔民申649号】

关于本案中是否存在据以作出原判决的法律文书被撤销或者变更的问题。根据《最高人民法院关于适用〈中华人民共和国民事诉讼法〉的解释》第三百九十三条[①]"民事诉讼法第二百条[②]第十二项规定的法律文书包括:(一)发生法律效力的判决书、裁定书、调解书;(二)发生法律效力的仲裁裁决书;(三)具有强制执行效力的公证债权文书"。当事人依据《中华人民共和国民事诉讼法》第二百条第十二项规定的事由申请再审的,除了据以作出原判决、裁定的法律文书必须是生效裁判、仲裁裁决或具有强制执行效力的公证债权文书外,还必须同时满足以下两个条件:一是原判决、裁定认定的案件基本事实和案件性质系依据上述法律文书作出的,如果该法律文书不涉及案件基本事实和案件性质的认定,则不构成该项再审事由;二是上述法律文书已经被依法撤销或变更,导致认定案件基本事实和案件性质的依据丧失。经查,申请人申请再审的理由不符合上述条件。故申请人的该项再审理由不能成立,本院不予支持。

案例2:最高人民法院,中国人民解放军某部队、邵某斌海域使用权纠纷再审民事裁定书【(2018)最高法民申2036号】

关于案涉《公证书》被撤销是否足以构成本案应予再审情形的问题。《中华人民共和国民事诉讼法》第二百条第十二项规定的应当再审情形为"据以作出原判决、裁定的法律文书被撤销或者变更的"。《最高人民法院关于适用〈中华人民共和国民事诉讼法〉的解释》第三百九十三条规定:"民事诉讼法第二百条第十二项规定的法律文书包括:(一)发生法律效力的判决书、裁定书、调解书;(二)发生法律效力的仲裁裁决书;(三)具有强制执行效力的公证债权文

---

① 现行有效《最高人民法院关于适用〈中华人民共和国民事诉讼法〉的解释》第三百九十一条。
② 现行有效《中华人民共和国民事诉讼法》第二百零七条。

书。"本案中，辽西公证处制发的《公证书》内容为证明祖某林、张某成声明书的签字属实，其性质不是具有强制执行效力的公证债权文书，故不属于《中华人民共和国民事诉讼法》第二百条第十二项规定的法律文书。且原判决认定祖某林、张某成等名下的用海面积实际归邵某斌所有，并非仅依据涉案《公证书》，而是根据《公证书》以及所附的祖某林、张某成等出具的声明书、海域使用金收据保管情况、投资账目、邵某斌的上访材料以及相关部门答复等多份证据予以综合认定。《公证书》被撤销并不能否定祖某林、张某成等出具的关于其名下海域使用权实际是邵某斌个人投资的声明书之真实性以及其他证据的证明力，故《公证书》的撤销不影响本案事实的认定。原判决不具有据以作出原判决的法律文书被撤销的应予再审情形，也不存在有新的证据足以推翻原判决认定的基本事实之应予再审情形。中国人民解放军某部队的申请再审理由不能成立。

第十三节　审判人员审理该案件时有贪污受贿，徇私舞弊，枉法裁判行为的

073 生效判决作出时间晚于审判人员被捕时间，当事人能否申请再审？

裁判要旨

在案件待决期间，某审判人员因贪污受贿、徇私舞弊、枉法裁判行为被依法逮捕，该案生效判决在这之后作出。这种情况下，案件生效判决与该审判人员的违法行为不具有直接因果关系，当事人的再审申请不能得到法院的支持。

案情简介[①]

一、广某公司与宏某公司联合开发商业网点产生合同纠纷，广某公司诉至银

---

① 案件来源：最高人民法院，宁夏广某牧业有限公司诉银川开发区宏某房地产开发有限公司联营合同纠纷再审民事裁定书【（2016）最高法民申3145号】。

川中院请求支付利润及逾期利息。银川中院判决后广某公司不服，上诉至宁夏高院。

二、在该案二审期间，宏某公司代理律师向宁夏高院副院长行贿，该院后于2010年12月作出民事裁定，将本案第二次发回银川中院重审。

三、2011年7月，宁夏高院副院长马某生因涉嫌受贿罪被刑事拘留，并被依法逮捕。

四、2013年5月，银川中院再次对本案作出判决，判决宏某公司支付广某公司利润及利息共16余万元。广某公司上诉至宁夏高院，宁夏高院2014年10月作出维持原判判决。

五、随后，广某公司以审判人员马某生存在枉法裁判的行为向最高人民法院申请再审，最高法认为本案生效判决不受其枉法裁判行为的干涉，故驳回广某公司的再审申请。

律师评析

本案的争议焦点为"该案的审理是否存在审判人员贪污受贿、徇私舞弊、枉法裁判的行为"。

以"审判人员审理该案时存在枉法裁判行为"为由申请再审时，应注意该审判人员枉法裁判的行为是否使该案的审理受到实质性的影响，是否与本案之间存在直接、必然的因果关系。虽然审判人员存在贪污受贿、徇私舞弊、枉法裁判的行为，但是在本案的生效裁判作出之前该审判人员就已被依法逮捕，则应当认为该审判人员难以对本案的处理结果产生影响，本案审理不存在审判人员的枉法裁判。

本案中，虽然在原二审阶段，宏某公司向宁夏高院副院长马某生行贿，但发回重审后的一审、二审生效裁判作出之前，马某生就已被依法逮捕，即广某公司据以提出再审的判决均晚于马某生被依法逮捕的时间，没有理由认为马某生会对被捕后一审、二审判决结果造成影响，因此应认为本案判决中不存在审判人员枉法裁判行为，广某公司再审申请理由不成立。

实务经验总结

审判人员曾经在某一具体案件中存在枉法裁判行为，当事人以此为由申请再审时，应注意以下几点：

一、案件生效裁判作出时间应当在该审判人员在任、被刑事拘留之前，若生效裁判于该审判人员被刑事拘留之后作出，则难以认定其对案件审理造成的干涉，再审申请也很难得到支持。

二、该审判人员审理的其他案件当事人申请再审，案件判决确在该审判人员在任期间作出，当事人再审申请并不一定会得到法院的支持。当事人须得证明其在枉法裁判行为与本案生效判决结果之间存在直接必然的关系。

三、实务中经常存在，该审判人员系法院的高层领导，曾在本案审理中受贿，但其并非本案的直接审判人员，这并不能证明本案审理中审判人员存在贪污受贿、徇私舞弊、枉法裁判行为，当事人应当对该领导的受贿行为与本案裁判结果之间的关系进行证明。

相关法律规定

《中华人民共和国民事诉讼法》（2021年修正）
第二百零七条 当事人的申请符合下列情形之一的，人民法院应当再审：

……

（十三）审判人员审理该案件时有贪污受贿，徇私舞弊，枉法裁判行为的。

法院判决

以下为该案在法院审理阶段，裁定书中"本院认为"部分就该问题的论述：

宁夏回族自治区银川市中级人民法院于2012年1月19日作出的（2011）银刑初字第95号刑事判决已查明，"2010年上半年，北京大某律师事务所银川分所律师马某为其代理的宏某公司与广某公司联营合同纠纷案送给被告人马某生人民币5万元"。马某生的上述受贿行为发生在宁夏回族自治区高级人民法院对本案进行第二次二审期间，该院后于2010年12月15日以（2010）宁民商终字第19号民事裁定，将本案第二次发回宁夏回族自治区银川市中级人民法院重审。（2011）银刑初字第95号刑事判决载明，2011年7月1日，马某生因涉嫌受贿罪被刑事拘留，并于2011年7月13日被依法逮捕。现作为广某公司申请再审对象的宁夏回族自治区银川市中级人民法院（2011）银民商初字第5号民事判决系2013年5月30日作出，距马某生被依法逮捕已近两年；宁夏回族自治区高级人民法院（2014）宁民商终字第26号民事判决系2014年10月17日作出，距马某生被依法逮捕已超过三年，故广某公司申请再审提出的本案宁夏回族自治区银川市中级人民法院（2011）银民商初字第 5 号民事判决、宁夏回族自治区高级人民法院（2014）宁民商终字第 26 号民事判决受到宁夏回族自治区高级人民法院领导的直接干涉并涉嫌枉法裁判的主张，不能成立。（2011）银刑初字第 95 号刑事判决查明的马某生相关受贿事实与本案被申请再审的（2011）银民商初字第 5 号民事判决和（2014）宁民商终字第 26 号民事判决不存在关联，故对广某公司调取案件相关卷宗的申请，不予准许。

延伸阅读

裁判规则

承办案件的审判人员确有徇私舞弊、枉法裁判行为，该审判人员承办其他案件的当事人以此为由申请再审时，应举证证明该审判人员的枉法裁判行为与该案存在直接、必然的因果关系。

案例：最高人民法院，宁夏众某诚房地产开发有限公司与宁夏功某建筑工程有限责任公司建设工程施工合同纠纷再审民事裁定书【（2012）民申字第 1480 号】

众某诚公司主张从时任宁夏回族自治区高级人民法院副院长马某生的违法违纪情节中，得知马某生和功某公司有不正当的利益关系，故众某诚公司有理由认为马某生在任时有插手本案情况发生。该主张不能成立。首先，依据《中华人民共和国民事诉讼法》第二百条①第十三项之规定，审判人员在审理某具体案件的过程中如实施了贪污受贿、徇私舞弊、枉法裁判行为，只有该案件的当事人能够以此为由申请再审，该审判人员所承办的其他案件的当事人并不能以此为由申请再审，因为审判人员在某一案件中的枉法行为与其承办的其他案件的处理结果之间并不存在直接、必然的因果关系。其次，众某诚公司虽主张马某生曾插手本案的审理，但不能提交人民法院生效的裁判文书等证据加以证明。

---

① 现行有效《中华人民共和国民事诉讼法》第二百零七条。

第十四节 其他情形

074 原审超审限审理，当事人可以申请再审吗？

裁判要旨

原审超审限审理不是再审事由，当事人以此为由申请再审的，法院不予支持。

案情简介①

一、2016年10月，中某公司与易某试公司签订《货物销售合同》，约定易某试公司销售给中某公司30万套洗护套装，中某公司有权对外经销并应进行广告宣传促销。

二、同日，中某公司与易某试公司签订《补充协议》，约定中某公司将销售情况的核算结果告知易某试公司，易某试公司根据核算结果回购剩余货物。

三、之后，中某公司向成都中院起诉，请求判令易某试公司支付回购款及利息。一审法院判决易某试公司按照核算结果确认回购款。

四、易某试公司不服，向四川高院提起上诉，主张一审超审限，属严重程序违法；中某公司未全面履行宣传促销义务，易某试公司不应回购。四川高院认为一审审理期限确有瑕疵，但不影响双方实体权利义务，且是否履行宣传推广义务并不是回购条款的前提，不支持易某试公司的上诉请求。

五、易某试公司不服，向最高院申请再审，主张二审法院对一审超审限审理问题未予以明确回应，属适用法律错误。最高院认为，审限问题不属于再审事由，驳回其再审申请。

律师评析

本案中，原审审理超出法定审理期限，当事人对此申请再审，但最高院认为

---

① 案件来源：最高人民法院，上海易某试电子商务有限公司、章某买卖合同纠纷再审民事裁定书【（2019）最高法民申1927号】。

超审限问题不是再审申请事由，驳回其再审申请。

我国法律中对各审理程序的审理期限都作了明确规定，就给予超审限的审判人员的纪律处罚也进行了规定，但对超审限审理是否构成程序违法，对诉讼当事人产生怎样的影响并未明确规定。实践中法院更关注的是案件裁判结果是否正确，案件虽超审限审理但是审判结果正当，法院不会支持当事人撤销原判决、改判、再审的请求。

实务经验总结

一、法律中对审理期限规定较为明确，但实践中存在各项扣除审限的情形，不计入最终审理期限，因此案件的审理时长常常会超过法定审理期限。当事人应当注意，以下期限并不计入审理期限：公告期间；鉴定期间；和解期间；管辖异议及管辖争议期间；因当事人、诉讼代理人、辩护人申请通知新的证人到庭、调取新的证据、申请重新鉴定或勘验，法院决定延期审理一个月之内的期间；由有关专业机构进行审计、评估、资产清理的期间；中止诉讼（审理）至恢复诉讼（审理）的期间等。各地法院也会对扣除审限情形作特别规定，四川规定：反诉和决定追加当事人的期间；因国家政策性调整需要暂缓审理的案件，暂缓审理的期间。湖北规定：增加、变更诉讼请求后给予答辩、举证的期间；报上级人民法院请示的期间；需要补充调取相关案件卷宗的期间；案件重大、疑难，需由审判委员会作出决定的期间。广东规定：开庭审理前变更主审人的，变更前的期间；征求本院其他部门、其他单位意见的期间。

二、案件超审限审理不是法定的申请再审事由，若案件确实存在应当再审的情况，当事人应当慎重选择法律明确规定的再审事由来申请再审。

相关法律规定

《中华人民共和国民事诉讼法》（2021年修正）

第二百零七条 当事人的申请符合下列情形之一的，人民法院应当再审：

（一）有新的证据，足以推翻原判决、裁定的；

（二）原判决、裁定认定的基本事实缺乏证据证明的；

（三）原判决、裁定认定事实的主要证据是伪造的；

（四）原判决、裁定认定事实的主要证据未经质证的；

（五）对审理案件需要的主要证据，当事人因客观原因不能自行收集，书面申请人民法院调查收集，人民法院未调查收集的；

（六）原判决、裁定适用法律确有错误的；

（七）审判组织的组成不合法或者依法应当回避的审判人员没有回避的；

（八）无诉讼行为能力人未经法定代理人代为诉讼或者应当参加诉讼的当事人，因不能归责于本人或者其诉讼代理人的事由，未参加诉讼的；

（九）违反法律规定，剥夺当事人辩论权利的；

（十）未经传票传唤，缺席判决的；

（十一）原判决、裁定遗漏或者超出诉讼请求的；

（十二）据以作出原判决、裁定的法律文书被撤销或者变更的；

（十三）审判人员审理该案件时有贪污受贿，徇私舞弊，枉法裁判行为的。

法院判决

以下为该案在法院审查阶段，裁定书中"本院认为"部分就该问题的论述：

关于一审法院审理期限的问题。二审法院已对一审法院超审限审理问题予以明确解释说明，而且审限问题不属于《中华人民共和国民事诉讼法》第二百条[①]规定的再审事由，本院对易某试公司该项再审理由不予支持。

延伸阅读

裁判规则

超审限问题并不是法律规定的申请再审事由，若原审实体判决没有问题，当事人申请再审的，人民法院不予支持。

案例：最高人民法院，孙某文等与厦门市集美区乐某联谊会等补偿款分配纠纷再审民事裁定书【（2013）民申字第348号】

关于一、二审法院审理超审限的问题。经审查，孙某景等三人起诉时间为2007年3月，一审判决时间为2010年2月8日，一审期间为35个月；二审判决时间为2010年8月16日，二审期间为6个月。根据《中华人民共和国民事诉讼法》第一百四十九条、第一百七十六条及《最高人民法院关于严格执行案件审理期限制度的若干规定》第二条第一款、第五款的规定，一审法院审理可能存在超审限的问题，但本案情况比较特殊，当事人众多，双方争议较大，且一审追加

[①] 现行有效《中华人民共和国民事诉讼法》第二百零七条。

当事人需要花费时间。鉴于本案实体并无不当，即使存在超审限问题，且超审限不属于《中华人民共和国民事诉讼法》第二百条规定的申请再审事由，原判仍应维持。

075 当事人对原审鉴定费用的负担比例不服，可以申请再审吗？

裁判要旨

鉴定费的负担比例是法官依职权决定的事项，当事人不能对此申请再审。

案情简介①

一、2013年，古某公司与源某公司签订合同由后者承建其发电项目。同年，源某公司将承包的部分工程分包给显某公司。显某公司第五分公司将案涉工程向建某一公司、森某公司、李某柱层层转包，最终实际施工人为李某柱。

二、2019年，森某公司、李某柱将显某公司第五分公司、显某公司、源某公司、古某公司起诉至武威中院，请求被告支付拖欠的工程款、材料款、租赁款。一审法院委托鉴定机构对工程进行鉴定，确认工程款数额后判决由古某公司、建某一公司支付拖欠的工程款，驳回森某公司、李某柱的其他诉讼请求。

三、一审后，森某公司、李某柱向甘肃高院提起上诉，主张鉴定报告存在问题，甘肃高院未支持其上诉请求。

四、森某公司与李某柱不服，向最高院申请再审，其中一项再审请求是对原审鉴定费承担问题表示异议。最高院认为鉴定费承担问题并不是再审申请事由，故不予审查。

律师评析

本案当事人森某公司与李某柱对原审鉴定费用的承担比例持有异议，向法院申请再审，但法院予以驳回，实践中法院从两个角度进行解释：

---

① 案件来源：最高人民法院，陕西森某闳博建设工程有限公司、李某柱等建设工程施工合同纠纷再审民事裁定书【（2021）最高法民申3649号】。

一、鉴定费的负担比例问题是法官依职权作出的决定事项，不能申请再审。当事人可以对判决、裁定、调解书申请再审，但并不包括决定。决定是人民法院对诉讼中某些特殊问题作出的权威性的判定，不解决实体性问题，仅涉及部分与诉讼程序发展相关的问题。民事决定不能上诉，当然也不能再审，对涉及人身自由和财产的民事决定，当事人可以申请复议。

二、鉴定费负担问题不涉及诉争双方的诉讼内容，不能单独作为申请再审的理由。根据《诉讼费用交纳办法》，当事人不能单独对诉讼费用的决定提起上诉，那么参照该规定，当事人也不能单独对诉讼费用的决定申请再审（延伸阅读案例）。若法院在审查后，认为原审裁判认定事实、适用法律正当，则不再对诉讼费用、鉴定费用等予以审查。

实务经验总结

实践中，部分法官认为鉴定费用负担问题不能申请再审，部分法官认为鉴定费用负担问题在原审裁判正确的情况下不能单独申请再审（延伸阅读案例）。我们建议：当事人若对原审事实认定、适用法律问题持有异议，向法院申请再审时，可以一并提出对鉴定费用、诉讼费用、保全费用等费用负担比例的异议。若原审裁判确有不当，则有可能得到重新确定鉴定费用比例的机会。若当事人认同原审事实认定与法律适用问题，仅对鉴定费用、诉讼费用、保全费用等费用负担比例持有异议，则无须申请再审。

相关法律规定

《诉讼费用交纳办法》（2007年施行）

第四十三条 当事人不得单独对人民法院关于诉讼费用的决定提起上诉。

当事人单独对人民法院关于诉讼费用的决定有异议的，可以向作出决定的人民法院院长申请复核。复核决定应当自收到当事人申请之日起15日内作出。

当事人对人民法院决定诉讼费用的计算有异议的，可以向作出决定的人民法院请求复核。计算确有错误的，作出决定的人民法院应当予以更正。

法院判决

以下为该案在法院审理阶段，裁定书中"本院认为"部分就该问题的论述：

关于本案鉴定费用负担问题。案件鉴定费用的负担系人民法院依照《诉讼费用交纳办法》依职权作出的决定事项，不属于《中华人民共和国民事诉讼法》第二百条[①]规定的再审申请事由，故本院不予审查。

延伸阅读

裁判规则

原审裁判正确，则当事人不能单独就诉讼费、鉴定费、保全费的分担问题申请再审。

案例：最高人民法院，天津宇某建设工程集团有限公司、天津瑞某工程项目管理有限公司建设工程分包合同纠纷再审民事裁定书【（2020）最高法民申1366号】

关于原判决确定的案件诉讼费、鉴定费和保全费负担比例能否单独作为申请再审的理由问题。《诉讼费用交纳办法》第四十三条规定："当事人不得单独对人民法院关于诉讼费用的决定提起上诉。当事人单独对人民法院关于诉讼费用的决定有异议的，可以向作出决定的人民法院院长申请复核。复核决定应自收到当事人申请之日起15日内作出。当事人对人民法院决定诉讼费用的计算有异议的，可以向作出决定的人民法院请求复核。计算确有错误的，作出决定的人民法院应当予以更正。"参照上述规定，因原判决正确，诉讼费、鉴定费、保全费的分担问题不能单独作为申请再审的依据，宇某公司该申请再审理由，本院不予采纳。

076 当事人以鉴定机构计费方式不当申请再审可以得到法院支持吗？

裁判要旨

鉴定机构采用何种方式计算鉴定费用，不必然影响鉴定的公正性，不能当然否定鉴定意见的结论。当事人仅以鉴定机构计费方式不当以致影响鉴定结果为由申请再审，而未提供其他证据或法律依据的，无法得到法院支持。

[①] 现行有效《中华人民共和国民事诉讼法》第二百零七条。

案情简介[①]

一、2010年，南方水泥公司为发包人，河北省某建筑工程有限公司（以下简称某建筑公司）为承包人，双方签订《江西省建设工程施工合同》，约定由某建筑公司承建江西宝华土建工程。

二、2013年，某建筑公司向赣州中院起诉，请求判令南方水泥公司支付剩余工程款。经南方水泥公司申请、赣州中院同意后，工程造价鉴定移送鉴定机构进行鉴定，并最终判决南方水泥公司支付某建筑公司工程进度款的逾期利息，某建筑公司返还南方水泥公司超付工程款。

三、一审后，某建筑公司均向江西高院提起上诉。某建筑公司主张，一审鉴定计费方式不当，导致鉴定机构核减某建筑公司工程量，不应采纳。江西高院认为，该计费方式符合相关规定，且某建筑公司原审并未提出异议，因此驳回其上诉请求。

四、某建筑公司不服，向最高院申请再审。最高院认为，某建筑公司仅以计费方式影响鉴定公正性为由主张鉴定意见不正当，缺乏事实与法律依据，不予采纳，故驳回其再审申请。

律师评析

本案中，某建筑公司认为原审鉴定的计费方式于己不利，鉴定意见不应当采纳，法院最终驳回其申请。法院认为某建筑公司全面、深度地参与了鉴定过程，在这期间某建筑公司并未提出任何异议，而其仅主张对鉴定计费方式的不认可并不足以证明鉴定意见不正当，不能推翻鉴定意见及原审认定事实。

鉴定是指在诉讼活动中鉴定机构运用科学技术或专门知识对诉讼涉及的专门性问题进行鉴别和判断并提供鉴定意见的活动。鉴定不被采纳的情形为：鉴定机构不具备法定资格和条件；鉴定事项超出本鉴定机构项目范围或鉴定能力；鉴定人不具备法定的资格和条件、相关专业技术或违反回避规定的；鉴定程序错误的；鉴定意见与证明对象没有关联的；鉴定对象与送检材料、样本不一致的；鉴定文书缺少签名、盖章的。而本案中，某建筑公司指出鉴定的计费方式不当，显然不属于上述鉴定意见不被采纳的情形，不能推翻鉴定意见。

[①] 案件来源：最高人民法院，河北省某筑工程有限公司与江西兴某南方水泥有限公司建设工程施工合同纠纷再审民事裁定书【（2016）最高法民申147号】。

实务经验总结

鉴定意见的计费方式由相关法律法规进行规定，即便该计费方式于己不利也并不能证明该鉴定意见存在错误。另外，当事人认为鉴定意见存在错误，而对鉴定意见提起诉讼的，并不在民事诉讼受理范围内，不能得到法院的支持。（延伸阅读案例）

因此，当事人若认为鉴定意见存在错误，应当在该案的审理程序中提出充分的事实及法律依据证明该鉴定意见的鉴定机构、鉴定人、鉴定程序、鉴定样本、鉴定文书形式等存在问题，从而推翻该鉴定意见。

法院判决

以下为本案在审理阶段，裁定书中"本院认为"部分就该问题的论述：

关于鉴定问题。根据二审法院查明的事实，本案有关工程造价的鉴定，由南方水泥公司提出申请，经一审法院同意后移送赣州东某工程造价咨询有限公司进行鉴定。某建筑公司主张系江西兴某宝华山集团有限公司直接委托鉴定机构进行鉴定并无事实依据。某建筑公司还主张，鉴定机构按照结算价减少额的6%计算鉴定费用，影响了鉴定结论的公正性。根据《江西省高级人民法院关于民事案件对外委托司法鉴定工作的指导意见》附件五的规定，如果建设工程造价总额有审减额的，可按审减额加收6%的咨询费用。原审判决采信的计费方法，不违反前述规定。本案中，某建筑公司参与了鉴定过程，对鉴定机构的资质没有提出异议。针对某建筑公司一审庭审后补充提交的发票等证据，鉴定机构对鉴定意见进行了调整。二审法院也依法通知鉴定人员到庭接受双方当事人及法庭询问。某建筑公司没有提供证据足以推翻鉴定意见以及原审认定的事实，仅以计费方式影响鉴定机构公正性为由，主张二审判决采信鉴定意见认定事实及适用法律错误，事实及法律依据不足。

延伸阅读

裁判规则

鉴定意见应当由审理该案的人民法院进行审查。当事人认为鉴定意见错误不应采纳，而另对鉴定人或鉴定机构起诉的，不属于民事诉讼受理范围。

案例：广东省高级人民法院，舒某萍诉广东南某法医临床司法鉴定所一般人格权纠纷再审民事裁定书【（2015）粤高法立民申字第79号】

本院经审查认为：根据舒某萍申请再审的事由和请求，其提起本案诉讼主张南某司法鉴定所侵害其权益所出具的司法鉴定意见书，是舒某萍在另案中提出申请并经相关法院委托而作出。南某司法鉴定所受法院委托所进行的鉴定行为，是辅助法院查明案件事实的一种证明行为，所作出的鉴定意见属于民事诉讼证据之一。南某司法鉴定所在鉴定过程中程序是否违法、鉴定意见应否采信，应由审理该案的相关法院进行审查，属于法院的司法行为。因此，舒某萍的诉讼请求不属于人民法院受理民事诉讼的范围，一、二审裁定驳回其起诉和上诉，认定事实和适用法律正确。

基于本案不属于人民法院民事诉讼受理范围，二审法院对舒某萍提交的新证据不作审查并无不当；一审法院依据舒某萍主张的民事法律关系的性质确定本案案由也无不妥。舒某萍主张本案存在未经传票传唤缺席判决的情形，但没有提交相关证据证明，本院不予采纳。舒某萍如认为另案采信南某司法鉴定所的鉴定意见作出的判决错误，可循该案的审判监督程序解决。

077 原审法院依据一方当事人诉前单方委托的鉴定意见作出裁判，当事人申请再审可以得到支持吗？

裁判要旨

当事人在诉前单方委托的鉴定未纳入诉讼程序，不具有鉴定意见的证据效力。原审法院依据该鉴定意见作出裁判，当事人申请再审的，再审法院将予以支持。

案情简介[①]

一、2012年，舜某公司与新某山公司签订了《建设工程施工合同》，约定由新某山公司承建舜某公司厂区建设工程。

---

① 案件来源：最高人民法院，白山市舜某硅藻土科技有限公司、吉林省新某山建筑工程有限公司建设工程施工合同纠纷再审民事裁定书【（2019）最高法民申835号】。

二、2012年年末，佳某公司受新某山公司委托，对建设工程进行检测，并出具《检测报告》，表明工程质量合格。之后，新某山公司交付舜某公司使用。

三、2017年，新某山公司承建的二号厂房、一号厂房相继倒塌，舜某公司起诉至白山中院，请求新某山公司赔偿倒塌、重建的损失及尚未倒塌房屋的返修费用。一审期间，新某山公司出具佳某公司的《检测报告》。另外经舜某公司申请，法院委托吉林省建设工程质量检测中心进行鉴定。吉林省建设工程质量检测中心鉴定认为建设工程确存在部分质量问题，但因缺少数据，不能证明该问题与一、二号厂房倒塌是否存在因果关系。

四、一审法院认为，因无法证明一、二号厂房的倒塌是否与质量问题存在因果关系，故无法支持舜某公司所主张的倒塌重建的损失赔偿，而案涉工程经佳某公司检测为合格，舜某公司未提供充分证据证明案涉工程需要返工，对其返修费用的请求亦予以驳回。

五、舜某公司不服，向吉林高院申请再审。吉林高院与一审法院观点一致，驳回舜某公司的上诉。

六、舜某公司不服，向最高院申请再审，主张佳某公司检测结果不能作为证据。最高院认为，佳某公司检测结果仅为新某山公司于诉前单方委托，不具有鉴定意见的证据效力，原审依据该鉴定意见作出裁判确有不当，故指令吉林高院再审。

律师评析

本案的争议焦点为新某山公司在诉前单方委托佳某公司作出的检测能否认定为民事诉讼意义上的鉴定意见。

最高院认为，根据法律规定，鉴定意见的形成有严格的程序规范。鉴定意见须由双方当事人协商确定鉴定机构或由法院指定，双方确定送检材料，鉴定机构还须就鉴定意见向双方当事人进行说明，双方当事人有权利申请有专门知识的人出庭抗辩。因此，在实务中，鉴定意见的最终形成、采纳须经过数道程序，由民事诉讼程序保障其正当合法性。

而本案中，佳某公司的鉴定结论是在诉讼前，新某山公司单方委托其进行的鉴定，缺少诉讼程序的约束，不应将其采纳为鉴定意见。

实务经验总结

一、当事人在诉讼程序外单方委托的鉴定可以作为双方解决债权债务关系的凭据，如主文案例中，依据佳某公司的鉴定完成交付。但该种鉴定意见在诉讼中并不被认可，当事人若以该鉴定意见作为新证据申请再审也不会得到法院的支持。（延伸阅读案例）

二、若法院据以做出裁判的证据为对方当事人诉前单方委托作出的鉴定意见，当事人可以该鉴定意见并不具备证据效力为理由进行抗辩。

相关法律规定

《中华人民共和国民事诉讼法》（2021 年修正）

第七十九条第一款 当事人可以就查明事实的专门性问题向人民法院申请鉴定。当事人申请鉴定的，由双方当事人协商确定具备资格的鉴定人；协商不成的，由人民法院指定。

法院判决

以下为该案在法院审查阶段，裁定书中"本院认为"部分就该问题的论述：

本院认为，佳某公司作出的检测报告系诉前新某山公司单方委托鉴定。鉴定意见因欠缺民事诉讼程序保障，影响鉴定结论的证明力。《中华人民共和国民事诉讼法》第六十八条，《最高人民法院关于适用〈中华人民共和国民事诉讼法〉的解释》第一百零三条、第一百零四条、第一百零五条等法律、司法解释规定，应当按照法定证据运用规则，对证据进行分析判断。未经当事人质证的证据，不得作为认定案件事实的根据。根据《中华人民共和国民事诉讼法》第七十六条[①]第一款及《最高人民法院关于民事诉讼证据的若干规定》有关委托鉴定的规定，当事人申请鉴定，由双方当事人协商确定具备资格的鉴定人；协商不成的，由人民法院指定。实务中，委托鉴定一般采取当事人协商确定一家有资质的鉴定机构或者法院从当事人协商确定的几家鉴定机构中择一选定，法院指定鉴定机构一般采取摇号等随机抽取方式确定；在法院主持下，经双方当事人当庭质证后确定哪些材料送鉴；鉴定机构及其鉴定人员有义务就鉴定使用的方法或标准向双方作出

[①] 现行有效《中华人民共和国民事诉讼法》第七十九条。

说明，有义务为当事人答疑，有义务出庭参与庭审质证；允许双方当事人申请法院通知具有专门知识的人出庭，就鉴定意见或者专业问题，形成技术抗辩。《中华人民共和国民事诉讼法》第七十八条①规定，鉴定人拒不出庭作证的，鉴定意见不得作为认定事实的根据。在本案中，佳某公司受新某山公司单方委托作出的鉴定结论，因未纳入民事诉讼程序，保障当事人充分行使诉权，不具有鉴定意见的证据效力。原审根据佳某公司出具的检测报告，认定案涉工程已经检验为合格，证据不充分。

延伸阅读

裁判规则

诉讼程序之外单方委托的审计报告缺少诉讼程序保障，不应当认定为再审新证据。

案例：最高人民法院，松原市民某房地产开发有限公司与齐某春建设工程施工合同纠纷再审民事裁定书【（2018）最高法民申3222号】

本院认为，2018年11月21日，民某公司向本院提交的吉林省通某会计师事务所作出的《审计报告书》，是在一、二审判决作出后形成，属民某公司单方委托审计，未纳入诉讼程序保障各方当事人充分行使诉权，不宜作为新证据采信。

078 当事人提交同类指导性案例，原审裁判文书并未回应，当事人可以申请再审吗？

裁判要旨

当事人在原审提交同类指导性案例而裁判文书未予回应的，应当再审。

案情简介②

一、刘某一驾车撞倒行人刘某二，造成刘某二受伤，后刘某二经抢救无效

---

① 现行有效《中华人民共和国民事诉讼法》第八十一条。
② 案件来源：辽宁省高级人民法院，刘某立、牟某芬等机动车交通事故责任纠纷再审民事裁定书【（2021）辽民申5273号】。

死亡。

二、刘某立、牟某芬、李某艳作为死者刘某二的继承人，起诉至明山区法院。刘某立等主张本案事实与最高人民法院 24 号指导性案例相似，24 号指导性案例明确交通事故受害人的身体状况不能成为减轻侵权人责任的原因。

三、明山区法院认为死者疾病与交通事故致伤因素在死亡后果中为同等作用，因此刘某一应按照 50% 的比例支付死亡赔偿金、精神损害赔偿金、丧葬费。

四、刘某立等不服，向本溪中院上诉，再次强调最高院的 24 号指导性案例，本溪中院最终维持原判。

五、刘某立等不服，向辽宁高院申请再审，称其在一、二审中提出指导性案例，但法院并未回应是否参照并说明理由，程序违法。辽宁高院支持刘某立等再审申请，指令本溪中院再审。

律师评析

本案再审申请人主张原审法院未对其提交的同类指导性案例予以回应，程序违法，应当再审。辽宁高院支持其主张，启动再审。

指导性案例往往是社会广泛关注的，具有原则性、典型性、创新性的案件，其注重"法律适用指导性"。虽然我国并不是判例法国家，但多个法律文件均强调法院在审理时应当参照指导性案例作出裁判，而《最高人民法院关于统一法律适用加强类案检索的指导意见（试行）》更是强调法院在审理时应在裁判文书说理中回应是否参照并说明理由，对法院适用指导性案例的程序作了严格规定。

实务经验总结

一、对最高院发布的指导性案例，法院在审理类似案件时应当参照作出裁判。因此当事人在参加诉讼时应当优先寻找对己方有利的同类指导性案例，这可以在很大程度上帮助当事人锁定胜局。当事人应注意提交的案例应与本案案件事实相似，并为指导性案例。若案件并不相似，则不具有参考价值；若案件并非指导性案例，则法官并非必须参照适用。

二、法院须在裁判文书中对是否参照当事人提交的指导性案例作出回应并说明理由，若原审法院并未予以回应，当事人可以此为由申请再审。

相关法律规定

《最高人民法院关于统一法律适用加强类案检索的指导意见（试行）》(2020年施行)

第九条第一款 检索到的类案为指导性案例的，人民法院应当参照作出裁判，但与新的法律、行政法规、司法解释相冲突或者为新的指导性案例所取代的除外。

第十条 公诉机关、案件当事人及其辩护人、诉讼代理人等提交指导性案例作为控（诉）辩理由的，人民法院应当在裁判文书说理中回应是否参照并说明理由；提交其他类案作为控（诉）辩理由的，人民法院可以通过释明等方式予以回应。

法院判决

以下为该案在审查阶段，裁定书中"本院认为"部分对该问题的论述：

本院经审查认为，根据《最高人民法院关于统一法律适用加强类案检索的指导意见（试行）》第九条"检索到的类案为指导性案例的，人民法院应当参照作出裁判，但与新的法律、行政法规、司法解释相冲突或者为新的指导性案例所取代的除外。检索到其他类案的，人民法院可以作为作出裁判的参考"，第十条"公诉机关、案件当事人及其辩护人、诉讼代理人等提交指导性案例作为控（诉）辩理由的，人民法院应当在裁判文书说理中回应是否参照并说明理由；提交其他类案作为控（诉）辩理由的，人民法院可以通过释明等方式予以回应"之规定，对于再审申请人提出本案与最高人民法院颁布的第24号指导案例案件基本事实、争议焦点及法律适用具有高度相似性，应同案同判的理由，原一、二审法院未予论述说理，应参照该指导意见重新予以审理。

延伸阅读

裁判规则

当事人提交的案件并非最高院的指导性案例且与本案案件事实并不相同，则对本案审理不具有指导性意义及约束力。

案例：吉林省高级人民法院，王某秀、中国太某洋人寿保险股份有限公司吉林省分公司劳动争议再审民事裁定书【（2021）吉民申1747号】

本院审查再审申请期间，王某秀提供三份判决书，主张系新证据，与其类似情况的都支持了当事人的诉讼请求。本院认为，该三份民事判决书认定的案件事实与本案并不相同，亦不属于最高人民法院发布的指导案例。虽然"同案同判"要求司法裁决在坚持整体性观念的前提下保持裁决的横向平衡和纵向延续，但每件案件均应"以事实为依据、以法律为准绳"作为司法裁决的基本尺度，力求实现司法公正。《最高人民法院关于案例指导工作的规定》（法发〔2010〕51号）第七条规定："最高人民法院发布的指导性案例，各级人民法院审判类似案例时应当参照。"故该三份判决书对本案不具有指导性意义及约束力，王某秀该项再审事由不成立。

079 人民法院受理破产申请后，已经开始而尚未终结的有关债务人的民事诉讼并未中止，当事人能否以此为由申请再审？

裁判要旨

人民法院受理破产申请后，已经开始而尚未终结的有关债务人的民事诉讼应当中止。若该诉讼并未中止，程序违法，当事人以此为由申请再审，法院予以支持。

案情简介①

一、2015年4月到12月，仪某农商行为天某公司开具多张银行承兑汇票，其中部分汇票天某公司并未偿还。

二、因此，仪某农商行起诉至仪陇县法院，请求判令天某公司偿还钱款。之后，仪某农商行申请追加江西二建司及其南充分公司作为被告参加诉讼，主张该二公司与天某公司人格混同，应当承担连带责任。仪陇县法院支持其诉讼请求。

三、江西二建司及其南充分公司不服，向南充中院上诉。南充中院经审理认为江西二建司及其南充分公司与天某公司不存在人格混同，一审认定错误。二审

---

① 案件来源：四川省高级人民法院，四川天某建设集团有限公司、江西建某第二建筑有限责任公司票据纠纷再审民事裁定书【（2020）川民再394号】。

判决于 2019 年 1 月 23 日作出。

四、之后，天某公司向四川高院申请再审，其主张 2018 年 6 月 29 日，南充中院受理了何某于申请天某公司破产清算一案，但本案应中止审理而未中止审理，程序违法。四川高院支持其再审请求，撤销一审二审诉讼判决，发回重审。

律师评析

本案中，当事人申请再审，主张本案二审期间，法院受理其破产清算申请，本案应当中止而未中止，应当再审。四川高院支持其主张。对于企业破产，原本已经开始而尚未终结的民事诉讼应中止而未中止的能否申请再审，实务中法院有不同的观点。

一部分法院认为，案件应当中止审理而未中止，审理程序确有瑕疵，但该瑕疵不属于应当再审的情形。一部分案件中当事人以"适用法律确有错误"申请再审，法院认为"适用法律确有错误"作为再审事由并不包括程序性法律，案件应当中止审理而未中止超出法定再审事由。另一部分法院认为，这种情形应当再审，但并未明确应当适用哪一条再审事由。

另外应当注意的是，破产预重整并不能产生破产申请被受理的效力，正在审理中的案件不必中止。而当破产申请被法院受理后，管辖法院又发生变更的，以变更后的法院受理申请的时间为有关债务人的诉讼应当中止审理的时间，若此时诉讼已经审理终结，则法院未中止审理并无不当。

实务经验总结

一、人民法院受理破产申请后，已经开始而尚未终结的有关债务人的民事诉讼应当中止。若法院并未中止审理，当事人能否以此为由申请再审，法院的态度并不一致，但仍有部分法院持肯定的态度，当事人可以尝试提出申请。应当提请注意的是，再审事由可以表述为"程序违法"，但不可适用"适用法律确有错误"。

二、若破产案件仅为预重整，则并不产生人民法院受理破产申请的效力，已经开始而尚未终结的案件未中止审理并无不当。

三、破产申请被法院受理后变更管辖法院，若此时有关债务人的诉讼作出裁判之后变更后的管辖法院作出受理裁定，则该诉讼未中止审理并无不当，当事人申请再审，法院不予支持。

相关法律规定

《中华人民共和国企业破产法》（2007 年施行）

第二十条　人民法院受理破产申请后，已经开始而尚未终结的有关债务人的民事诉讼或者仲裁应当中止；在管理人接管债务人的财产后，该诉讼或者仲裁继续进行。

法院判决

以下为该案在法院审理阶段，裁定书中"本院认为"部分就该问题的论述：

本院再审认为，四川省南充市中级人民法院于 2018 年 6 月 29 日作出 (2018) 川 13 破申 1 号民事裁定，受理了何某于申请天某建设公司破产清算一案。2019 年 3 月 28 日，四川省南充市顺庆区人民法院接受四川省南充市中级人民法院指定审理天某建设公司破产清算一案，于 2019 年 7 月 10 日在四川法制报上公告，并在同年 6 月 20 日指定泰某泰律师事务所担任天某建设公司破产管理人。根据《中华人民共和国企业破产法》第二十条关于"人民法院受理破产申请后，已经开始而尚未终结的有关债务人的民事诉讼或者仲裁应当中止；在管理人接管债务人的财产后，该诉讼或者仲裁继续进行"规定，本案应当在受理天某建设公司破产案件后，对已经受理的本案先中止审理等待确定破产管理人后再恢复审理，由破产管理人依照《中华人民共和国企业破产法》第二十五条规定参加诉讼。因四川省南充市中级人民法院作出的 (2018) 川 13 破申 1 号民事裁定未送达天某建设公司，指定由四川省南充市顺庆区人民法院审理破产案件后，本案二审程序已经审理终结。本案在受理破产案件后未中止审理，程序违法。

延伸阅读

裁判规则一

人民法院受理破产申请后，已经开始而尚未终结的有关债务人的民事诉讼应中止而未中止的，程序确有瑕疵，但该瑕疵不属于《中华人民共和国民事诉讼法》第二百条中规定的程序严重违法应当再审的情形。

案例 1：江苏省高级人民法院，淮安丽某置业有限公司与江苏盐城某集团有限公司债权人代位权纠纷再审民事裁定书【（2019）苏民申 6873 号】

本案二审过程中，盐城市中级人民法院裁定受理盐城某集团有限公司破产清算一案，并指定阜宁县人民法院受理。2019 年 1 月 14 日，阜宁县人民法院依法指定江苏众某律师事务所为盐城某集团有限公司的破产管理人。《中华人民共和国企业破产法》第二十条规定，人民法院受理破产申请后，已经开始而尚未终结的有关债务人的民事诉讼或者仲裁应当中止；在管理人接管债务人的财产后，该诉讼或者仲裁继续进行。2019 年 1 月 25 日的本案二审庭审仍系盐城某集团有限公司在破产程序启动前委托的诉讼代理人参加，程序上确有瑕疵，但该瑕疵尚不属于《中华人民共和国民事诉讼法》第二百条①中规定的程序严重违法应当再审的情形，且盐城某集团有限公司的破产管理人在再审审查期间要求驳回淮安丽某公司的再审申请，表明其对原盐城某集团有限公司委托的诉讼代理人参加二审诉讼已予以认可，故淮安丽某公司以此为由要求再审本案亦不能成立。

裁判规则二

虽然有关债务人的案件已经开始而尚未终结时，破产申请被法院受理，但之后案件管辖法院发生变更，若变更后的管辖法院的受理时间晚于案件裁判作出的时间，则该案原审未中止审理程序并无不当。

案例 2：四川省高级人民法院，绵阳市水某假日房地产开发有限责任公司、王某才建设工程施工合同纠纷再审民事裁定书【（2019）川民申 6229 号】

关于二审法院未裁定中止审理是否程序违法的问题。首先，水某假日房产公司于 2018 年 11 月 8 日领取二审民事判决书，但在 2019 年 10 月 30 日才向本院申请再审，已经超过了《中华人民共和国民事诉讼法》第二百零五条②关于"当事人申请再审，应当在判决、裁定发生法律效力后六个月内提出"规定的六个月的申请再审期间。水某假日房产公司提交新证据绵阳市高新区人民法院（2019）川 0792 民破 1 号民事裁定书，拟证明原审未中止审理程序违法。经查，2018 年 9 月 29 日四川省绵阳市中级人民法院作出（2018）川 07 民破申 15 号民事裁定，裁定受理王某才、黄某斌对腾某园林公司的破产清算申请，2018 年 12 月 5 日该院以（2018）川 07 民破申 15 之一民事裁定书，裁定该案交由绵阳市高新技术产业开发区人民法院审理，直至 2019 年 4 月 8 日绵阳市高新技术产业开发区人民法院作出（2019）川 0792 民破 1 号民事裁定，裁定受理王某才、黄某斌对腾某园林公司破产清算一案，并指定四川宏某清算服务有限公司为腾某园林公司的破

---

① 现行有效《中华人民共和国民事诉讼法》第二百零七条。
② 现行有效《中华人民共和国民事诉讼法》第二百一十二条。

产管理人，而本案二审法院已于 2018 年 10 月 25 日作出二审判决，同时，水某假日房产公司亦未及时向二审法院提出中止审理申请。故二审法院未予裁定中止审理并无不当，水某假日房产公司关于原审未中止审理程序违法的再审申请理由不能成立。

裁判规则三

预重整属于启动正式破产程序前的庭外债务重组机制，预重整并不能产生人民法院裁定受理破产申请的效力，法院不中止审理并无不当。《中华人民共和国民事诉讼法》第二百条规定的再审事由中第六项"适用法律确有错误"仅适用实体法律错误的情形，并不包括程序违法情形，原审应中止审理而未中止超出法定再审事由。

案例 3：最高人民法院，中某国本成都投资有限公司、四川丰某投资集团有限公司合同纠纷再审民事裁定书【（2021）最高法民申 1488 号】

关于二审法院未中止审理本案是否正确的问题。中某国本成都公司等申请人主张丰某投资公司、丰某金科公司进入破产程序并向二审法院申请中止审理，二审法院未予准许，适用法律错误。经查，中某国本成都公司等申请人向二审法院提交（2020）川 0704 破申 2 号《决定书》载明的内容是法院决定对丰某投资公司、丰某金科公司等公司实施破产预重整，但预重整属于启动正式破产程序前的庭外债务重组机制，并不能产生人民法院裁定受理破产申请的效力，二审法院据此对中某国本成都公司等申请人要求中止审理的申请不予准许，并无不当。此外，根据中某国本成都公司等申请人所主张事实，丰某投资公司、丰某金科公司等公司实质合并重整的申请被法院裁定受理日期为 2020 年 7 月 28 日，二审审理已经完结，其亦不能据此要求二审中止审理。再从再审事由法定化及其体系看，《中华人民共和国民事诉讼法》第二百条规定了十三项再审事由，其中第七项至第十三项列举了程序性事由，故除涉及当事人基本诉权的情形外，第六项"适用法律确有错误"一般应指适用实体法律错误情形，并不包括其他程序违法情形，不能将第六项事由理解为其他事由的兜底事由。因此，本案中某国本成都公司等申请人认为原审不中止审理错误的主张超出了法定再审事由，不能因此启动再审。

图书在版编目（CIP）数据

民商事再审案件实战指南 / 王静澄，张德荣，李斌编著 . —北京：中国法制出版社，2023.10
ISBN 978-7-5216-3792-2

Ⅰ.①民… Ⅱ.①王… ②张… ③李… Ⅲ.①民事诉讼-再审-案例-中国 Ⅳ.①D925.118.205

中国国家版本馆 CIP 数据核字（2023）第 141395 号

策划编辑：赵宏
责任编辑：冯运　王悦　　　　　　　　　　　　　　　　封面设计：周黎明

民商事再审案件实战指南
MINSHANGSHI ZAISHEN ANJIAN SHIZHAN ZHINAN

编著/王静澄，张德荣，李斌
经销/新华书店
印刷/三河市国英印务有限公司
开本/710 毫米×1000 毫米　16 开　　　　　　　　　　印张/ 21　字数/ 303 千
版次/2023 年 10 月第 1 版　　　　　　　　　　　　　2023 年 10 月第 1 次印刷

中国法制出版社出版
书号 ISBN 978-7-5216-3792-2　　　　　　　　　　　　　　　　定价：89.00 元

北京市西城区西便门西里甲 16 号西便门办公区
邮政编码：100053　　　　　　　　　　　　　　　　传真：010-63141600
网址：http：//www.zgfzs.com　　　　　　　　　　编辑部电话：010-63141831
市场营销部电话：010-63141612　　　　　　　　　　印务部电话：010-63141606

（如有印装质量问题，请与本社印务部联系。）